노동법의 시작,
사회복지 노동법

노동법의 시작 사회복지 노동법

박정연 · 장연수

박영사

추천사

우양재단 김대현 사회복지사

사회복지 현장에서 노동법은 늘 중요한 과제였지만, 복잡해 다가가기 어려웠습니다. 박정연 대표님과 장연수 노무사님은 오랜 기간 우양재단과 함께하면서 그 길을 차분히 밝혀주셨습니다. 이번 책은 많은 실무자들에게 든든한 힘이 될 것입니다.

한국고용노동교육원 김종철 부원장

사회복지 분야 노동분쟁 예방의 실무적 길잡이

저자들의 오랜 실무 경험이 녹아있는 이 책은 연간 40만 건에 이르는 임금체불, 부당해고, 산업재해, 괴롭힘, 성희롱, 노사분규 등 노동분쟁사건의 화염에 싸여있는 한국사회의 노동문제 해결에 의미 있는 소방수 역할을 할 것이다.

아름다운재단 김진아 사무총장

사회가 발전하고 복잡성이 더해갈수록, 사회복지를 비롯한 비영리 현장의 역할과 중요성은 더욱 커지고 있다. 공공의 손길이 닿지 못하는 사각지대, 그리고 정부 혼자서는 감당하기 어려운 빈곤과 질병, 장애, 고령화, 실업 등의 문제를 해결하는 최전선에는 언제나 사회복지 활동가들이 있다. 그러나 아이러니하게도, 사회문제 해결을 위해 가장 앞장서 온 이들의 권리와 처우는 정작 후순위로 밀려난다. 이 책은 바로 그 간극을 메우려는 값진 시도다. 타인의 삶을 지키기 위해 누구보다 헌신했지만, 자신의 노동권을 지킬 수 없었던 수많은 사회복지 활동가들에게 이 책은 든든한 나침반이자 실천적 지침서가 될 것이다. 나는 이 책이 사회복지 현장에는 노동권을 지키는 든든한 사회적 안전망이 되고, 인사노무 현장에는 혼란을 줄이는 실용적 길잡이가 되리라 확신한다.

당진남부사회복지관 김창희 관장

사회복지 현장은 끊임없이 변화하는 사회 환경과 제도, 그리고 법률 속에서 운영되고 있습니다. 저 역시 20여 년간 현장에서 일하면서, 모든 변화를 따라가는 것이 쉽지 않았고, 때로는 부족함으로 인해 시행착오를 겪은 적도 있었습니다. 그만큼 현장은 늘 긴장 속에 운영될 수밖에 없습니다.

이 책은 그러한 어려움을 누구보다 깊이 이해하고, 오랜 시간 정부와 함께 고민하며 실무 경험을 축적해 온 박정연 노무사님의 노고가 담긴 귀한 결실입니다. 특히 사회복지기관은 노동환경과 법적·행정적 요소가 밀접하게 연결되어 있기에, 법과 제도를 명확히 이해하는 것이 필수적입니다.

본서는 복잡한 법률과 제도를 실무자의 눈높이에 맞춰 쉽게 풀어주고 있어, 사회복지기관의 관리자와 행정 담당자들에게 반드시 필요한 입문서라 할 수 있습니다. 아울러 현장에서 법과 제도를 올바르게 이해하고 적용하는 데 큰 도움이 되어, 종사자들이 건강한 조직문화를 세워가는 든든한 기반이 될 것입니다.

이처럼 현장성과 전문성을 겸비한 귀한 책을 집필해 주신 박정연 노무사님의 헌신에 깊이 감사드리며, 모든 사회복지기관 종사자와 관리자들께 본서를 자신 있게 추천합니다.

한국공인노무사회 제20대 박기현 회장

'노동법의 시작, 사회복지 노동법'은 8천 공인노무사의 교육을 이끌고 계신 저자 박정연님(공인노무사회부회장/교육연수위원장)의 생생한 현장 경험과 오랜 노동전문가로서의 실천적인 이론이 잘 조화된 보기 드문 역작입니다. 꼭 일독을 권합니다!

전북특별자치도아이돌봄광역지원센터 서은미 인사팀장

돌봄 노동자의 근로자성 인정 여부를 둘러싼 분쟁을 직접 경험한 실무자로서, 인사·노무는 언제나 어렵고 막막했습니다. 하지만 이는 돌봄 현장뿐 아니라 사회복지 업무를 맡은 모든 실무자가 공통적으로 겪는 고충이라 생각합니다.

이 책은 이러한 고민에 답을 줍니다. 실무에 필요한 핵심 쟁점을 A부터 Z까지 폭넓게 다루어, 현장에서 부딪히는 문제를 해결하고 예방할 수 있는 실질적인 지침이 되어 줄 것입니다. 무엇보다 복잡한 노동법을 현장의 언어로 풀어내어, 누구나 곁에 두고 참고할 수 있는 든든한 길잡이가 될 것이라 확신합니다.

법무법인 바른 이동훈 대표변호사

노동법이 사회복지 현장의 특수한 근로관계에 적용·실현되는 과정을 통해 노동법의 기본 개념, 구조 및 체계 등이 쉬우면서도 전문적으로 서술되어 있습니다. 노동법을 처음 접하는 사회복지 분야의 인사·노무 실무자에게 실질적인 길잡이가 될 것으로 기대됩니다.

동해이레복지센터 유은영 센터장

현장에서 사회복지사로 일하며 수많은 돌봄노동자와 함께해 왔습니다.
늘 느끼는 것은 우리가 가장 가까이에서 사람을 돌보지만, 정작 노동에 대한 기본 권리와 제도는 쉽게 알기 어렵다는 점이었습니다. 근로계약서 작성, 근로시간 산정, 연차와 휴게시간 같은 문제는 늘 현장에서 혼란을 만들었고, 때로는 종사자들의 마음을 지치게 하기도 했습니다. 저 역시 그런 상황에서 무력감을 느낀 적이 많습니다.
『노동법의 시작, 사회복지 노동법』은 이런 현장의 답답함을 풀어주는 책입니다. 단순히 법조문을 해설하는 것이 아니라, 실제 사회복지 노동 현장에서 부딪히는 문제를 하나하나 짚어주고 있습니다. 특히 돌봄노동자들의 고용 현실과 권리 문제를 구체적으로 다룬 부분은 저 같은 현장 종사자에게 매우 큰 울림으로 다가왔습니다.
사회복지는 인간의 존엄을 지키는 일이고, 노동법은 그 존엄을 지켜주는 가장 기본적인 울타리입니다.
이 책은 그 울타리를 더 튼튼하게 세우는 길잡이가 되어 줄 것입니다. 현장에서 함께 일하는 모든 동료 사회복지사와 돌봄노동자들에게 꼭 권하고 싶습니다.

서울시자살예방센터 주지영 센터장

우리는 무엇 때문에 이렇게 살아가는가를 한번씩 묻게 될 때가 있다.
사회복지, 자살예방 현장에서 마주하게 되는 사고, 질병, 장애로부터 대상자의 보호 너머 인간다운 삶의 보장이라는 질문을 자주 던지게 된다. 그 현장에서 다양한 돌봄 종사자들이 생겨나고 가치를 실현하는 과정에서 근로자성, 인사노무, 거래관계 갈등은 더욱 복잡하고 가치의 발목을 잡는 일처럼 소진되어 가는 경험이기도 하다.
사회복지 노동법이라는 저서가 반가운 이유는 “우리가 무엇 때문에 이렇게 지속적으로 일할 수 있는가”의 노동법 실천적 지침을 제시하고 현장실무자에게 사회복지가치와 근로의 균형점을 제시해 주기 때문은 아닐까 싶다.

서울시가족센터 홍우정 센터장

『노동법의 시작, 사회복지 노동법』은 가족센터 현장에서 오랜 시간 실무자들과 함께 고민하며 발로 뛰던 박정연 노무사님의 땀의 결실입니다. 이 책은 사회복지 현장의 목소리를 담아, 복잡한 노동법을 쉽고도 충실하게 풀어낸 실무 지침서이자 든든한 학습 교재입니다.
근로계약서 작성부터 근로시간, 임금, 중대재해처벌법에 이르기까지 현장에서 꼭 필요한 주제를 폭넓게 다루며, 사회복지 실무자와 학생 모두가 곁에 두고 참고할 수 있는 안내서가 될 것입니다. 무엇보다 노동법을 인간다운 삶을 지탱하는 사회복지의 기반으로 바라보게 만드는 점에서, 이 책을 기쁘게 추천합니다.

서문

'왜 사회복지 노동법인가'

이 책은 '쉽게 쓰여진 실무서'를 지향한다. 그러나 '쉽다'는 말은 결코 피상적이거나 단순하게만 접근한다는 뜻은 아니다. 사회복지 현장에서 처음 노동법을 접하는 종사자나, 인사노무 실무를 맡고 있으나 기초 개념을 배울 기회가 없었던 이들이 적어도 평균임금과 통상임금의 차이, 근로시간 앞의 '소정'이라는 개념을 명확히 이해할 수 있도록, 법의 기본 구조와 입법 취지까지 충실히 설명하고자 했다.

책 제목『노동법의 시작, 사회복지 노동법』에는 두 가지 의도가 담겨 있다. 하나는 누구나 노동법의 기초를 시작할 수 있도록 안내하겠다는 실용적 목표이고, 다른 하나는 이 책이 단순한 이론서가 아닌, 현장의 문제를 풀기 위한 실무 경험의 산물임을 밝히기 위함이다.

이 책의 바탕에는 수년간 여성가족부 가족지원사업의 현장 자문 경험이 있다. 아이돌보미, 다문화 방문교육지도사 등 돌봄노동자들은 사업 초기 '프리랜서'로 위촉되었고, 근로자성 인정 여부를 둘러싼 분쟁이 이어졌다. 근로자성이 인정된 이후에도, 소정근로시간이 명확히 설정되지 않는 특수한 고용형태로 인해 노동법 적용에서 실무자와 관리 주체 모두가 큰 혼란을 겪었다.

이러한 현장의 문제를 해결하기 위해 여성가족부와 함께 아이돌보미 및 방문교사 대상 인사노무 가이드라인을 수립한 것이 약 7년 전의 일이다. 사용자가 아닌 행정부처가 노동법 적용 기준을 제시하는 일은 그 자체로 부담이 클 수밖에 없었지만, 현장의 절박함 앞에 결단을 내리고 예산을 마련해 어렵게 완성해 낸 결과였다.

이 책은 그 매뉴얼을 단순히 되풀이한 것이 아니다. 당시의 실무적 판단과 법률 검토를 토대로, 이후 변화된 제도와 현장의 수요를 반영하여 내용을 전면적으로 재구성하였다. 구조를 정비하고 개념을 명확히 하여, 하나의 실무서로 재탄생시킨 것이다.

이제는 아이돌보미나 방문교사뿐 아니라, 요양보호사, 장애인활동지원사, 노인사회활동지원사, 지역아동센터 교사, 정신건강복지센터 종사자 등 다양한 호출형·비정형 돌봄노동자들이 유사한 인사노무 문제를 겪고 있다. 소정근로시간 미설정, 단시간·단속적 근무형태, 위탁기관 구조 속에서의 사용자 책임 불명확성 등은 공통된 고민이 되었다.

이 책은 이러한 현실을 바탕으로, 과거의 범위를 넘어 보다 포괄적인 사회복지 노동법 실무서로 확장해보려는 시도이다.

물론 이 책은 사회복지 종사자만을 위한 책은 아니다. 노동법을 체계적으로 배운 적 없는 인사노무 실무자나 입문자도 실무 현장에서 바로 적용할 수 있도록 구성하였다. 근로계약서 작성, 근로자성 판단, 통상임금 판단 등 기초적 주제부터, 소정근로시간이 명확하지 않은 경우의 연차 부여, 중대재해처벌법 적용 범위 등 고난이도 주제까지 폭넓게 다루었다.

'사회복지'는 사전적으로 "개인이나 집단이 인간다운 삶을 영위할 수 있도록 사회적 위험, 빈곤, 질병, 장애, 노령, 실업 등의 문제를 예방·완화·해결하고 삶의 질 향상을 도모하는 제도적·정책적·실천적 활동의 총체"로 정의된다. 나는 '노동법'이야말로 이러한 사회복지 실현을 위한 가장 기본적이고 강력한 제도적 기반 중 하나라고 생각한다.

노동이 단순한 생계유지 수단이 아니라 인간 존엄과 자아실현의 토대라면, 노동법은 바로 그 토대를 보호하고 지탱하는 제도이어야 한다. 그러한 의미에서 이 책이 사회복지 현장의 실무자들에게는 실천적 지침이 되고, 노동법 초심자에게는 든든한 출발점이 되기를 바란다.

목 차

CHAPTER 01

노동법을 이해하기 위한 기초

박정연 · 장연수

01

노동법을 이해하기 위한 기초

1. 노동법의 체계

노동법의 시작: 헌법 제32조·제33조

1) 관련 조문

헌법 제32조

① 모든 국민은 근로의 권리를 가진다. 국가는 사회적·경제적 방법으로 근로자의 고용의 증진과 적정임금의 보장에 노력하여야 하며, 법률이 정하는 바에 의하여 최저임금제를 시행하여야 한다.
② 모든 국민은 근로의 의무를 진다. 국가는 근로의 의무의 내용과 조건을 민주주의원칙에 따라 법률로 정한다.
③ 근로조건의 기준은 인간의 존엄성을 보장하도록 법률로 정한다.
④ 여자의 근로는 특별한 보호를 받으며, 고용·임금 및 근로조건에 있어서 부당한 차별을 받지 아니한다.
⑤ 연소자의 근로는 특별한 보호를 받는다.
⑥ 국가유공자·상이군경 및 전몰군경의 유가족은 법률이 정하는 바에 의하여 우선적으로 근로의 기회를 부여받는다.

헌법 제33조

① 근로자는 근로조건의 향상을 위하여 자주적인 단결권·단체교섭권 및 단체행동권을 가진다.
② 공무원인 근로자는 법률이 정하는 자에 한하여 단결권·단체교섭권 및 단체행동권을 가진다.
③ 법률이 정하는 주요방위산업체에 종사하는 근로자의 단체행동권은 법률이 정하는 바에 의하여 이를 제한하거나 인정하지 아니할 수 있다.

2) 노동법의 유래

공인노무사로 일하다 보면 자주 듣는 질문이 있다. "노무사님은 노측이세요, 사측이세요?" 또는 "노동법은 회사 편인가요, 직원 편인가요?"라는 물음이다. 이에 대한 답은 분명하다. 대부분의 공인노무사는 어느 한 편에 서기보다, 자신을 찾은 의뢰인의 입장에서 노동법 전문가로서 공정하고 전문적인 역할을 수행할 뿐이다.

그러나 노동법 자체는 분명한 성격을 지닌 법이다. 노동법은 태생적으로 '사회법'에 속하며, **기본적으로는 노동자 보호를 목적으로 만들어진 법**이다. 즉, 경제적·사회적으로 상대적으로 열위에 있는 노동자가 정당한 대우를 받을 수 있도록 보호 장치를 마련하는 것이 노동법의 본질이라 할 수 있다.

원칙적으로 계약은 민법상 사적 자치의 원리에 따라 당사자 간 평등한 지위에서 체결되고 이행되어야 한다. 그러나 계약 앞에 '근로'라는 단어가 붙는 순간, 현실은 달라진다. 노동자는 생계를 위해 노동력을 제공하고, 이에 대한 대가로 임금을 지급하는 사용자는 구조적으로 상대적 우위를 점하게 된다. 이런 구조에서는 명목상 평등한 계약 관계라 하더라도 실제로는 한쪽이 발언권과 협상력을 가지기 어려운 불균형이 발생한다. **일명 '기울어진 운동장'이 생기는 것**이다.

이러한 현실은 계약 당사자 간 대등성을 전제로 하는 일반 계약법의 논리로는 해결될 수 없으며, '노동은 상품이 아니다'라는 필라델피아 선언의 정신과도 배치된다. 바로 이러한 이유로, **노동법은 일반 민법의 한계를 보완하고 불균형한 계약 관계를 조정하기 위한 특별법으로 등장하게 된 것**이다. 여기서 확인할 수 있는 노동법의 한 가지 중요한 속성이 **강행법규성**이다. 우리 노동법제가 근로자 보호를 위해 마련한 여러 규정들 중, 반드시 관철되어야 하는 사항들에는 처벌 규정이 함께 적용되어, 사용자가 이를 준수하도록 강제하고 있다.

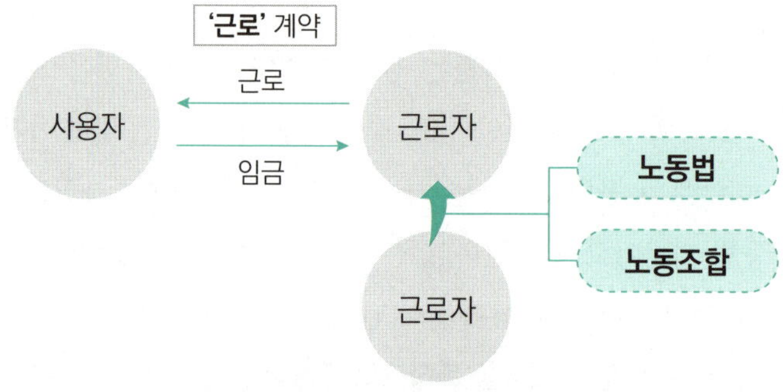

| 노동법의 작동원리 |

다만, 법이 존재하고 강행규정이 있다고 해서 모든 문제가 자동으로 해결되는 것은 아니다. 현실에서는 법이 제 역할을 다하지 못하는 경우도 많으며, 특히 개별 노동자가 혼자 힘으로 자신의 권리를 주장하기란 결코 쉽지 않다. 이러한 한계를 극복하기 위해 등장한 것이 바로 '**노동조합**'이다. 조직된 집단의 힘은 노동자가 사용자와 보다 대등한 위치에서 협상할 수 있도록 하는 중요한 토대가 된다. 노동조합은 개개인이 내기 어려운 목소리를 집단적으로 모아낼 수 있는 통로이자, 노동법이 실제로 작동하도록 만드는 핵심적 장치라 할 수 있다.

3) 노동법의 체계

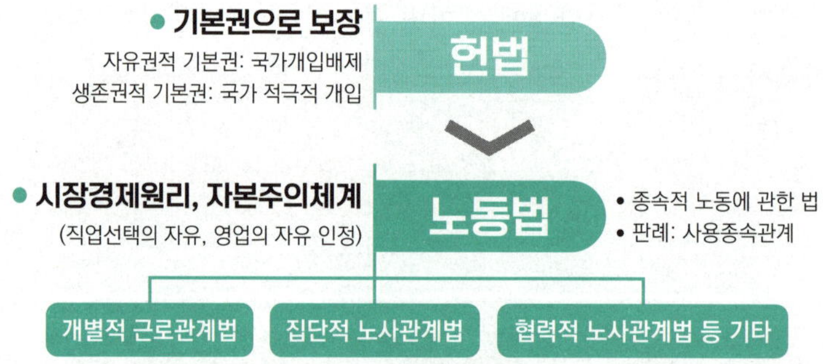

| 노동법의 체계 |

이러한 배경에서 등장한 노동법은 하늘에서 뚝 떨어진 것이 아니다. 그 근원은 바로 우리나라 「헌법」에 있다. 보다 구체적으로는 **개별적 근로관계법**은 **「헌법」 제32조**를 토대로 하고 있으며, 우리가 흔히 '노동3권'이라고 부르는 **집단적 노사관계법**은 **「헌법」 제33조**에서 그 근거를 찾을 수 있다.

① 개별적 근로관계법

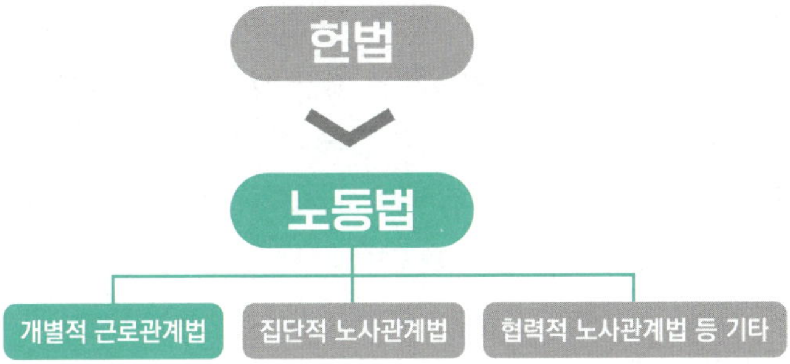

- 개별근로자 ↔ 사용자 사이의 근로계약(사적자치)을 통해 형성한 근로관계 규율
- 최저수준만큼만 국가가 정함
- 헌법 제32조

| 개별적 근로관계법 |

먼저, **개별적 근로관계법**은 앞서 살펴본 바와 같이 **「헌법」 제32조에 근거하여, 근로자와 사용자 간의 개별 근로계약을 중심으로 형성되는 법률 관계를 규율하는 법**을 말한다. 쉽게 말해, 한 사람이 회사 등 조직에 입사하여 근로를 제공하고, 그에 대한 대가로 임금을 지급받으며, 일정한 조건 하에서 휴가를 사용하거나 근로를 종료하는 일련의 과정을 포괄하는 법 체계라 할 수 있다. 이러한 법률에 **「근로기준법」**이 대표적이다. 그 외에도 **「최저임금법」**, **「파견근로자 보호 등에 관한 법률」**, **「기간제 및 단시간근로자 보호 등에 관한 법률」**, **「남녀고용평등과 일·가정 양립 지원에 관한 법률」**, **「채용절차의 공정화에 관한 법률」**, **「산업재해보상보험법」**, **「고용상 연령차별금지 및 고령자고용촉진에 관한 법률」**, **「선원법」** 등이 개별적 근로관계법에 해당하는 노동법이다. 이들 법은 개별 근로자의 채용, 근로조건, 임금, 복무, 퇴직 등 전반적인 고용관계를 규율하며, 근로자 보호를 핵심 가치로 삼는다.

여기서 중요한 법 원칙 하나가 등장한다. 개별적 근로관계법은 **'최저 수준의 보장'**에 중점을 두며, 이 기준을 국가가 법으로 정하여 규율한다는 점이다.

실무에서 종종 이런 질문을 받는다. "회사가 저성과자를 대상으로 평가를 진행한 뒤, 연봉 협상을 통해 임금을 삭감하려 합니다. 노동법 위반 아닌가요?" 자칫 악의적인 사용자처럼 보일 수 있으나, 이 경우 반드시 위법하다고 볼 수는 없다.

정당한 평가 절차가 있었고, 변경된 근로조건(예: 연봉)에 대해 근로자가 명시적으로 동의했다면, 이는 법적으로 허용될 수 있다. 그 이유는, 우리 노동법의 핵심 관심이 '왜 깎였느냐'가 아니라 '최저 기준을 지켰느냐'에 있기 때문이다. 즉, 해당 근로자의 연봉이 설령 감액되었더라도, 그것이 해당 연도 최저임금 이상의 수준이라면, 법은 이를 문제 삼지 않는다. 노동법은 이처럼 근로 조건의 절대적 하한선, 즉 '최저선'이 지켜졌는지를 핵심 기준으로 삼는다. 따라서 이 기준이 온전히 사수되었다면, 그 범위 안에서의 임금 조정은 원칙적으로 허용된다.

② 집단적 노사관계법

| 집단적 노사관계법 |

다음으로 살펴볼 법 영역은 「헌법」 제33조를 근거로 하는 집단적 노사관계법이다. 이 법 영역은 근로자 집단과 사용자 간의 교섭을 통해 집단자치를 실현하고, 이를 바탕으로 근로조건의 향상을 도모하는 것을 목적으로 한다. 앞서 본 개별적 근로관계법이 최저기준의 보장에 초점을 맞추고 있다면, 집단적 노사관계법은 **적정하고 합리적인 수준의 근로조건을 확보하기 위한 제도적 장치**라 할 수 있다. 즉, 노동조합이 결성되고 단체교섭이나 쟁의행위가 이루어지는 이유는 단순히 최저임금을 보장받기 위한 것이 아니라, 그보다 높은 수준의 근로조건을 공동으로 협의하고 쟁취하기 위함에 있다. 집단적 노사관계법에 해당하는 법률로는 집단적 노사관계법에 해당하는 법률에는 「**노동조합 및 노동관계조정법**」, 「**공무원의 노동조합 설립 및 운영 등에 관한 법률**」, 「**교원의 노동조합 설립 및 운영 등에 관한 법률**」 등이 있다.

③ 협력적 노사관계법

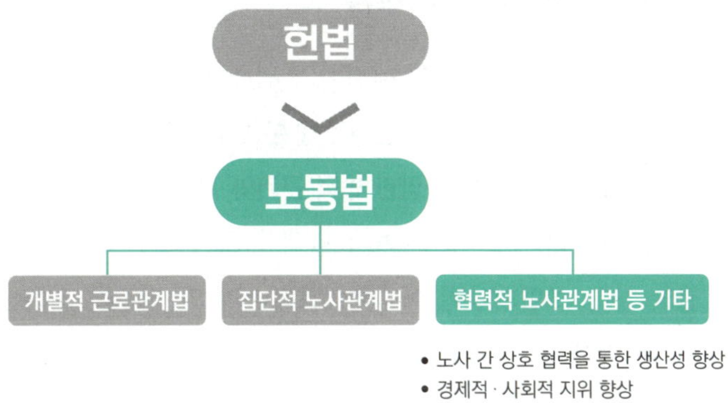

| 협력적 노사관계법 |

노동법 체계를 이해하기 위해 마지막으로 살펴볼 영역은 협력적 노사관계법이다. 이 법은 노사 간의 상호 협력을 바탕으로, 생산성 향상과 근로자의 경제적·사회적 지위 향상을 함께 도모하는 것을 주요 목적으로 한다. 집단적 노사관계법이 대체로 대립과 교섭을 통한 권리 확보에 초점을 두는 반면, 협력적 노사관계법은 **노사 간의 공동 이해와 참여를 통해 조직의 발전과 근로조건의 질적 향상을 추구**한다는 점에서 차별화된다. 즉, 투쟁이 아닌 협의와 참여, 갈등이 아닌 공동 결정 구조를 전제로 한다는 점이 핵심이다. 협력적 노사관계를 제도적으로 규율하는 대표적인 법률로는 「**근로자참여 및 협력증진에 관한 법률**」이 있으며, 이 법은 일정 규모 이상의 사업장에서 노사협의회를 설치하고, 이를 통해 경영정보의 공유, 작업환경 개선, 복지 증진 등 다양한 의제를 노사 공동의 방식으로 논의하도록 하고 있다.

이와 같이 헌법 제32조와 제33조에서 출발하여, 개별적·집단적·협력적 차원에서 근로자의 권리와 노사관계를 규율하는 다양한 법률들을 총칭하여 우리는 '노동법'이라 부른다.

2. 노동법의 법원과 적용범위

노동법의 법원(法源)

1) 노동문제 해결의 기준, 법원의 개념

어떤 법적 문제가 발생했을 때, 이를 해결하기 위해서는 우선 기준이 필요하다. 이는 노동법 영역에서도 마찬가지다. **노동관계에서 분쟁이나 쟁점이 발생했을 때, 이를 판단하고 해결하기 위해 참조할 수 있는 다양한 법적 근거와 기준**들이 존재하며, 우리는 이를 **노동법의 '법원(法源)'**이라 부른다. 여기서 말하는 '법원'은 서초동에 위치한 대법원이나 고등법원과 같은 사법기관이 아니라, 법적 판단의 기준이 되는 규범의 근거(source of law)를 의미한다. 즉, 어떤 규정이 노동문제 해결의 판단 기준이 될 수 있는가를 가리키는 개념이다.

노동법의 법원으로는 헌법, 노동관계 법령, 단체협약, 취업규칙, 근로계약, 행정해석 등 다양한 규범이 존재한다. 이들은 모두 노동관계 당사자의 권리와 의무를 규율하는 역할을 하며, 사안에 따라 그 적용의 우선순위나 해석의 원칙이 달라질 수 있다. 이제부터는 이러한 각 규범들이 어떤 위계를 가지고 적용되는지, 그리고 서로 충돌하는 경우 어떤 원칙에 따라 판단이 이루어지는지를 살펴보고자 한다.

2) 상위 규범 우선 적용의 원칙

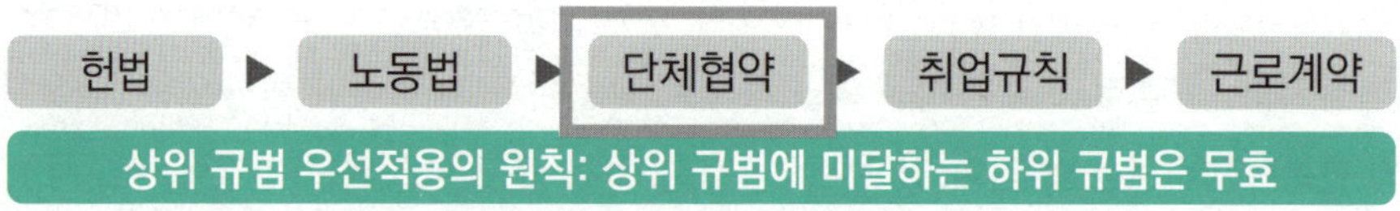

| 상위 규범 우선 적용의 원칙 |

노동법의 법원 간에는 상위 규범이 하위 규범에 우선한다는 **'상위 규범 우선 적용의 원칙'**이 적용된다. 이 원칙에 따르면, 상위 규범에 위반되거나 그 기준에 미치지 못하는 하위 규범은 무효로 간주된다.

이처럼 노동관계에서 적용되는 규범은 일반적으로 **헌법 → 노동관계 법령 → 단체협약 → 취업규칙 → 근로계약의 순서**로 위계가 정립되어 있다. 이 가운데 주목할 점은, 회사의 내부 규율에 해당하는 취업규칙보다 노사 간의 합의를 반영한 단체협약이 우선한다는 사실이다. 이는 단체협약이 단순한 사내 문서가 아닌, 법적 구속력을 지닌 '처분문서'로 간주될 수 있을 정도로 강한 효력을 가진다는 점을 보여준다.

'상위 규범 우선 적용의 원칙'은 실무 현장에서 노동문제의 판단 기준이 모호할 때 해석의 방향성을 제시하는 기준이 되기도 한다. 예를 들어, "근로자의 겸직은 허용되는가?"라는 질문에 대하여 일반적으로는 '취업규칙에서 금지하고 있으므로 허용되지 않는다'는 답이 나올 수 있다. 그러나 겸직 제한이 헌법상 기본권과 충돌할 여지가 있는 경우, 보다 상위의 규범에서 그 정당성을 따져보아야 한다. 헌법 제15조와 제16조에는 각각 직업 선택의 자유와 영업의 자유가 보장되어 있다. 예컨대, 한 근로자가 현재의 직장만으로는 가족의 생계를 유지하기 어렵다고 판단하여 부업이나 겸직을 고려하는 상황을 상정해 보자. 이 경우 헌법상 기본권을 고려하면, 겸직 자체를 원칙적으로 금지하는 것은 지나치게 근로자의 자유를 제한할 소지가 있으며, 취업규칙 등 하위 규범이 이러한 자유를 제한할 때에는 그 목적의 정당성, 비례성 원칙 등을 충족해야 한다. 물론 겸직이 본업 수행에 중대한 지장을 초래하거나, 업무상 충돌이나 기밀 유출 등의 위험이 존재할 경우, 이를 회사 차원에서 제한할 수 있으며, 이를 위해 취업규칙 등에 근거를 마련하고 근로자의 동의를 받아 시행하는 것이 바람직하다. 공무원의 경우, 공익에 대한 충실한 복무가 요구되므로 원칙적으로 겸직이 금지되며, 이러한 제한 역시 헌법적 가치인 공익 실현과 관련하여 정당화될 수 있다.

더 나아가, 노동법 체계 내부에도 위계가 존재한다. 노동관계 법령은 모든 사항을 법률 조문에서 직접 규정하지 않고, 일부 내용을 하위 법령에 위임하는 방식으로 구성되어 있다. 이는 법체계의 효율성과 유연성을 확보하기 위한 것으로, 일반적으로는 **'법률 → 시행령(대통령령) → 시행규칙(고용노동부령)'**의 3단계 위계로 규범 체계가 형성되어 있다.

3) 유리한 조건 우선의 원칙

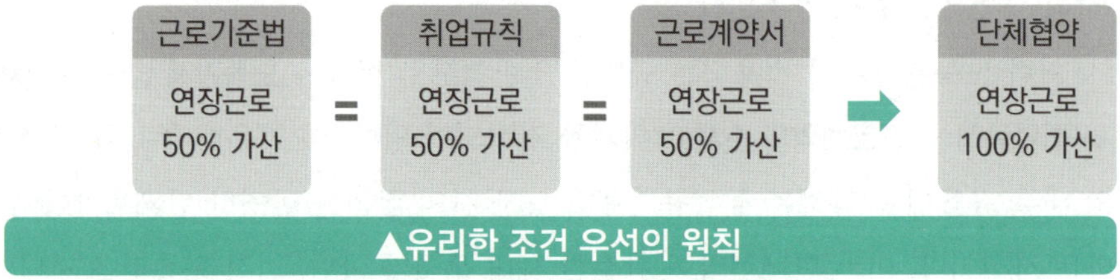

| 유리한 조건 우선의 원칙 |

'상위 규범 우선 적용의 원칙'과 더불어, 노동법의 적용 순서를 판단하는 또 하나의 기준이 바로 **'유리한 조건 우선의 원칙'**이다. 이 원칙은 복수의 규범이 동시에 적용될 수 있는 상황에서, 근로자에게 더 유리한 내용을 담고 있는 규범이 우선한다는 원칙이다. 예를 들어, 근로기준법에서는 연장근로 시 통상임금의 50% 이상을 가산수당으로 지급하도록 정하고 있다. 한편, 해당 사업장의 취업규칙에서도 같은 기준인 50% 가산을 적용하고 있다고 가정해 보자. 그런데 단체협약 갱신을 통해 연장근로에 대해 통상임금의 100%를 가산 지급하기로 노사가 합의하였다면, 그 시점부터는 법령이나 취업규칙과 관계없이 단체협약에서 정한 100% 가산율이 적용 기준이 된다.

이처럼 근로기준법이 단체협약보다 상위 규범임에도 불구하고, 근로자에게 더 유리한 내용을 담은 하위 규범이 우선 적용되는 사례에서 확인할 수 있듯이, 이 원칙은 하위 규범이라 하더라도 근로자 보호에 기여하는 한 우선 적용될 수 있다는 법리를 전제로 한다. 이를 '유리한 조건 우선의 원칙'이라 하며, 이는 근로기준법이 추구하는 최저기준 설정과 그 기준의 실질적 확보라는 입법 목적과도 부합한다.

노동법의 적용범위

1) 근로기준법 제11조상의 적용범위

노동법은 모든 근로관계에 동일하게 적용될까? 이에 대한 답변은 '그렇지 않다'이다. 우리나라 노동법 중 개별적 근로관계를 대표하는 법률인 근로기준법은 제11조에서 그 적용 범위를 명시하고 있다.

근로기준법 제11조(적용범위)

① 이 법은 상시 5명 이상의 근로자를 사용하는 모든 사업 또는 사업장에 적용한다. 다만, 동거하는 친족만을 사용하는 사업 또는 사업장과 가사(家事) 사용인에 대하여는 적용하지 아니한다.

② 상시 4명 이하의 근로자를 사용하는 사업 또는 사업장에 대하여는 대통령령으로 정하는 바에 따라 이 법의 일부 규정을 적용할 수 있다.

③ 이 법을 적용하는 경우에 상시 사용하는 근로자 수를 산정하는 방법은 대통령령으로 정한다.

먼저 근로기준법 제11조의 규정에 따르면 **근로기준법이 본격적으로 적용되는 지점은 상시 근로자 수 5인 이상인 사업장**임을 알 수 있다. 그러면 단순히 5인 이상의 근로자가 있기만 하면 되는 걸까? 그렇지는 않다. 그 근로자들이 **'사업' 또는 '사업장'에 종사하고 있어야** 한다. 이 사업의 해석과 관련하여 고용노동부 행정해석(근기 68207－3276)은 "사업이라 함은 영리 또는 비영리 여부를 불문하고 공장, 사업장, 점포 등과 관련되는 조직 아래서 업(業)으로 계속적으로 행해지는 일체의 작업"이라고 해석하고 있다. 따라서 동일한 장소에서 근로자를 고용하여 계속적·조직적으로 업을 수행하고 있다면, 해당 조직은 근로기준법 적용 대상이 된다.

반면 동일한 장소에서 운영되더라도, 실제로는 서로 독립된 업종, 별도의 노무·인사관리, 회계의 독립성 등을 갖춘 경우에는 각각을 별개의 사업장으로 보아야 하며, 각 사업장별로 상시 5인 이상 여부를 개별적으로 판단해야 한다.

근로자 수 요건을 충족한다면, 해당 사업이 영리 목적이든 비영리 목적이든 관계없이 근로기준법은 적용된다. 즉, 사업이 계속적으로 이루어지고 있다면 일반 영리회사뿐만 아니라 국영기업체, 공익사업체, 나아가 사회복지단체나 종교단체의 사업에도 근로기준법이 적용된다.

심지어 공무원의 경우에도 헌법 제32조에서 "모든 국민은 근로의 권리를 가진다."라고 규정하고 있는 바, 노동을 제공하는 자로서 노동기본권을 보장받는 근로자에 해당한다. 또한 **근로기준법 제2조 제1항 제1호는 '근로자'를 직업의 종류와 관계없이 임금을 목적으로 근로를 제공하는 자로 정의하고 있으므로, 공무원도 원칙적으로는 근로자 개념에 포함**된다.

그러나 공무원은 일반 민간기업의 근로자와 달리 공공성을 띠는 직무를 수행하는 공법상 근로자로서, 그 근로조건은 「국가공무원법」, 「지방공무원법」, 「공무원 보수규정」, 「공무원 복무규정」 등 특별법과 관련 규정에 따라 우선적으로 규율된다. 따라서 이들 특별법이 적용되는 영역에 있어서는 근로기준법 등 일반 노동법의 적용이 제한되거나 조정된다. 즉, 공무원에게도 노동법이 적용될 수 있으나, 특별법과 충돌하거나 중복되는 부분에 대해서는 특별법이 우선한다는 원칙이 적용된다.

한편, 근로기준법 제11조 제1항 단서에서 명시한 바와 같이, 모든 근로자가 동거하는 친족에 해당하는 경우에는 법의 적용이 전면 배제된다. 여기서 '친족'이란 「민법」상 친족을 의미하고, '동거'란 단순한 공동 주거를 넘어서 일상생활을 함께 영위하는 상태를 말한다. 이는 반드시 동일한 가구 내에서 거주하는 것을 의미하는 것은 아니다.

근로기준법이 이와 같은 경우에 적용을 배제하는 이유는, 친족 간의 내부 분쟁에 국가가 개입하는 것은 바람직하지 않다는 판단에 기초하고 있다. 즉, 일정한 사적 공동체 내부의 법적 자율성을 존중하려는 취지에서 예외를 두고 있는 것이다.

2) 상시 근로자 수에 따른 노동법의 적용범위

〈상시 근로자 수에 따른 노동법의 적용범위-간략 버전〉

내용	상시 근로자 수				비고
	1~4인	5~9인	10~19인	20인 이상	
공민권 행사 보장	O	O	O	O	제10조
근로조건의 명시	O	O	O	O	제17조
임금대장 작성	O	O	O	O	제48조
휴게시간, 주휴일	O	O	O	O	제54조, 제55조
연장야간휴일근로, 보상휴가제	-	O	O	O	제56조, 제57조
해고 등의 제한	-	O	O	O	제23조
해고사유 서면통지	-	O	O	O	제27조
해고예고(수당)	O	O	O	O	제26조
연차 및 생리휴가	-	O	O	O	제60조, 제73조
취업규칙 작성, 신고	-	-	O	O	제93조
주40시간제	-	O	O	O	제50조

근로기준법을 중심으로 상시 근로자 수에 따른 노동법 적용 범위를 정리하면 다음과 같다. 먼저, 주 40시간제, 연차휴가, 연장·야간·휴일근로에 대한 가산수당 지급, 해고 제한 등과 같은 핵심적인 규정들은 상시 근로자 수가 5인 이상인 사업장에 한하여 적용된다. 특히 이와 같이 '금전'과 직접적으로 관련된 법적 보호가 5인 이상 사업장에서 본격적으로 시작된다는 점은, 대체로 사업 규모가 영세한 5인 미만 사업장의 현실을 감안한 입법적 판단으로 이해할 수 있다.

다만, **5인 미만 사업장**이라 하더라도 **근로계약서 작성 및 근로조건의 명시**는 법적으로 요구되며, 근로시간 중 적절한 **휴게시간의 부여**, 1주 1회 이상의 **유급 주휴일 보장 의무** 역시 동일하게 적용된다. 아울러 **퇴직급여의 지급, 출산전후휴가, 육아휴직 등 모성보호에 관한 규정**도 예외 없이 적용된다. 더 나아가 상시 근로자 수가 10인 이상인 경우에는 취업규칙을 제정하여 고용노동부 장관에게 신고해야 하며, 30인 이상인 경우에는 노사협의회를 구성해야 한다.

이와 같이 상시 근로자 수에 따라 노동관계 법령의 적용 범위는 단계적으로 확장되며, 그 적용 기준 또한 법적 요건으로서 명확히 구분된다. 이에 대한 구체적인 내용은 아래와 같다.

〈상시 근로자 수에 따른 노동관계법령 적용범위〉

인원	사용자 의무사항	관련 법령[1]
1인 이상	근로조건 결정(제4조) 및 준수(제5조), 균등처우(제6조), 폭행금지(제8조), 근로조건명시(제17조), 단시간 근로자의 근로조건(제18조), 해고금지(제23조 제2항), 해고예고(제26조), 퇴직금제도(제34조), 금품청산(제36조), 임금채권 우선변제(제38조), 임금대장 및 임금명세서(제48조), 휴게(제54조), 주휴일(제55조 제1항), 유해·위험사업 사용금지(임산부와 18세 미만 여성, 제65조), 야간근로와 휴일근로의 제한(임산부와 18세 미만 여성, 제70조), 임산부보호(제74조)	근로기준법

1 기간제법(기간제 및 단시간 근로자 보호 등에 관한 법률), 남녀고용평등법(남녀고용평등과 일·가정 양립 지원에 관한 법률), 근로자참여법(근로자참여 및 협력증진에 관한 법률), 장애인고용법(장애인고용촉진 및 직업재활법), 고용산재보험료징수법(고용보험 및 산업재해보상보험의 보험료징수 등에 관한 법률), 고령자고용법(고용상 연령차별금지 및 고령자고용촉진에 관한 법률)

<table>
<tr><td rowspan="5"></td><td>최저임금의 효력(제6조), 주지의무(제11조)</td><td>최저임금법</td></tr>
<tr><td>근로조건 서면명시(제17조)</td><td>기간제법</td></tr>
<tr><td>정년 60세 이상 의무 설정(제19조)</td><td>고령자고용법</td></tr>
<tr><td>모집과 채용 성차별 금지(제7조), 임금(제8조), 임금 외 금품(제9조), 교육·배치 및 승진(제10조), 정년·퇴직 및 해고(제11조) 시 성차별금지, 직장 내 성희롱 금지(제12조), 직장 내 성희롱 예방 교육 등(제13조)[2], 출산전후휴가 지원(제18조), 배우자 출산휴가(제18조의2), 난임치료휴가(제18조의3), 육아휴직(제19조), 육아기 근로시간 단축(제19조의2), 직장복귀를 위한 사업주의 지원(제19조의6), 가족 돌봄 지원(제22조의2)</td><td>남녀고용평등법</td></tr>
<tr><td>장애인인식개선교육(제5조의2)</td><td>장애인고용법</td></tr>
<tr><td rowspan="2">5인 이상</td><td>해고 등의 제한(제23조), 경영상 정리해고(제24조), 해고사유 등의 서면통지(제27조), 부당해고등의 구제신청(제28조), 근로시간(제50조), 연장근로 제한(제53조), 공휴일 및 대체공휴일(제55조 제2항), 연장·야간 및 휴일근로(제56조), 연차휴가(제60조), 생리휴가(제73조), 태아검진 시간의 허용 등(제74조의2), 육아시간(제75조), 직장 내 괴롭힘의 금지(제76조의2) 및 발생 시 조치(제76조의3) 등 모두 적용</td><td>근로기준법</td></tr>
<tr><td>기간제근로자의 사용(제4조), 차별적 처우의 금지(제8조) 및 차별적 처우의 시정신청(제9조)</td><td>기간제법</td></tr>
<tr><td>10인 이상</td><td>취업규칙 작성 및 신고의무(제93조)</td><td>근로기준법</td></tr>
<tr><td rowspan="2">30인 이상</td><td>노사협의회 설치(제4조), 회의(제12조), 협의회규정 신고(제18조), 고충처리위원 선임(제26조)</td><td>근로자참여법</td></tr>
<tr><td>거짓 채용광고 등의 금지(제4조), 채용 강요 등의 금지(제4조의2), 출신지역 등 개인정보 요구 금지(제4조의3)</td><td>채용절차법</td></tr>
<tr><td>50인 이상</td><td>사업주의 장애인 고용의무(제28조)</td><td rowspan="2">장애인고용법</td></tr>
<tr><td>100인 이상</td><td>장애인 미채용 시 사업주의 부담금 납부 등(제33조)</td></tr>
</table>

2 10인 미만 사업장, 사업주 및 근로자 모두가 남성 또는 여성 중 어느 한 성으로 구성된 사업장은 직장내 성희롱 예방교육 "교육자료 또는 홍보물을 게시하거나 배포하는 방법"으로 대체 가능(남녀고용평등법 시행령 제3조)

150인 이상	고용안정사업·직업능력개발사업 사용자부담 증가(제14조)	고용산재보험료 징수법
300인 이상	산업안전보건위원회 설치(제19조), 안전보건관리책임자의 선임(제15조), 안전보건관리규정 작성과 공지(제20조)	산업안전보건법
	사업주의 고령자 고용 노력의무(제12조)	고령자고용법
	고용형태 현황 공시(제15조의6)	고용정책기본법
500인 이상	직장어린이집 설치 및 지원 등(제21조), 적극적 고용개선조치 시행계획의 수립·제출 등(제17조의3)	남녀고용평등법
	사업주의 안전보건계획 수립 및 이사회 보고 승인(제14조)	산업안전보건법
1000인 이상	정년 등 사유 퇴직예정자 재취업지원서비스(제21조의3)	고령자고용법

3) 상시 근로자 수 계산방법

우리 사업장은 근로자 수가 일정하지 않고 수시로 변동된다. 상시 근로자 수가 5인 이상인 경우 근로기준법이 본격적으로 적용된다고 하는데, 상황에 따라 5인 미만이 되기도 하고, 5인을 초과하기도 한다. 그렇다면 이와 같이 근로자 수가 들쭉날쭉한 사업장의 경우, 상시 근로자 수는 어떻게 판단하고, 어떤 기준으로 계산해야 하는 것일까?

앞서 살펴본 바와 같이, 근로기준법은 근로자를 사용하는 모든 사업 또는 사업장에 적용되며, 여기서 **'근로자'**란 **정규직은 물론, 임시직·일용직·단시간 근로자·시급제 근로자·외국인 근로자(불법체류자 포함) 등 모든 고용형태를 포괄**한다. 따라서 상시 근로자 수 산정 시 이러한 모든 근로자를 포함하여 계산해야 한다.

상시 근로자 수는 다음의 산식에 따라 산정한다.

$$\text{상시 근로자 수} = \frac{\text{(법 적용사유 발생일 전 1개월 동안 사용한 근로자의 연인원)}}{\text{(법 적용사유 발생일 전 1개월 동안의 사업장 가동일 수)}}$$

위 산식에서 **'연인원'**이란 해당 기간 동안 실제 업무에 투입된 근로자의 총 인원수를 의미하며, **'가동일 수'**는 사업장에서 근로자 또는 기계가 실제로 운영된 일 수를 의미한다.

이때 포함되는 근로자 범위는 앞서 설명한 바와 같이 정규직뿐만 아니라 단시간 근로자, 아르바이트생 등 모든 직접 고용 근로자를 포함하되, 파견근로자나 수급·하청업체 소속 근로자와 같이 간접고용 형태의 인력은 제외된다.

보다 구체적인 이해를 돕기 위해, 실제 사례를 통해 앞의 산식을 적용해 보도록 하겠다.

20XX.02	월	화	수	목	금	토	일
일자	1	2	3	4	5	6	7
근로자수(명)	3명	3명	3명	3명	5명	5명	3명
일자	8	9	10	11	12	13	14
근로자수(명)	3명	3명	3명	3명	5명	5명	3명
일자	15	16	17	18	19	20	21
근로자수(명)	3명	3명	3명	3명	5명	5명	휴일
일자	22	23	24	25	26	27	28
근로자수(명)	3명	3명	3명	3명	5명	5명	3명

연인원 수	가동일 수	상시 근로자 수
97명 (1일~28일까지 사용한 근로자 수)	**27일** (28일- 1일)	97명/27일 **=3.59**

| 상시 근로자 수 계산 사례 |

예를 들어, 한 사업장이 2월 21일 하루만 휴일로 정하고 그 외 모든 날에 정상적으로 운영되었다고 가정하자. 해당 월(2월 1일~28일) 동안 근무한 모든 근로자의 총합, 즉 연인원 수는 97명이며, 실제 사업장이 운영된 일수인 가동일 수는 휴일 1일을 제외한 27일이 된다. 이에 따라 상시 근로자 수는 97명 ÷ 27일 = 약 3.59명으로 계산되며, 이 사업장은 상시 근로자 수 5인 미만 사업장에 해당함을 알 수 있다.

제56조 **근로기준법 제56조(연장·야간 및 휴일 근로)**

2항 **② 제1항에도 불구하고 사용자는 휴일근로에 대하여는 다음 각 호의 기준에 따른 금액 이상을 가산하여 근로자에게 지급하여야 한다.**

1호 **1. 8시간 이내의 휴일근로: 통상임금의 100분의 50**

2. 8시간을 초과한 휴일근로: 통상임금의 100분의 100

노동조합법 제2조(정의)

이 법에서 사용하는 용어의 정의는 다음과 같다.

4."노동조합"이라 함은 근로자가 주체가 되어 자주적으로 단결하여 근로조건의 유지·개선 기타 근로자의 경제적·사회적 지위의 향상을 도모함을 목적으로 조직하는 단체 또는 그 연합단체를 말한다. 다만, 다음 각목의 1에 해당하는 경우에는 노동조합으로 보지 아니한다.

가목 **가. 사용자 또는 항상 그의 이익을 대표하여 행동하는 자의 참가를 허용하는 경우**

나. 경비의 주된 부분을 사용자로부터 원조받는 경우

| 참고: 조문읽는 법 |

3. 노동법상 근로자와 사용자

근로자 개념과 근로자성 판단

1) 근로자성 판단이 중요한 이유

우리가 함께 학습하고 있는 노동법이 적용되기 위해서는, 그 대상이 '근로자'(또는 노동자)이어야 한다. 이 책에서는 '근로자'와 '노동자'라는 용어가 혼재되어 사용되고 있으나, 원칙적으로는 현행법에서 사용하는 '근로자'라는 표현을 우선적으로 사용하였다. 다만 '노동자'는 노동의 주체성과 사회적 의미를 강조할 필요가 있는 일부 맥락에서 병행적으로 표기하였다.

한편, 실제 현장에서 업무를 수행하다 보면 일을 하는 사람이 과연 법적 의미의 '근로자'에 해당하는지, 아니면 프리랜서나 기타 자영업자 등 다른 법적 지위에 해당하는지를 둘러싼 분쟁이 자주 발생한다. 이는 노동법 적용 여부를 가르는 가장 기초적인 전제에 해당하는 문제로, 본격적인 학습에 앞서 먼저 이 부분을 명확히 짚고 넘어갈 필요가 있다.

이러한 기본적인 이해를 바탕으로, 이어지는 노동법 규정의 주체인 양 당사자, 즉 '사용자'와 '근로자'의 개념에 대해서도 정확히 정의하고자 한다.

2) 근로자 개념의 이중 구조: 근로기준법과 노동조합법

근로기준법 제2조(정의)

① 이 법에서 사용하는 용어의 뜻은 다음과 같다.

1. "근로자"란 직업의 종류와 관계없이 임금을 목적으로 사업이나 사업장에 근로를 제공하는 사람을 말한다.

노동조합 및 노동관계조정법 제2조(정의)

이 법에서 사용하는 용어의 정의는 다음과 같다.

1. "근로자"라 함은 직업의 종류를 불문하고 임금·급료 기타 이에 준하는 수입에 의하여 생활하는 자를 말한다.

먼저 노동법의 양 축을 이루는 근로기준법과 노동조합 및 노동관계조정법(약칭: 노동조합법)은 모두 '근로자'라는 개념을 정의하고 있으나, 그 의미과 적용 범위에는 분명한 차이가 존재한다. 우선, **근로기준법**은 근로자를 **"직업의 종류와 관계없이 임금을 목적으로 사업 또는 사업장에 근로를 제공하는 자"**로 규정하고 있다. 반면, **노동조합법**은 **"직업의 종류를 불문하고 임금·급료 기타 이에 준하는 수입에 의하여 생활하는 자"**로 정의한다.

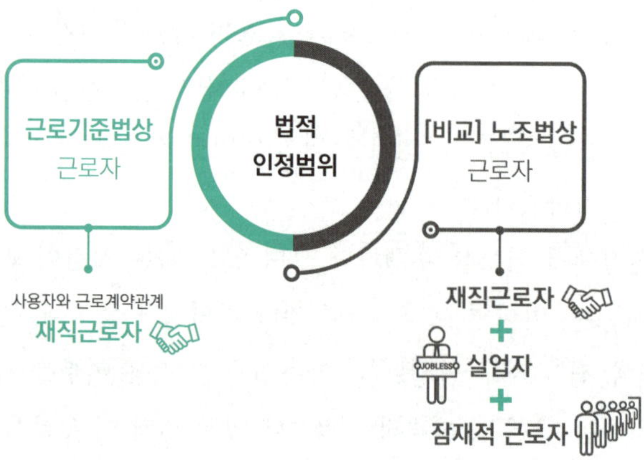

| 근로기준법상 근로자 vs. 노조법상 근로자 |

두 정의의 결정적인 차이는 **근로기준법에는 '사업 또는 사업장에'라는 문구가 포함되어 있다는 점**이다. 이 문구로 인해 근로기준법상의 '근로자'는 사용자와 근로계약을 체결하고 실제로 사업장에 소속되어 **재직 중인 사람을 전제**로 한다. 반면, 노동조합법상 '근로자'는 근로 제공의 장소나 고용관계의 존재 여부를 요건으로 하지 않기 때문에, **실업자·구직자·잠재적 노동자까지도 포괄하는 개념**으로 해석된다.

이러한 폭넓은 개념이 실제 어떻게 작동하는지는, '청년유니온'이라는 노동조합의 사례를 통해 확인할 수 있다. 청년유니온은 취업을 준비 중인 청년들이 중심이 되어, 구직 과정에서의 불합리함을 개선하고 청년층의 권익을 대변하기 위해 결성된 조직이다. 이처럼 구직자들이 중심이 된 노동조합의 설립이 가능한 이유는, 노동조합법상 근로자 개념이 재직 여부에 한정되지 않고 보다 포괄적으로 규정되어 있기 때문이다.

3) 프리랜서·사업자와의 구별을 통한 근로자성 이해

사업자		근로자
사업소득세(3.3%) 기타소득세(8.8%)	**세금(1)**	근로소득세(소득, 부양가족 수 연동) 지방소득세(근로소득세의 10%)
종합소득세 신고 (익년도 5월)	**세금(2)**	연말정산(익년도 ~3월 10일)
해당사항 없음	**4대보험**	사업자가 원천징수하여 납부
해당사항 없음	**퇴직금**	
용역비		급여

| 사업자 vs. 근로자 |

노동법상 근로자 개념을 더 정확히 이해하려면, 프리랜서나 개인사업자와 어떤 점이 다른지 비교해보는 것이 도움이 된다. 실제 현업에서 근로자성에 대한 분쟁은 사업자와 근로자의 경계선상에서 일어나는 경우가 많기 때문이다. 실제 실무에서도 근로자성에 관한 분쟁은 이 경계선상에서 가장 빈번하게 발생한다.

먼저, '사업자'는 통상 용역비를 지급받는다. 이 용역의 성격이 정기적이고 계속적이면 '사업소득'으로 간주되어 3.3%의 세율로 원천징수되며, 비정기적·일회성 성격일 경우 '기타소득'으로 분류되어 8.8%의 세율이 적용된다. 이후 당사자는 매년 5월, 종합소득세 신고를 통해 최종 세액을 정산한다.

반면, 노동법이 적용되는 '근로자'는 사용자로부터 '급여' 명목으로 대가를 지급받으며, 이 경우 사용자는 근로소득세와 지방소득세를 원천징수하고, 이를 매월 일괄 납부할 의무를 부담한다. 이때 원천징수는 간이세액표에 따라 이루어지며, 개별 가구의 실질적인 소득·부양가족 상황 등은 다음 해 초 연말정산 과정을 통해 정밀하게 반영된다. 이는 가구마다 부양가족 수나 의료비 지출 등 세부 상황이 상이한 현실을 반영하기 위함이다.

또한, 근로자는 4대 보험 가입이 법적으로 의무화되어 있으며, 근속 기간에 따라 퇴직급여도 지급받는다. 이에 반해 프리랜서나 개인사업자는 4대 보험 가입 의무가 없고, 노동법상 보호 규정의 적용을 받지 않기 때문에 퇴직급여 청구권도 발생하지 않는다. 이러한 차이는 법적 지위와 권리의 측면에서 매우 본질적인 구분이라 할 수 있다.

다만, 현실에서는 일정 기간 프리랜서 계약을 체결하고 일하다가 퇴직 시점에 이르러 돌연 퇴직급여를 청구하는 사례도 종종 발생한다. 사용자의 입장에서는 처음부터 근로계약이 아니라는 점을 전제로 관계를 설정한 상황에서, 이 같은 청구는 '입장을 바꾸는 꼼수'로 비칠 수 있다. 그러나 법적 판단은 외형적 형식이나 계약서상의 명칭이 아니라, 실질적인 종속성과 사용자 지휘·감독 여부를 기준으로 이루어진다. 실제로 계약 명칭과 무관하게 '근로자성'이 인정되면, 퇴직급여를 포함한 각종 노동법상 권리는 보호된다.

결국 **핵심은 "누구의 지휘·감독 아래, 어느 정도의 종속성을 갖고 일했는가"**라는 실질 판단이다. 법은 **외형**이 아닌 **본질**을 따진다.

4) 판례가 제시하는 근로자성 판단 기준

그렇다면 법원이 말하는 '실질'이란 무엇을 의미할까? 근로자성 판단에 있어 어떤 요소들이 기준이 되는 것일까?

현행 법령에는 근로자성에 대한 구체적이고 일률적인 기준이 명시되어 있지 않다. 이는 다양한 업종마다 근로 형태가 상이하고, 동일한 업종 내에서도 조직마다 업무 방식이나 지휘 체계가 다르기 때문에 일괄적인 정의를 내리기 어렵기 때문이다. 이처럼 정형화된 기준이 법률에 존재하지 않기 때문에, 실무에서는 판례가 제시하는 판단기준을 숙지하는 것이 필수적이다.

대표적으로 **대법원 판례(대법원 2006.12.7. 선고 2004다29736 판결 등)**는 **사용종속 관계 여부를 중심으로 근로자성을 종합적으로 판단하도록** 안내하고 있으며, 크게 12가지의 기준을 제시하고 있다.

1. 업무 내용 사용자가 정함
2. 취업규칙 또는 복무(인사)규정 등의 적용 받음
3. 업무수행과정에서 사용자가 상당한 지휘·감독 여부
4. 사용자가 근무시간과 근무장소를 지정하고 근로자가 이에 구속을 받는지 여부
5. 노무제공자가 스스로 비품·원자재나 작업도구 등을 소유 여부
6. 제3자를 고용하여 업무를 대행케하는 등 독립하여 자신의 계산으로 사업 영위 여부
7. 노무제공을 통한 이윤의 창출과 손실의 초래 등 위험을 스스로 안고 있는지 여부
8. 보수의 성격이 근로자체의 대상적 성격인지 여부
9. 기본급이나 고정급이 정하여졌는지 여부
10. 근로소득세의 원천징수 여부 등 보수에 관한 사항
11. 근로 제공 관계의 계속성과 사용자에 대한 전속성의 유무와 그 정도
12. 사회보장제도에 관한 법령에서 근로자로서 지위를 인정받는지 여부

| 사용종속관계를 판단하는 기준(판례) |

우선, **사용자가 업무의 내용을 정하고, 해당 노무제공자가 취업규칙이나 인사규정 등 조직 내부 규범의 적용을 받는 경우**, 이는 전형적인 사용종속관계를 나타내는 것으로 본다. 아울러 **업무 수행 과정에서 사용자가 지속적이고 구체적인 지휘·감독을 하는지, 근무 시간과 장소가 사용자에 의해 지정되어 있는지**도 중요한 판단 요소가 된다.

또한 **노무 제공 시 사용하는 장비나 재료 등의 소유 주체**도 판단 기준 중 하나다. 업무수행에 필요한 비품이나 도구가 사용자에 의해 제공되는 경우 근로자성 인정 가능성이 높아지며, 반대로 노무제공자가 이를 스스로 구입·소유하고 있다면 독립된 사업자일 가능성이 크다.

예컨대, 동네 미용실에서 독립채산제로 일하는 실장님의 사례를 보자. 실장님이

본인의 파마약과 세팅기계를 별도로 구비하고, 매출과 비용을 독자적으로 관리하며, 미용실 원장과는 수익 분배만을 약정하는 형태로 일하고 있다면, 이는 실질적으로 독립된 사업자로서 활동하고 있는 것이다. 특히 이러한 실장이 자신의 보조 인력을 직접 고용하여 미용 업무 일부를 분담시키는 구조라면, 이는 제3자를 고용해 독자적으로 사업을 영위하는 것으로 평가할 수 있으며, 사용종속 관계에서 벗어난 독립성을 강하게 시사한다. 이처럼 **다른 사람을 고용하여 자신의 책임 하에 업무를 수행하게 하는 경우**에는 일반적으로 근로자성이 부정된다.

이 밖에도 **일정한 기본급이 정해져 있거나, 4대 보험에 가입되어 있는 경우**, 사용자로부터의 전속성이 높고 고용관계가 지속적인 경우 등은 근로자로 인정될 가능성을 높이는 요소들이다.

결국 이러한 여러 기준은 개별적으로 작용하는 것이 아니라, 전체적인 사안의 맥락 속에서 종합적으로 고려되어야 한다. 앞서 언급했듯이, 계약서에 명시된 '용역계약'이나 '프리랜서'와 같은 외형적 명칭만으로 근로자성을 단정할 수는 없다. 중요한 것은 실제 업무 수행의 방식과 사용종속관계가 실질적으로 존재했는지 여부이며, 이는 노동법상 근로자성 판단에서 반복적으로 강조되는 핵심 원칙이기도 하다. 다시 말해, 형식보다 실질을 중심으로 판단한다는 점은 이론적으로나 판례상으로도 이미 정립된 기준이라 할 수 있다.

사용자 개념과 사용자성 판단

1) 사용자 개념의 이중 구조: 근로기준법과 노동조합법

근로기준법 제2조(정의)

① 이 법에서 사용하는 용어의 뜻은 다음과 같다.

2. "사용자"란 사업주 또는 사업 경영 담당자, 그 밖에 근로자에 관한 사항에 대하여 사업주를 위하여 행위하는 자를 말한다.

노동조합 및 노동관계조정법 제2조(정의)

이 법에서 사용하는 용어의 정의는 다음과 같다.

2. "사용자"라 함은 사업주, 사업의 경영담당자 또는 그 사업의 근로자에 관한 사항에 대하여 사업주를 위하여 행동하는 자를 말한다.

노동법에서 '사용자' 개념은 일관된 하나의 정의로 통일되어 있지 않다. 근로기준법과 노동조합법 등 각각의 법령은 사용자 개념을 별도로 정의하고 있으며, 법의 목적과 적용 영역에 따라 해석의 차이가 발생한다.

우선, **근로기준법** 제2조 제1항 제2호는 "사용자"를 **"사업주 또는 사업 경영 담당자, 그 밖에 근로자에 관한 사항에 대하여 사업주를 위하여 행위하는 자"**로 규정하고 있다. 반면, **노동조합법** 제2조 제2호는 **"사업주, 사업의 경영담당자 또는 그 사업의 근로자에 관한 사항에 대하여 사업주를 위하여 행동하는 자"**로 정의한다. 두 법령의 문언은 다소 상이하지만, 실제로는 모두 사용자의 범위를 사업주뿐만 아니라 사용자를 대리하여 근로자에 관한 권한을 행사하는 자까지 포함하는 포괄적 개념으로 해석된다.

이러한 사용자 개념은 실제 현장에서 매우 유동적으로 작용한다. 예컨대, 부서장의 경우 대표이사로부터 지휘·감독을 받으며 근로를 제공하는 점에서는 '근로자'에 해당하지만, 동시에 일반 직원에 대해서는 대표이사로부터 위임받은 권한에 따라 업무 지시와 평가, 징계 등 인사관리 행위를 수행함으로써 '사용자'로 기능하기도 한다. 이처럼 하나의 인물이 특정 관계에서는 근로자이고, 또 다른 관계에서는 사용자 역할을 수행하는 구조는, 근로자성과 사용자성이 모두 관계 상대방에 따라 달라질 수 있는 **상대적인 개념임을 보여준다.**

즉, 사용자는 고정된 신분이나 지위를 의미하는 것이 아니라, 근로자에 대한 지휘·감독권 또는 근로조건 결정 권한의 유무를 기준으로 판단되는 **기능적 개념**이다. 이러한 상대성과 기능성을 고려하지 않으면, 실무에서 사용자 책임의 주체를 혼동하거나 잘못 적용하는 오류가 발생할 수 있다.

2) 근로기준법상 사용자

근로기준법상 '사용자'의 개념은 단일한 법적 주체를 의미하는 것이 아니라, 그 법적·실질적 지위에 따라 세 가지 유형으로 구분될 수 있다. 즉, 법 제2조 제1항 제2호는 사용자를 ① **사업주,** ② **사업경영담당자,** ③ **근로자에 관한 사항에 관하여 사업주를 위하여 행위하는 자**로 정의하고 있다.

먼저, **'사업주'**는 근로자를 사용하여 사업을 수행하는 자를 의미하며, 일반적으로 근로계약상의 사용자와 일치한다. 개인사업체의 경우에는 그 사업을 운영하는 개인이, 법인의 경우에는 법인 그 자체가 사용자로 간주된다. 이 정의는 산업안전보건법

제2조 제3항에서도 동일하게 원용되고 있다.

다음으로, **'사업경영담당자'**는 사업주로부터 경영 전반 또는 일부에 관한 포괄적 위임을 받아 대내외적으로 사업을 대표하거나 대리하는 자를 말한다. 실무적으로는 주식회사의 대표이사, 합명회사의 업무집행사원 등이 이에 해당하며, 이들은 통상 경영상 주요 판단과 지시 권한을 가진다.

마지막으로, **'근로자에 관한 사항에 대하여 사업주를 위하여 행위하는 자'**는 인사, 급여, 복무, 노무관리 등 근로조건의 결정이나 근로의 실시에 관한 권한을 위임받아 실질적인 지휘·감독권을 행사하는 자를 의미한다. 이 범주에는 예컨대 부서장이나 팀장 등 근로자 개개인에 대한 관리·감독 권한을 실질적으로 가진 중간관리자도 포함될 수 있다. 단, 단순한 업무 전달자가 아니라 일정한 책임과 권한이 사업주로부터 부여된 자에 한해 사용자로서의 법적 지위가 인정된다.

이처럼 근로기준법상 사용자는 사업의 법적 대표자뿐 아니라, 실제 근로조건의 결정이나 집행에 영향력을 행사하는 다양한 주체까지 포함하는 포괄적 개념이다. 따라서 실무에서는 명목상의 지위가 아닌 실질적인 권한과 역할의 유무를 중심으로 사용자성을 판단할 필요가 있다.

3) 노동조합법상 사용자

노동조합 및 노동관계조정법(이하 노동조합법)은 '사용자' 개념을 보다 집단적 노사관계, 특히 노동조합의 설립 및 운영, 단체교섭의 상대방, 부당노동행위 주체와 관련하여 정의하고 있다. 노동조합법상 사용자 개념은 크게 다음의 두 가지 유형으로 나누어 볼 수 있다.

첫째, 노동조합법 제2조 제2호는 사용자에 대해 **"사업주, 사업의 경영담당자 또는 그 사업의 근로자에 관한 사항에 대하여 사업주를 위하여 행동하는 자"**로 정의하고 있다. 이 정의는 단체교섭의 상대방, 부당노동행위의 주체, 노조설립 대응 주체로서의 사용자를 포괄하는 개념이다.

둘째, 동법 제2조 제4호 단서 가목에서는 **"항상 사용자의 이익을 대표하여 행동하는 자"**는 원칙적으로 노동조합의 조합원이 될 수 없다는 제한 규정을 두고 있다. 이는 사용자 개념의 확장된 해석과도 연결된다. 여기서 말하는 "항상 사용자의 이익을 대표하여 행동하는 자"란, 사용자 측의 의사를 대변하거나 근로자와의 교섭과정에서 실질적으로 사용자 편에서 행위하는 자로서, 사용자의 노사관계 전략에 관여하는 자를 포함한다. 대표적인 예로는 인사·노무 책임자, 인사기획팀장, 단체교섭 담당자 등이 있다.

좀 더 쉽게 말하면, 노동조합법 제2조 제2호에 나오는 사용자는 '단체교섭을 누구랑 해야 하느냐', '부당노동행위를 저지른 주체가 누구냐' 같은 문제에서 기준이 되는 법적인 사용자다. 반면 제4호 단서 가목에서 말하는 사용자는 '이 사람은 노조 조합원이 될 수 있는가?'라는 문제에서 판단 기준이 되는 조합원 자격 제한을 위한 사용자 개념이라고 보면 된다.

실제 사건에서도 이런 구분이 중요한 역할을 한다. 예를 들어, 대법원 2004두12279 판결에서는 인사노무 업무를 총괄하고 사용자 입장에서 단체교섭에 참여했던 직원을 두고, "항상 사용자의 이익을 대표하여 행동하는 자"에 해당한다고 판단해서 조합원 자격이 없다고 본 적이 있다. 교섭 방침을 세우고 교섭 내용을 결정하는 데 실질적으로 관여했기 때문이다.

반면, 서울행정법원 2017구합74873 사건에서는 생산팀 팀장이 단체교섭이나 인사 문제에는 관여하지 않고, 사용자 방침 결정에도 참여하지 않았던 경우, 단지 직책이 팀장이라는 이유만으로는 사용자로 볼 수 없고, 따라서 조합원 자격을 제한할 수 없다고 봤다. 실제로 어떤 역할을 했는지가 중요하다는 판단이다.

실무에서는 이런 경우도 있다. 인사팀 과장이 교섭 실무 회의에 배석하고 자료를 정리했지만, 의사결정에는 관여하지 않았고 사용자 지시를 전달하는 정도에 불과했다면, 이 과장을 조합원에서 제외할 수는 없다. "항상 대표한다"는 건 단순 참여가 아니라, 실질적인 결정 권한을 행사해야 인정된다는 뜻이다.

이처럼 노동조합법상 사용자 개념은, 어떤 문제를 다루고 있는지에 따라 의미가 달라질 수 있고, 직급이나 직함보다는 **실제로 어떤 일을 했는지가 훨씬 더 중요**하다. 실무에서 사용자 개념을 잘못 이해하면, 부당노동행위 판단이나 조합원 자격 분쟁에서도 엉뚱한 결론이 나올 수 있으니 주의가 필요하다.

노동법의 시작, 사회복지 노동법

CHAPTER 02

근로계약의 체결

박정연 · 장연수

02

근로계약의 체결

1. 근로계약의 개념과 명시의무

근로계약의 개념 및 체결시기

근로기준법 제2조(정의) ① 이 법에서 사용하는 용어의 뜻은 다음과 같다.
4. "근로계약"이란 근로자가 사용자에게 근로를 제공하고 사용자는 이에 대하여 임금을 지급하는 것을 목적으로 체결된 계약을 말한다.

1) 근로계약의 의의

사회복지 분야든 다른 업종이든, 고용관계의 시작은 언제나 근로계약에서 출발한다. 「근로기준법」 제2조 제1항 제4호는 근로계약을 **"근로자가 사용자에게 근로를 제공하고, 사용자는 이에 대하여 임금을 지급하는 것을 목적으로 체결된 계약"**이라고 정의하고 있다.

즉, 근로계약은 일을 하고 임금을 받기로 한 기본적인 약속이다. 이 약속이 명확해야만, 이후 임금·근로조건 문제에서 노동법의 보호를 제대로 받을 수 있다.

2) 근로계약의 체결시기

이러한 근로계약은 언제 체결하는 것이 맞을까? 관련하여 다음과 같이 퀴즈를 준비하여 보았다. 정답은 모두 'O'가 맞다. 근로계약서는 입사 당일, 출근 직후 업무를 시작하기 전 작성하는 것이 원칙이다.

체결시기 근로계약은 언제 체결하는가?

① 입사 시?	○	×
② 수습 만료 시?	○	×
③ 재계약 시?	○	×
④ 근로조건 변경 시?	○	×

| 근로계약의 체결시기 |

그런데 현실에서는 “일단 일부터 시키고 나중에 계약서를 쓰자.”는 방식이 종종 보인다. 특히 인력 변동이 잦은 중소 사회복지시설의 경우, 한동안은 사업소득으로 처리하다가 4대 보험 가입 시점에 계약서를 작성하는 경우도 있다. 그러나 이는 법적으로도, 실무적으로도 바람직하지 않다.

입사와 동시에 근로계약서를 작성하는 것은 사업장의 신뢰를 보여주는 출발점이자, 향후 법적 분쟁을 막는 최소한의 안전장치다. 따라서 입사 첫날 바로 계약서를 작성하도록 하는 조직 차원의 내부 원칙을 마련해두는 것이 좋다.

한편, 대부분의 기업·기관이 일정 기간 수습을 거친 후 정규직(무기계약직)으로 전환하는 ‘수습제도’를 운영하는 경우가 많다. 이때 수습 만료 후 정규직 전환 시에도 근로계약서를 다시 작성하는 것이 원칙이다. 다만, 실무에서는 입사 시 근로계약서에 **“입사 후 ○개월은 수습기간으로 한다.”**는 문구를 포함해, 수습 종료 후 별도 계약 없이 그대로 정규직으로 전환하는 방식이 일반적이다.

이 외에도 근로계약을 재계약하거나 근로조건의 주요 내용이 변경되는 경우에도 근로계약서는 재작성되는 것이 맞다. 간혹 연봉계약서와의 차이를 묻는 경우가 있는데, 연봉계약서는 말 그대로 근로계약의 ‘임금 조건’만을 따로 정리한 보완 문서다. 따라서 근로계약서보다 범위가 좁고, 포괄적인 법적 효력은 근로계약서가 가진다. 실무에서는 최초 입사 시 근로계약서를 작성한 뒤, 연봉이 바뀔 때마다 연봉계약서 형태로 임금조건만 별도 관리하는 방식이 일반적이다.

3) 근로계약의 체결방법

근로계약은 어떻게 체결해야 할까? 꼭 계약서를 써야만 법적으로 효력이 생기는 걸까? 결론부터 말하면, **반드시 서면이어야만 유효한 것은 아니다.**

체결방법

유효한 체결방법은? 적법한 체결방법은?

① 서면 체결하면 유효?	○	×
② 서면 없어도 유효?	○	×

| 근로계약의 체결방법 |

근로계약은 **구두로도 체결 가능**하다. 즉, 문서 없이 말로만 "다음 주부터 출근하세요, 월급은 얼마 드릴게요."라고 약속하고 실제로 일을 시작해도, 일을 제공하고 임금을 받았다면 근로계약은 성립된 것으로 본다.

하지만 문제는 그 다음이다. 서면이 없으면 나중에 다툼이 생기기 쉽다. 처음엔 구두로 합의했다고 하더라도, 나중에 "수습기간이었다", "약속한 월급이 달랐다", "근무시간이 줄었다" 등 기억이나 주장에 차이가 생기면, 입증 책임 때문에 분쟁으로 이어지기 쉽다. 그래서 「근로기준법」 제17조는 사용자에게 근로계약 체결 시 반드시 주요 근로조건을 서면으로 명시해 근로자에게 교부하도록 의무를 부여하고 있다.

근로조건의 명시

근로기준법 제17조(근로조건의 명시)

① 사용자는 근로계약을 체결할 때에 근로자에게 다음 각 호의 사항을 명시하여야 한다. 근로계약 체결 후 다음 각 호의 사항을 변경하는 경우에도 또한 같다.

1. 임금
2. 소정근로시간
3. 제55조에 따른 휴일
4. 제60조에 따른 연차 유급휴가
5. 그밖에 대통령령[3]으로 정하는 근로조건

근로기준법 시행령 제8조(명시하여야 할 근로조건)

법 제17조 제1항 제5호에서 "대통령령으로 정하는 근로조건"이란 다음 각 호의 사항을 말한다.
1. 취업의 장소와 종사하여야 할 업무에 관한 사항
2. 법 제93조 제1호부터 제12호까지의 규정에서 정한 사항
3. 사업장의 부속 기숙사에 근로자를 기숙하게 하는 경우에는 기숙사 규칙에서 정한 사항

② 사용자는 제1항 제1호와 관련한 임금의 구성항목·계산방법·지급방법 및 제2호부터 제4호까지의 사항이 명시된 서면(「전자문서 및 전자거래 기본법」 제2조 제1호에 따른 전자문서를 포함한다)을 근로자에게 교부하여야 한다. 다만, 본문에 따른 사항이 단체협약 또는 취업규칙의 변경 등 대통령령으로 정하는 사유로 인하여 변경되는 경우에는 근로자의 요구가 있으면 그 근로자에게 교부하여야 한다.

기간제 및 단시간 근로자 보호 등에 관한 법률 제17조(근로조건의 명시)

사용자는 기간제근로자 또는 단시간 근로자와 근로계약을 체결하는 때에는 다음 각 호의 모든 사항을 서면으로 명시하여야 한다. 다만, 제6호는 단시간 근로자에 한한다.
1. 근로계약기간에 관한 사항
2. 근로시간·휴게에 관한 사항
3. 임금의 구성항목·계산방법 및 지불방법에 관한 사항
4. 휴일·휴가에 관한 사항
5. 취업의 장소와 종사하여야 할 업무에 관한 사항
6. 근로일 및 근로일별 근로시간

1) 근로계약 시 반드시 알려야 할 근로조건

앞서 살펴본 것처럼, 근로계약은 말로만 해도 성립되긴 한다. 하지만 분쟁을 예방하고, 서로 오해 없이 일하기 위해서는 근로조건을 명확하게 해 두는 것이 기본이다.

3 근로기준법 시행령 제8조

이와 관련해 「**근로기준법**」 **제17조**는 **사용자가 근로자에게 반드시 알려야 할 주요 근로조건을 규정**하고 있다. 여기에는 **임금, 소정근로시간, 주휴일, 연차 유급휴가, 근무 장소와 업무 내용 등**이 포함된다. 예를 들어, 얼마를 어떤 방식으로 지급할 것인지, 하루 몇 시간, 주 몇 일을 일하는지, 언제 쉬는 날이 있는지, 유급휴가가 얼마나 주어지는지, 그리고 어디서 어떤 일을 하는지 등을 의미한다.

여기서 '명시한다'는 것은 꼭 서류로 작성해야 한다는 의미는 아니다. 구두로 설명하더라도 근로자가 그 내용을 명확히 인지했다면 '명시'한 것으로 인정된다.

하지만 모든 조건이 다 그런 것은 아니다. 법에서는 **특히 중요한 근로조건에 대해서는 서면으로 명시하고, 이를 근로자에게 교부할 것을 의무화**하고 있다. 이 내용은 같은 법 제17조 제2항에 별도로 규정되어 있다. 서면으로 반드시 명시해야 할 항목은 **임금의 구성 항목(예: 기본급, 수당 등), 임금의 계산 방법과 지급 방법, 소정근로시간, 주휴일**, 그리고 **연차유급휴가**다. 이러한 항목들을 서면으로 정리해 근로자에게 전달하는 문서를 일반적으로 우리는 **'근로계약서'**라고 부른다.

2) 기간제·단시간 근로자에 대한 명시의무 강화

'비정규직'이라는 말은 법률에 명시된 용어는 아니다. 다만 일반적으로는 근로기간이 정해져 있거나, 하루 또는 일주일 단위 근로시간이 짧은 형태 또는 파견처럼 간접적으로 고용된 형태의 근로자를 통칭해 **'비정규직'**이라고 부른다. 법적으로는 각각 **'기간제근로자', '단시간 근로자', '파견근로자'**로 구분되며, 이들이 바로 비정규직 범주에 속한다고 볼 수 있다.

이처럼 정규직에 비해 고용 안정성이나 근로조건에서 상대적으로 불안정한 위치에 놓이기 쉬운 근로자들이 법적으로 보다 명확하게 보호받을 수 있도록, 우리 법은 일정한 장치를 마련하고 있다.

그중 하나가 바로 **근로조건 명시 의무의 강화**다. 예를 들어, 정규직 근로자의 경우에는 서면상 명시가 권고 수준에 머무는 일부 항목들이, 기간제나 단시간 근로자에게는 반드시 서면으로 명시해야 하는 '의무사항'이 된다. 특히 기간제근로자라면 근로계약의 시작일과 종료일뿐 아니라, 업무 내용과 근무 장소를 명확히 기재해야 하며, 단시간 근로자의 경우에는 여기에 더해 1주의 근로일과 근로일별 근로시간까지도 구체적으로 적시해야 한다.

통상근로자 (근로기준법 제17조)	기간제 및 단시간 근로자 (기간제법 제17조)
	1~4. 통상근로자 서면 명시사항
1. 임금의 구성항목 · 계산방법 · 지급방법	5. 근로계약기간에 관한 사항
2. 소정근로시간	6. 휴게에 관한 사항
3. 휴일(근로기준법 제55조에 따른)	7. 취업의 장소
4. 연차유급휴가	8. 종사해야 할 업무
	9. 근로일 및 근로일별 근로시간 (단시간 근로자에 한함)
명시 위반 시 500만원 이하의 벌금	명시 위반 시 500만원 이하의 과태료
근로계약서 미교부 시 500만원 이하의 벌금	

이처럼 계약서에 주요 근로조건을 구체적으로 명시해 두는 것은 단지 형식을 위한 절차가 아니다. 고용기간이 끝났을 때 부당하게 계약이 종료되었다고 주장할 수 있는 근거가 되며, 정규직과의 차별이 문제되는 상황에서는 근로형태를 객관적으로 입증하는 자료로도 활용될 수 있다.

실무에서는 이들에 대한 계약서 작성 시, 정규직과 동일한 양식을 그대로 사용하는 경우가 많은데, 이때는 반드시 기간, 업무, 장소, 시간 등 해당 유형 근로자에게 요구되는 항목이 누락되지 않도록 별도로 확인할 필요가 있다.

2. 근로계약서의 작성 및 교부

근로계약서 작성 실무

1) 고용노동부 표준근로계약서의 활용

근로계약서를 처음 작성할 때는 고용노동부에서 제공하는 표준근로계약서 양식을 참고하는 것이 무난하다. 근로기준법상 서면으로 명시해야 할 사항들이 모두 포함되어 있어, 근로계약서 작성의 출발점으로 삼기에 적합하다. 인터넷 포털에서 **'고용노동부 표준근로계약서'**를 검색하면 총 7종의 양식을 내려받을 수 있다. 여기에는 계약기간의 유무(무기계약·기간제)를 기준으로 한 일반형 표준계약서를 비롯해, 연소근로자용, 건설일용직용, 단시간 근로자용, 외국인근로자용 계약서, 그리고 연소근로자에 대한 친권자(후견인) 동의서 등 다양한 고용형태와 대상에 맞춘 서식이 포함되어 있다.

이 중에서 가장 일반적으로 사용되는 '기간의 정함이 없는 경우', 즉 무기계약직 근로자용 표준계약서를 중심으로, 실무에서 실제로 계약서를 어떻게 작성할 수 있을지 항목별로 살펴보자.

〈고용노동부 표준근로계약서(무기계약직)〉

표준근로계약서(기간의 정함이 없는 경우)

_______(이하 "사업주"라 함)과(와) _______(이하 "근로자"라 함)은 다음과 같이 근로계약을 체결한다.

1. 근로개시일: 년 월 일부터

2. 근 무 장 소:

3. 업무의 내용:

4. 소정근로시간: ___시 ___분부터 ___시 ___분까지 (휴게시간: 시 분~ 시 분)

5. 근무일/휴일: 매주 ___일(또는 매일단위)근무, 주휴일 매주 ___요일

6. 임금

- 월(일, 시간)급: _____________원
- 상여금: 있음 ( ) _____________원, 없음 ( )
- 기타급여(제수당 등): 있음 ( ), 없음 ( )
  - _____________원, _____________원
  - _____________원, _____________원
- 임금 지급일: 매월(매주 또는 매일) _______일(휴일의 경우는 전일 지급)
- 지급방법: 근로자에게 직접지급( ), 근로자 명의 예금통장에 입금( )

7. 연차유급휴가

- 연차유급휴가는 근로기준법에서 정하는 바에 따라 부여함

8. 사회보험 적용여부(해당란에 체크)

□ 고용보험 □ 산재보험 □ 국민연금 □ 건강보험

9. 근로계약서 교부

- 사업주는 근로계약을 체결함과 동시에 본 계약서를 사본하여 근로자의 교부요구와 관계없이 근로자에게 교부함(근로기준법 제17조 이행)

10. 근로계약, 취업규칙 등의 성실한 이행의무

- 사업주와 근로자는 각자가 근로계약, 취업규칙, 단체협약을 지키고 성실하게 이행하여야 함

11. 기타

- 이 계약에 정함이 없는 사항은 근로기준법령에 의함

년 월 일

(사업주) 사업체명: (전화:)
주 소:
대 표 자: (서명)
(근로자) 주 소:
연 락 처:
성 명: (서명)

2) 표준근로계약서 항목별 작성가이드

① 근로개시일 작성 시 유의사항

근로계약서에는 반드시 근로개시일을 명확히 기재해야 한다. 이때, 계약 시작일만 적고 종료일은 기재하지 않은 경우, 해당 계약은 원칙적으로 정년까지 근무 가능한 무기계약직으로 간주된다.

반면, **기간제근로자**의 경우에는 **시작일과 종료일을 모두 명시**해야 하며, 종료일이 기재되지 않으면 기간제 계약으로서의 법적 효력이 인정되지 않을 수 있다.

또한, 수습기간을 운영할 경우에는 단순히 "수습기간 있음."이라고만 적는 것으로는 부족하며, 반드시 **"입사일로부터 ○개월간은 수습기간으로 한다."**는 식으로 수습의 시작일과 종료일을 명확히 기재해야 한다. 이러한 방식으로 작성되어야만 수습기간에 따른 해고 요건 완화 등 법적 효력을 제대로 인정받을 수 있다.

② 근무장소 기재 시 구체성의 기준과 실무요령

근로계약서의 '근무장소'는 **실제 근무하는 사업장 단위까지 구체적으로 적는 것**이 바람직하다. 단순히 '본사'나 '센터'라고만 기재하면, 나중에 근무지 변경이나 전보, 파견 등의 분쟁이 생길 소지가 있다.

예를 들어, 'OO복지관 본관 3층', 'OO센터 안산분관'처럼 기관명과 위치를 명확히 적어두는 것이 좋다. 특히 사회복지기관은 순환근무나 파견이 많은 편이므로, "관할 지점 간 순환근무 가능" 등 범위를 미리 표시해두면 혼란을 줄일 수 있다.

다만 이처럼 포괄적으로 적어두었다 하더라도, 실제 근무지 변경 시에는 근로자 동의가 필요하다. 일방적인 전보나 배치는 불이익변경으로 분쟁이 될 수 있으므로 주의가 필요하다.

③ 업무내용 작성 시 허용 범위와 한계

담당 업무는 가능한 한 구체적으로 작성하되, 향후 인사 이동 가능성을 감안해 "기타 사용자가 지정하는 업무"라는 문구를 부가하는 경우도 있다. 법 위반은 아니지만, 업무 범위를 지나치게 포괄적으로 정하는 경우에는 분쟁의 소지가 생길 수 있으므로 주의가 필요하다.

④ 소정근로시간 및 휴게시간 기재방법

근로계약서에 기재하는 '소정근로시간'은 법정근로시간(1일 8시간, 주 40시간)을 그대로 적는 것이 아니라, **실제 근로자와 사전에 약정한 일상적인 근로시간을 기준으로 작성**해야 한다. 예를 들어, 오전 9시부터 오후 6시까지 근무하고, 중간에 점심시간 1시간을 부여하는 경우라면, "09:00~18:00(휴게시간 12:00~13:00)"처럼 구체적으로 기재한다.

소정근로시간은 근로자의 임금, 주휴수당, 연장·야간근로 여부 판단 기준이 되기 때문에, 명확하게 적어두는 것이 중요하다. 특히 **주 15시간 이상 근로 여부**에 따라 주휴수당이나 4대 보험 적용이 달라질 수 있으므로, 주간 총 근로시간 기준으로도 한 번 더 검토하는 것이 좋다.

〈참고: 소정근로시간 주 15시간 미만 근로자 적용제외 조항〉

4주 동안(4주 미만으로 근로하는 경우에는 그 기간)을 평균하여 1주 동안의 소정근로시간이 15시간 미만인 경우(근로기준법 제18조 제3항) 주휴일, 연차유급휴가, 퇴직금 산정기간 등 제외

관련 법령	적용제외 규정	근거 규정
근로기준법	• 주휴일 • 연차유급휴가	제18조 제3항
근로자퇴직급여 보장법	• 퇴직급여제도	제4조 제1항
기간제 및 단시간 근로자 보호 등에 관한 법률	• 기간제근로자의 사용기간 제한(2년)의 예외	제4조 시행령 제3조 제3항 제6호
고용보험법	• 가입제외(1개월 동안의 소정근로시간이 60시간 미만인 단시간 근로자, 1주간 소정근로시간이 15시간 미만인 자) • 단, 3개월 이상 계속하여 근로를 제공한 자는 가입대상	제10조 제2호 시행령 제3조 제1항
국민연금법[4]	• 가입제외(1개월 동안의 소정근로시간이 60시간 미만인 단시간 근로자) • 단, 3개월 이상 계속하여 근로를 제공하는 자로서 사용자의 동의가 있는 경우 가입 가능	제3조 제1항 제1호 시행령 제2조 제4호 나목
국민건강보험법[5]	• 가입제외(1개월 동안의 소정근로시간이 60시간 미만인 단시간 근로자)	제6조 제2항 시행령 제9조 제1호

휴게시간도 마찬가지다. "점심시간은 대략 1시간 정도"처럼 추상적으로 기재하기보다는, 정해진 시간대를 특정해서 명시하는 것이 바람직하다. 만약 업종 특성상 일

4 시행령 제2조 제4호 "1개월 동안의 소정근로시간이 60시간 미만인 단시간 근로자"

5 시행령 제9조 제1호 "비상근 근로자 또는 1개월 동안의 소정(所定)근로시간이 60시간 미만인 단시간 근로자"

정하지 않은 경우에는 "업무 특성에 따라 4시간 근무 중 30분, 8시간 근무 중 1시간의 휴게시간을 부여함(구체적 시간은 일정표에 따름)"과 같이 표시할 수도 있다.

⑤ 근무일·주휴일 작성 실무와 연장근로 동의

매주 근무 일수와 휴일, 주휴일 요일을 명확히 기재한다. 특히 주 15시간 이상 근로하는 경우 1주 1일 이상 유급 주휴일을 반드시 보장하기 때문에, 해당 요일을 명시하여야 한다.

또한, 실무상 연장근로나 휴일근로가 반복적으로 발생하는 업종이라면 다음과 같은 문구를 포함하고 사전 동의를 받아두는 것이 좋다: "사용자는 업무상 필요한 경우 연장·야간·휴일근로를 명할 수 있으며, 근로자는 이에 포괄적으로 동의한다." 이런 방식은 고용노동부의 행정해석 및 관련 판례상 허용된다고 보는 견해가 일반적이다. 단, 실제 근로 제공 시에는 개별 동의와 수당 지급이 전제되어야 한다.

또한 근로시간 변경과 관련하여 "회사는 직무, 직책 등을 고려하여 근로시간, 시업·종료 시간 및 휴게시간을 변경할 수 있다."는 부분 역시 주의를 요한다. 이 조항은 사용자가 일방적으로 조건을 변경할 수 있도록 하는 것으로, 근로기준법상 근로조건의 대등결정 원칙에 위배될 수 있다. 따라서 다음과 같이 수정하는 것이 바람직하다: "업무상 필요에 따라 근로시간 등을 변경할 경우, 사용자는 근로자의 사전 동의를 받아 변경할 수 있다."

⑥ 임금 항목별 기재 요령과 산정 예시

가장 중요한 것은 '6. 임금' 부분이다. 대개 월급제 형태로 급여를 지급하는 경우가 많은데, 고용노동부 '표준근로계약서의 공란만 채우면 되겠지' 하는 마음으로 접근했다가는 이 임금 부분에 문제가 생길 수 있다. 앞서 살펴본 바와 같이 **임금의 경우 그 구성항목, 계산방법까지 적어줘야** 하고, 실무상 팁으로 **주휴수당 포함 여부도 표기**해 주는 것이 좋다.

여기 통상시급이 15,000원이고, 소정 근로시간이 주 40시간인 근로자가 있다고 가정해 보자. 업의 특성상 고정 연장근로가 주 12시간 발생한다고 했을 때, 임금 부분은 다음과 같이 적어주어야 맞다.

〈근로계약서 임금 부분 작성 예시〉

구분	금액	월 환산시간	산정 내역(계산식)
기본급 (※주휴포함)	3,135,000	209	15,000원 × (주 40시간 + 주휴 8시간) × 4.345주
연장근로수당	586,575	26.07	15,000원 × 1.5 × 12시간 × 4.345주
월 지급액(총액)	3,721,575	235.07	월 235.07시간 기준

또 한 가지, 임금 관련하여 간혹 '지각, 조퇴, 결근 등의 사유로 근무하지 않은 시간에 대해서는 월급여에서 일할 계산 또는 시간급으로 공제하여 지급할 수 있다'는 조항이 무효가 아니냐는 질문을 받는다. 결론적으로, '무노동 무임금 원칙'에 따라 실제 근로하지 않은 시간에 대해 일할계산하여 공제하는 것은 정당하다.

다만 "지각 3회 시 1일치 임금 공제"와 같은 방식은 실근로시간과 무관하게 제재를 가하는 것이므로 임금체불의 소지가 있으며, 무효로 본다. 또한 결근 등으로 인해 일급 또는 시급이 빠지면, 개근을 요건으로 주어지는 그 주의 주휴수당 역시 함께 제외된다는 점을 유의해야 한다.

⑦ 자주 보이는 위법 조항과 수정안

한편 근로계약서에 명시된 "계약기간 중 일방이 계약해지를 하고자 하는 경우 30일 이전에 사전 통보함으로써 효력을 발휘하며, 이를 위반하는 자는 계약위반에 대한 민·형사상 및 행정상 일체의 손해배상 책임을 진다."는 조항은 근로자의 퇴직의 자유를 과도하게 제한한다는 점에서 법적으로 유효성이 인정되기 어렵다.

먼저, 우리 민법 제660조 제2항은 고용기간의 정함이 없는 경우, 해지의 통고로부터 1월이 지나면 계약이 종료된다고 규정하고 있다. 이는 강행규정에 가까운 것으로 해석되며, 사용자가 이를 넘어 일방적으로 퇴직을 30일 전에 통보하도록 의무화하거나, 이를 위반했을 경우 형사책임까지 지우는 내용은 퇴직의 자유를 본질적으로 침해하는 것으로서 무효로 판단될 수 있다.

또한 **"민·형사상 및 행정상 일체의 손해배상 책임"**이라는 포괄적 문구는 명확성 원칙에 반하고, 형사책임은 본질적으로 당사자 간 약정으로 발생할 수 없는 공법상 책임이므로 계약 조항으로 예정하는 것은 타당하지 않다. 손해배상 책임 역시 민법상 고의 또는 과실로 인하여 손해가 발생하고, 손해와 결과발생 사이에 인과관계가 입증되는 경우에 한하여 제한적으로 인정된다. 따라서 이 조항은 전체적으로 과도하게 광범위한 책임을 예정하고 있어, 퇴직 자유 원칙 및 민·형사법 체계와 조화되지 않는다는 점에서 무효로 평가될 소지가 높다.

이에 따라 해당 조항은 삭제하거나 다음과 같이 수정하는 것이 바람직하다:

"계약기간 중 계약을 해지하고자 하는 경우, 상호간 원활한 인수인계를 위해 가급적 30일 이전에 사전 통보하도록 노력한다. 단, 정당한 사유 없이 중대한 업무방해 또는 조직 손실을 초래한 경우, 민법 등 관계법령에 따라 손해배상 책임을 질 수 있다."

3) 다문화방문교육지도사 근로계약서 작성 가이드라인 예시

다음은 여성가족부가 지원하는 다문화방문교육지도사업에서 활동하는 방문교육지도사의 근로계약서 작성 가이드라인이다. 이 사업은 일반적으로 1년 단위 예산과 계약기간을 기준으로 운영되며, 그에 따라 지도사와의 근로계약도 정형화된 형태로 체결된다.

다만 방문교육지도사의 경우, 이용자의 신청이 있어야 수업이 편성되며, 근로자는 해당 이용자의 가정을 직접 방문해 수업을 진행하는 이용자 요청 기반의 방문근로 형태를 띠고 있다. 이러한 업무 특성으로 인해, 근로시간이 사전에 고정되기 어려운 구조를 가지며, 계약서 작성 시 소정근로시간을 일률적으로 기재하기보다는 일정 범위 내에서 유연하게 표현하는 방식이 필요하다.

아래 표는 이러한 특성을 반영하여, 표준근로계약서의 각 항목을 방문교육지도사 업무에 적합하게 작성하는 방법을 제시한 예시이다. 사회복지 영역에서는 기관이나 사업의 내용에 따라 다양한 근로형태가 존재하므로, 각 기관에서도 이를 참고하여 자체적인 근로계약서 작성 기준을 마련하는 것이 바람직하다.

구분	근로계약서 작성 가이드라인
계약기간	• 다문화가족지원 사업 기간 내로 정하며, 입사일에 관계없이 계약 기간 종료일은 지원 사업 기간 종료일로 명시
근로장소	• 방문교육지도사의 경우 서비스 이용자 가정에서 업무를 수행하는 점을 고려하여 "센터가 지정하는 장소(서비스 이용자 가정) 및 기타 장소"로 작성 가능

업무내용	• 업무내용을 특정하되, 업무상 필요에 의해 변경되는 경우를 고려하여 "업무상 필요한 경우 센터는 근로자의 담당업무를 변경할 수 있다."로 작성 가능
근로시간	• 근로시간을 명시하는 것이 원칙이나 이용자의 요청에 따라 서비스 제공일과 제공시간이 계속 달라지는 방문교육지도사 업무 특성상 "1주 40시간 범위 내[6]에서 상호 협의한 서비스 제공시간"으로 작성 가능
휴게시간	• 근로 도중에 4시간 이상 근로 시 30분, 8시간 이상 근로 시 1시간의 휴게를 부여하는 것이 원칙이며, 방문교육지도사 업무 특성상 2시간(1회) 중 20분 이내의 휴게 가능
근로일	• 방문교육지도사의 경우 서비스 이용자 요청에 따라 서비스 제공일이 달라지는 업무 특성상 "이용자가 신청한 서비스 일정표에 따름"으로 작성
주휴일	• 주휴일을 일요일로 정하고, "1주 15시간 이상 근로를 제공하고, 1주 소정 근로일수를 개근"한 근로자에게 부여됨을 명시(토요일은 무급휴무일[7]임)
연차 유급휴가	• 고용노동부의 표준근로계약서와 같이 "연차유급휴가는 근로기준법에 따라 부여"한다고 명시하고, 1개월 단위기간을 평균하여 주 15시간 미만 근로자는 연차유급휴가가 적용되지 않으므로 발생하지 않는다고 명시
임금	• 임금의 구성항목, 계산방법, 지급방법, 지급일을 모두 기재하고, 기본급은 최저임금 이상으로 정하며, 그 외 수당은 지급조건이 있는 경우 조건을 구체적으로 명시
4대 보험	• 1개월 이상 계속하여 월 60시간 이상 근로할 경우 4대 보험 가입 • 월 60시간 미만 방문교육지도사는 건강보험과 국민연금 적용제외 대상
교부의무	• 근로계약서 2부를 작성하여 계약서 하단의 서명 또는 날인 후 원본 1부를 근로자에게 교부
작성일	• 입사일이 아닌 근로계약 작성일 현재 날짜를 기입
사업주	• 방문교육지도사가 소속된 센터의 센터명, 주소, 센터장(대표) 성명을 기입
근로자	• 방문교육지도사의 신원확인이 가능한 성명, 생년월일, 주소, 연락처를 기입
서명	• 자필 서명 또는 인감 날인 모두 가능 • 전자근로계약서를 이용하는 경우 전자서명도 가능

6 근로기준법 제2조 제1항 제7호 "1주"란 휴일을 포함한 7일을 말한다.

7 무급휴무일인 토요일에 근로하였을 경우 1일 8시간 또는 1주 40시간을 초과하여 근로한 경우 연장근로에 대해 가산수당을 지급하나 1일 8시간, 1주 40시간 이내라면 연장근로에 대한 가산수당이 발생하지 않으므로 [시급 × 근로시간]으로 산정함

근로계약서 교부 및 보존 의무

1) 근로계약서 교부의 중요성

근로계약서는 단순한 서류가 아닌, 근로자의 권리와 사용자의 의무를 명확히 하는 핵심 문서이다. 따라서 **작성 후 반드시 근로자에게 '교부'**하는 것이 중요하다. 근로기준법 제17조에서도 사용자가 근로계약을 체결할 때 서면으로 명시하고, 이를 근로자에게 교부해야 한다고 규정하고 있다.

실제 현장에서는, 계약서에 서명했더라도 사본을 교부받지 못한 근로자가 계약 내용을 제대로 인지하지 못해 분쟁으로 이어지는 경우가 적지 않다. 따라서 계약서를 단순히 작성하는 것만으로는 부족하며, 교부 자체를 반드시 이행해야 한다.

2) 근로계약서 교부 방법

근로계약서는 종이 문서든 전자 문서든 하나의 수단으로만 교부되면 된다. 다음 세 가지 방식 중 하나라도 충족하면 서면 교부 의무를 이행한 것으로 본다.

① 종이로 작성된 근로계약서를 근로자에게 직접 전달

② 전자근로계약서를 종이로 출력하여 근로자에게 직접 전달

③ 전자근로계약서를 이메일 등 각종 전자적 방법을 이용하여 근로자에게 전송

【전자근로계약서 작성으로 인정되는 경우 예시】

- 사내전산망, 인터넷 구인·구직 사이트 등에 마련된 근로계약서 작성 프로그램을 이용하여 작성
- 수기(手技), 한글 프로그램 등으로 작성한 근로계약서를 PDF, 사진 파일 등으로 전자화하여 저장(전자화문서)

실무적으로는 교부 이행 사실을 입증하기 위해 ① **계약서 2부 작성 후, 간인**(양쪽 문서가 동일하다는 표시) 후 1부를 근로자에게 교부하거나, ② **'교부대장'에 일시와 서명 날인 등을 기록해 두는 방법**이 있다. 이는 법적으로 의무사항은 아니나, 향후 분쟁 발생 시 계약서 교부 여부를 증명하는 수단이 될 수 있다.

《근로계약서 교부대장》

순번	근로자 성명	계약서 작성일	교부일자	교부방식 (직접/전자)	수령확인 서명
1	홍길동	2025.07.01	2025.07.01	직접 교부	(서명 또는 날인)
2	김영희	2025.07.01	2025.07.01	이메일 전송	(수령 확인 회신 첨부)

Tip: 전자교부 시에는 이메일 수신 확인 또는 전자서명 이력, 시스템 로그(열람 기록 등)를 백업해두면 증빙이 될 수 있음.

| 근로계약서 교부대장 샘플 |

3) 근로조건 변경 시 근로계약서 교부 의무

근로기준법 시행령 제8조의2(근로자의 요구에 따른 서면 교부)

법 제17조 제2항 단서에서 "단체협약 또는 취업규칙의 변경 등 대통령령으로 정하는 사유로 인하여 변경되는 경우"란 다음 각 호의 경우를 말한다.

1. 법 제51조 제2항, 제51조의2제1항, 같은 조 제2항 단서, 같은 조 제5항 단서, 제52조 제1항, 같은 조 제2항 제1호 단서, 제53조 제3항, 제55조 제2항 단서, 제57조, 제58조 제2항·제3항, 제59조 제1항 또는 제62조에 따른 서면 합의로 변경되는 경우
2. 법 제93조에 따른 취업규칙에 의하여 변경되는 경우
3. 「노동조합 및 노동관계조정법」 제31조 제1항에 따른 단체협약에 의하여 변경되는 경우
4. 법령에 의하여 변경되는 경우

근로계약서 작성 이후라도, 임금, 소정근로시간, 휴일, 연차유급휴가 등 중요한 근로조건이 변경되는 경우에는, 반드시 변경 내용을 서면으로 교부해야 한다. 근로기준법 제17조 제2항은, 근로조건이 변경되는 경우 근로자의 요청이 없어도 서면 교부 의무가 발생한다고 명시하고 있다.

다만, 단체협약이나 취업규칙의 변경, 관련 법령 개정, 서면합의에 따른 변경(예: 탄력근로제, 선택근로제 등)의 경우처럼 집단적으로 일괄 변경되는 경우에는 근로자가 요청할 때만 교부하면 된다. 또한 회사 내 전체 직원에게 동일하게 적용되는 '임금 인상', '소정근로시간 변경' 등은 취업규칙 개정으로 대응할 수 있으며, 이 경우 별도 계

약서 재작성은 필요 없지만, 개별 근로자가 요구하면 교부해야 한다.

4) 근로계약서 보존 의무

사용자는 근로계약서를 **근로관계 종료일로부터 3년간 보존**해야 한다. 이는 근로기준법 제42조 및 근로기준법 시행령 제7조에 따른 것으로, 이를 위반할 경우 500만 원 이하의 과태료가 부과될 수 있다.

보존 방법은 종이 보관 외에도 스캔하여 전자적으로 저장하는 방식도 가능하므로, 자료 관리와 보안 측면에서 전자화 보관을 병행하는 것이 바람직하다.

3. 근로계약 기간과 갱신

계약기간 설정의 특수성

근로계약 기간은 원칙적으로 계약서상 시작일과 종료일을 명시하여 설정한다. 무기계약직의 경우 종료일은 기재하지 않으나, 정부 보조금에 의존하는 형태의 사회복지 분야의 경우에는 사업구조 특성상 사업기간에 따라 계약기간이 정해지는 경우가 많다. 이러한 특성으로 인해 사업의 지속 여부, 계약 갱신 가능성, 갱신기대권 인정 여부 등과 관련한 법적 쟁점이 빈번하게 발생한다.

현장에서는 계약 종료 후에도 근로조건에 변동이 없는 경우, 동일한 내용으로 계약을 반복 갱신하는 사례가 일반적이다. 따라서 계약기간 설정 단계에서 사업의 성격과 예산 구조를 충분히 고려하여 향후 갱신여부 판단에 영향을 주지 않도록 계약서 내용을 설계할 필요가 있다.

총 사용기간 제한과 예외

1) 기간제법의 유추적용 가능성

사회복지 분야 종사자, 특히 아이돌보미나 방문교육지도사 등은 사업기간에 연동된 형태로 근무하는 경우가 많아 형식상 '기간제근로자'에 해당할 수 있다. 또한 이들의 업무는 대개 주 40시간에 미치지 못하는 경우가 많아, 단시간 근로자로 오해될 소지도 존재한다. 그러나 실질적으로는 단시간 근로자로 인정되려면 동종 사업장 내에서 유사 업무를 수행하는 비교대상 통상근로자가 존재해야 하는데, 대개 이들과 동일한 업무를 수행하는 풀타임 근로자가 존재하지 않는 경우가 많아, 단정적으로 시간제 근로자로 보기 어렵다.

그럼에도 불구하고 이러한 근로자들의 근로계약 기간을 포함한 근로조건은 법적 판단과 보호가 필요하므로, 유사한 사실관계에 있는 근로자에 대한 규정을 기준으로 유추 적용하는 접근이 요구된다. 이때 근로계약 기간과 관련하여 유추 적용 가능한 대표적인 노동법제가 바로 「기간제 및 단시간 근로자 보호 등에 관한 법률(이하 '기간제법')」이다.

2) 기간제법상 사용기간 제한

기간제 및 단시간 근로자 보호 등에 관한 법률 제4조(기간제근로자의 사용)

① 사용자는 2년을 초과하지 아니하는 범위 안에서(기간제 근로계약의 반복갱신 등의 경우에는 그 계속근로한 총기간이 2년을 초과하지 아니하는 범위 안에서) 기간제근로자를 사용할 수 있다. 그러나 다음 각 호의 어느 하나에 해당하는 경우에는 2년을 초과하여 기간제근로자로 사용할 수 있다.

1. **사업의 완료 또는 특정한 업무의 완성에 필요한 기간을 정한 경우**
2. 휴직·파견 등으로 결원이 발생하여 당해 근로자가 복귀할 때까지 그 업무를 대신할 필요가 있는 경우
3. 근로자가 학업, 직업훈련 등을 이수함에 따라 그 이수에 필요한 기간을 정한 경우
4. **「고령자고용촉진법」 제2조 제1호의 고령자와 근로계약을 체결하는 경우**
5. 전문적 지식·기술의 활용이 필요한 경우와 **정부의 복지정책·실업대책 등에 따라 일자리를 제공하는 경우**로서 대통령령으로 정하는 경우
6. 그 밖에 제1호부터 제5호까지에 준하는 합리적인 사유가 있는 경우로서 대통령령으로 정하는 경우

② 사용자가 제1항 단서의 사유가 없거나 소멸되었음에도 불구하고 2년을 초과하여 기간제근로자로 사용하는 경우에는 그 기간제근로자는 기간의 정함이 없는 근로계약을 체결한 근로자로 본다.

기간제 및 단시간 근로자 보호 등에 관한 법률 시행령 제3조(기간제근로자 사용기간 제한의 예외)

② 법 제4조 제1항 제5호에서 "정부의 복지정책·실업대책 등에 의하여 일자리를 제공하는 경우로서 대통령령이 정하는 경우"란 다음 각 호의 어느 하나에 해당하는 경우를 말한다.

1. 「고용정책 기본법」, 「고용보험법」 등 다른 법령에 따라 국민의 직업능력 개발, 취업 촉진 및 사회적으로 필요한 서비스 제공 등을 위하여 일자리를 제공하는 경우
2. 「제대군인 지원에 관한 법률」 제3조에 따라 제대군인의 고용증진 및 생활안정을 위하여 일자리를 제공하는 경우
3. 「국가보훈기본법」 제19조 제2항에 따라 국가보훈대상자에 대한 복지증진 및 생활안정을 위하여 보훈도우미 등 복지지원 인력을 운영하는 경우

기간제법 제4조 제1항 본문은 사용자가 기간제근로자를 최대 2년까지만 사용할 수 있도록 규정하고 있으며, 이를 초과하여 계속 사용할 경우 제4조 제2항에 따라 무기계약직으로 간주된다. 간주해 버린다는 의미는 다른 법적 조치나 계약 관계의 변동 없이 곧바로 무기계약직 근로자가 되어버린다는 것이다. 이 간주 규정은 별도의 절차 없이 법률상 당연히 무기계약직으로 전환되는 강행규정이라는 점에서 실무상 매우 중요하다.

3) 예외 규정과 사회복지 분야에의 적용

그러나 같은 조 제1항 단서에서는 일정한 예외사유에 해당하는 경우에는 2년을 초과해도 무기계약직 전환이 되지 않도록 하고 있다. 사회복지 사업 종사자의 경우, 다음과 같은 사유로 해당 예외에 포함된다.

제1호. "사업의 완료 또는 특정한 업무의 완성에 필요한 기간을 정한 경우", 제5호. "정부의 복지정책 또는 실업대책에 따라 일자리를 제공하는 경우로서 대통령령이 정하는 경우"

시행령 제3조 제2항은 특히 고용보험법, 고용정책기본법 등 타 법령에 따라 사회적으로 필요한 서비스 제공을 위한 일자리 제공을 포함시키고 있어, 아이돌보미와 같

은 사회서비스 종사자가 이 범주에 포함된다고 해석된다.

예를 들어, 아이돌보미 사업은 보통 지자체 또는 여성가족부에서 3년 단위로 민간에 위탁하지만, 실제 예산은 정부의 회계연도 기준인 1년 단위로 지급된다. 이로 인해 실무상 동일한 업무를 3년 이상 수행하더라도, 2년 초과 근무에 따라 자동으로 무기계약직으로 전환된다고 보기는 어렵다. 이 경우에도 계약서상 정한 종료일에 따라 근로관계는 종료된다.

또한 **고령자(만 55세 이상)의 경우에도 기간제법상 예외사유**로 인정되므로, 고령 사회복지 종사자에 대해서는 별도의 사용기간 제한 없이 계약을 갱신할 수 있다.

4) 위탁기관 변경 시 고용승계 문제

사업이 계속되더라도 민간 위탁기관이 변경되는 경우, 기존 종사자의 고용이 자동 승계되는 것은 아니다. **원칙**적으로 **사용자가 변경되었으므로 고용계약이 새로 체결되어야** 한다. 다만 지자체나 발주기관에서 입찰 조건에 고용승계를 권고하거나 명시하는 사례가 많아, 실무상 사실상 고용이 승계되는 구조가 일반화되고 있다.

그러나 일부 인원만 승계되는 경우, 승계되지 않은 근로자 측에서 부당해고를 주장하며 노동쟁의가 발생하는 사례도 적지 않다. 따라서 입찰 공고, 위탁계약서에 고용승계 조건을 명확히 하는 것이 바람직하다.

근로계약 만료에 따른 근로관계 종료

계약기간이 종료되면, 별도의 연장이나 갱신이 없는 한 근로관계는 자동 종료된다. 이 경우 「근로기준법」상 해고로 보지 않으므로 해고예고 의무도 발생하지 않는다.

다만, **계약이 반복 갱신되어 온 경우**라면 **갱신기대권이 인정될 수 있으며**, 이러한 경우 사용자가 일방적으로 계약을 종료하려면 해고에 준하는 정당한 사유가 요구된다. 따라서 사회복지 사업처럼 사업이 계속되고 근로조건이 동일한 경우에는, 갱신 거절의 정당성을 확보하기 위해 사전에 계약 종료 사실과 사유를 서면으로 통지하는 것이 바람직하다.

고용노동부는 기간제근로자 보호 가이드라인에서, 사용자가 계약만료 전 근로계약 갱신 여부 및 그 사유를 종합 판단해 근로자에게 통지해야 한다고 명시하고 있다.

실무적으로는 종료일 30일 전까지 해당 내용을 문서로 통지하는 방식이 권장된다.

반면, 사용자가 재계약을 희망하였음에도 근로자가 스스로 종료를 원하는 경우에는 자발적 퇴직으로 처리되며, 실업급여 수급 요건에 해당하지 않을 수 있다. 이 경우에도 실무상 수급 여부는 고용센터의 판단에 따라 달라질 수 있으므로 사유서를 받는 등 사전 정리가 요구된다.

기간제 및 사내하도급 근로자 보호 가이드라인(고용노동부, 2020.11.19. 개정)

라. 사용자는 기간제 근로계약의 기간이 만료되기 일정 기간 이전에 해당 근로관계를 둘러싼 여러 사정을 종합하여 근로계약의 갱신 여부 등을 결정하고, 갱신 여부 및 갱신 거절의 사유 등을 기간제근로자에게 통지하도록 한다.

2012.10.31, 고용지원실업급여과-4765

근로자가 근로계약기간이 만료되고 사업주가 재계약을 원치 않아 이직한 경우에는 수급자격 인정이 가능합니다. 다만, 사업주가 재계약을 원해 계속 근무할 수 있음에도 「계약기간 만료」를 사유로 별다른 사유 없이 이직한 경우에는 전직을 위한 이직으로 볼 수 있어 수급자격 제한의 사유에 해당합니다.

올해 말일자로 근로계약기간이 종료되는 근로자가 있습니다. 해당 근로자에게 해고예고 통보를 해주어야 하는지요?

계약기간 만료에 의한 근로관계 종료는 해고에 해당하지 않으므로 1개월 전 해고예고 의무는 발생하지 않습니다(당연퇴직에 해당). 다만, 경우에 따라서 1년 단위로 계약기간을 갱신하여 근로계약을 체결해 온 근로자의 경우 특별한 사정이 없으면 매년 반복하여 갱신계약을 체결하여 정당한 갱신기대권이 인정될 것이므로 근로자의 의사에 반하여 갱신계약을 거절하기 위해서는 해고에 준하는 정당한 이유가 있어야 합니다.

근로계약 갱신 시 작성요령

근로계약을 갱신할 때에는 원칙적으로 새로운 계약서를 작성하는 것이 바람직하다. 임금, 소정근로시간, 휴일, 연차유급휴가 등 근로조건에 변경이 있는 경우에는 변경사항을 명시한 계약서를 새로 작성하고 상호 서명 또는 날인을 거쳐 교부해야 한다.

변경 내용이 일부에 불과한 경우에는 기존 계약서에 변경사항을 명기하고, 서명과 작성일자를 추가로 기재하여 사용해도 무방하다. 이 경우에도 반드시 교부가 이루어져야 하며, 구두 합의만으로는 불완전한 계약관계로 간주될 수 있다.

한편, 계약이 단절되지 않고 계속 갱신되어 온 경우에는 퇴직금이나 미지급 수당 등은 매 계약 종료 시점마다 정산하지 않고, 실무상 최종 퇴직 시점에 일괄 정산하는 방식이 일반적으로 사용된다.

4. 근로계약 체결 시 유의사항

수습과 시용

1) 수습과 시용제도의 이해

한국 노동법의 가장 큰 특징 중 하나는 '해고가 어렵다'는 점이다. 노동자의 생계를 보호하고 인권을 보장한다는 측면에서는 당연한 일이나, 사용자 입장에서는 업무에 부적합한 인력을 채용했을 때 이를 바로잡기 어렵다는 어려움도 따른다.

예컨대 이력서에 기재한 경력이 사실과 다르거나, 업무 능력이 기대에 못 미치거나, 조직문화와 맞지 않아 협업이 어려운 경우 등은 회사로서도, 근로자로서도 불행한 상황이다. 이러한 사태를 방지하기 위해 채용 초기 단계에서 시용이나 수습 제도를 적절히 활용하는 것이 중요하다. 다만 실무에서는 두 용어가 혼용되는 경우가 많아 그 개념과 법적 효과를 명확히 구분할 필요가 있다.

2) 시용

① 시용의 개념 및 유효요건

시용은 한자로 **'시험 試, 쓸 用'**을 써서 '시험적으로 써본다'는 뜻이며, **정식 채용 여부를 결정하기 전 근로자의 적합성을 평가하는 제도**이다. 실무에서는 이를 '수습'이라 부르기도 하나, 법적으로는 두 제도는 구별된다.

시용은 채용 자체가 확정된 것이 아니므로, 사용자에게 일정 기간이 지난 후 채용 여부를 재확인할 수 있는 유보적 효력이 존재한다.

시용 기간은 법으로 정해져 있지 않으며, 관행상 3개월을 기준으로 하나, 더 짧거나 길게 설정하는 것도 가능하다. 또한, 시용 여부는 근로계약서에 반드시 명시되어야 하며, 명시하지 않은 경우에는 시용으로 보지 않고 정식 채용된 것으로 간주된다.

판례 **대법원 1999.11.12. 선고 99다30473 판결**

시용기간을 적용할 것인지는 근로계약에 명시해야 하며, 명시하지 않은 경우에는 정규 사원으로 채용된 것으로 본다.

② 최저임금법상 시용 관련 규정

시용 관련 내용은 최저임금법에서 찾아볼 수 있다. 최저임금법은 **1년 이상의 근로계약을 체결한 수습 근로자에 한해, 수습 시작일로부터 3개월까지는 최저임금의 90%만 지급해도 되도록 예외를 인정**하고 있다. 반대로 해석하면, 계약기간이 1년 미만인 근로자에게는 수습이라 해도 감액 지급이 불가하며, 반드시 최저임금 전액을 지급해야 한다는 뜻이다. 이는 채용 직후의 단기 근로계약에서 수습 또는 시용 명목으로 임금을 낮게 책정하지 못하도록 하기 위한 장치이다.

최저임금법 제5조(최저임금액)

② 1년 이상의 기간을 정하여 근로계약을 체결하고 수습 중에 있는 근로자로서 수습을 시작한 날부터 3개월 이내인 사람에 대하여는 대통령령으로 정하는 바에 따라 제1항에 따른 최저임금액과 다른 금액으로 최저임금액을 정할 수 있다. 다만, 단순노무업무로 고용노동부장관이 정하여 고시한 직종에 종사하는 근로자는 제외한다.

최저임금법 시행령 제3조(수습 중에 있는 근로자에 대한 최저임금액)

제3조(수습 중에 있는 근로자에 대한 최저임금액) 「최저임금법」(이하 "법"이라 한다) 제5조 제2항 본문에 따라 1년 이상의 기간을 정하여 근로계약을 체결하고 수습 중에 있는 근로자로서 수습을 시작한 날부터 3개월 이내인 사람에 대해서는 같은 조 제1항 후단에 따른 시간급 최저임금액(최저임금으로 정한 금액을 말한다. 이하 같다)에서 100분의 10을 뺀 금액을 그 근로자의 시간급 최저임금액으로 한다.

③ 시용의 법적 성질

시용은 **'정식 채용 여부를 유보하는 계약'**으로, **사용자에게 일정 기간 후 채용을 철회할 수 있는 권한(해약권)을 부여**한다. 그러나 이 해약권도 제한 없이 행사할 수 있는 것은 아니다. 시용 기간 중이라도 해고는 정당한 사유가 있어야 하며, 일반 해고보다는 다소 완화되지만 여전히 사회통념상 합리적인 이유가 요구된다.

판례 **대법원 2006.2.24. 선고 2002다62432 판결**

> 시용기간 중 해고는 정당한 이유가 존재하여야 하며, 일반 해고보다 완화된 기준이 적용되지만 여전히 사회통념상 상당성이 요구된다.

④ 시용기간 만료의 효과

시용기간이 종료된 후 사용자가 별다른 부적격 사유를 제시하지 않고 근로자를 계속 근무하도록 한 경우에는 **정식 근로계약이 체결된 것으로 간주**된다. 이후에는 일반 근로자와 동일하게 법적 보호를 받게 되며, 시용의 법적 효력은 종료된다.

3) 수습

① 수습의 개념

수습은 **정식 채용이 확정된 후 근로자가 업무에 적응할 수 있도록 일정 기간 동안 교육과 훈련을 제공하는 제도**이다. OJT(On－the－Job Training) 형식으로 실무 역량을 기르기 위한 기간이며, 시용과 달리 **근로계약은 확정적으로 성립된 상태**에서 운영된다.

수습은 시용과 달리 해약권을 유보하지 않는다. 다시 말해, 수습은 채용이 이미 확정된 상태이며, 이후 특별한 이유 없이 관계를 종료할 수 있는 시용과 구별된다.

② 수습의 법적 지위

수습 근로자 역시 **일반 근로자와 동일하게 근로기준법의 보호**를 받는다. 다만, 근로기준법 제26조 단서에 따라 수습기간이 3개월 미만인 경우에는 해고 예고 규정이 적용되지 않는다.

또한, 수습기간 중 급여가 감액 지급된 경우, 해당 기간은 평균임금 산정에서 제외된다. 이는 감액된 급여로 인해 평균임금이 부당하게 낮아지는 것을 막고, 근로자에게 불이익이 발생하지 않도록 하기 위한 조치이다. 수습기간을 지나치게 길게 설정하거나 감액된 급여로 장기간 운용하는 경우에는 위법 소지가 있으므로 신중한 운영이 요구된다.

4) 채용내정

① 채용내정의 개념

채용내정은 **지원자가 회사의 채용절차를 거쳐 최종 합격 통보를 받은 상태**를 의미한다. 실무에서는 **'합격 통보', '내정 통보'** 등의 표현이 사용되며, 아직 근무를 시작하지 않았더라도 일정한 조건과 시점에 따라 입사가 예정된 경우, 법적으로는 근로계약이 성립된 것으로 본다.

근로계약은 당사자의 의사 합치만으로 성립되는 '낙성계약'이며, 계약서를 반드시 작성해야 하는 형식을 요구하지 않는 '불요식계약'에 해당한다. 따라서 입사 예정일이나 채용 조건이 확정되었고, 근로자가 이에 동의한 경우라면 계약서 작성 여부와 관계없이 **근로계약이 성립된 것으로 평가**된다.

실제 업무 개시 전 입사조건으로 교육을 이수하게 하거나, 내정 단계에서 신분증 제출, 서약서 작성 등을 요구하는 경우에도, 그 실질에 따라 근로계약 관계가 인정될 수 있다.

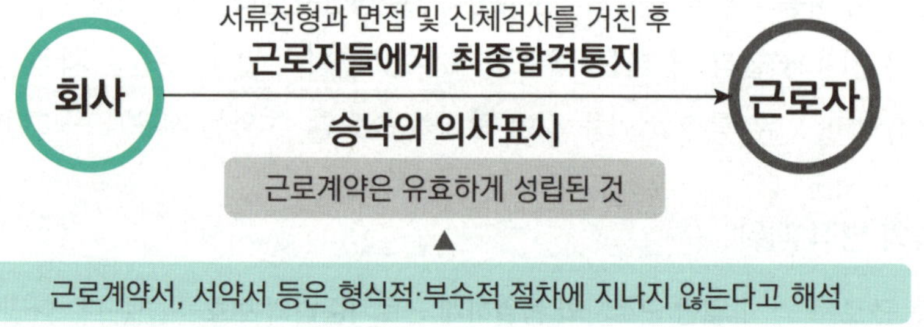

채용내정의 도식화

② 채용내정의 법적 성질

채용내정은 사용자와 근로자 사이에 일정 시점의 입사를 전제로 한 근로계약이 성립된 상태로 이해된다. 다만, 법원은 채용내정과 근무개시일 사이에 일정한 사유가 있는 경우 **사용자가 내정을 철회할 수 있는 '해약권'이 유보되어 있는 것으로 본다**.

서울고등법원은 다음과 같이 판단한 바 있다.

판례 **서울고등법원 1999.10.14. 선고 99나41055 판결**

피고가 채용내정자들에 대하여 근무를 시작하도록 약속한 기한을 경과함으로써 일응 유효한 근로계약 관계가 성립되었다고 보아야 하며, 피고에게도 채용내정 시부터 정식 발령 전까지 직무 부적격자를 가려내어 채용내정을 취소할 수 있는 권리, 즉 해약권이 유보되어 있다고 보아야 한다.

이와 같이, 사용자는 내정자에 대한 일정한 평가를 통해 직무 적합성을 판단하고, 그 결과에 따라 채용을 철회할 수 있는 여지를 가진다. 그러나 이 역시 자의적인 판단으로는 인정되지 않으며, 객관적이고 합리적인 사유가 수반되어야 한다.

③ 근무개시일 이후 채용내정 취소의 효과

근무개시일이 도래하고 내정자가 실제로 출근하여 업무에 종사하게 된 경우에는 정식 근로계약 관계가 확정적으로 성립된 것으로 본다. 이때 채용을 취소하는 것은 근로계약의 해지에 해당하며, **실질적으로는 해고에 해당**한다.

사용자가 내정을 취소할 만한 정당한 이유가 있고, 그에 대한 적법한 절차를 거쳤다면 근로관계는 종료된다. 그러나 정당한 사유 없이 일방적으로 채용을 철회한 경우에는 사용자는 내정자에게 입사 예정일부터 실제 취업이 불가능했던 기간 동안의 임금 상당액을 지급할 책임을 부담할 수 있다.

④ 채용내정 취소에 따른 법적 책임

채용내정 취소는 실무상 입사 전에 이루어지는 행위라 가볍게 여겨질 수 있으나, 법적으로는 해고에 준하는 평가를 받을 수 있다.

다음과 같은 법적 쟁점이 발생할 수 있다.

- **해고로서의 평가 가능성**: 사용자의 채용내정 취소가 사전에 정당한 사유에 근거

하지 않았다면, 이는 부당해고로 인정될 수 있다.

- **서면통지 의무**: 근로기준법 제27조에 따라 해고 사유와 시기 등을 서면으로 통지하지 않은 경우, 절차상 하자가 발생할 수 있다.
- **민사상 손해배상**: 내정자가 기존 직장을 그만두었거나, 실질적인 피해를 입은 경우에는 불법행위에 따른 손해배상 책임이 발생할 수 있다.

경력 산정

경력직으로 이직하는 경우, 기존 경력을 인정받는 것이 당연한 것일까? 원칙적으로 경력 산정은 **노동법에서 강제하거나 구체적으로 규율하는 영역은 아니다**. 경력 산정은 각 사업장의 내부 인사 기준에 따라 결정되는 인사관리와 보수체계에 관한 사항으로, 사용자가 경력을 일부만 반영하거나 인정하지 않았다고 해서 곧바로 법 위반이 되는 것은 아니다.

다만, 복지·공공 분야에서는 경력에 따른 보수 체계가 정착되어 있는 경우가 많아 실무적으로 중요한 쟁점이 된다. 특히 정부 재정이 투입되는 사업의 경우, 호봉 기준이 경력 산정과 밀접하게 연동되기 때문에 신중한 검토가 요구된다. 다음에서는 경력 산정에 관한 일반 원칙과 예외, 그리고 다문화 방문교육지도사 사례 등을 중심으로 살펴본다.

1) 경력 산정의 일반 원칙

경력 산정의 기본 원칙은 동일 직종 또는 유사 직무에 종사한 기간에 대해 이를 전부 또는 일부 반영하여 호봉, 연봉 등 임금 수준에 반영하는 것이다. 대부분의 사회복지기관이나 공공기관에서는 기관 내부 인사 규정 또는 관련 부처의 지침에 따라 경력 산정 기준을 마련하고 있으며, 그 구체적인 방식은 기관마다 상이할 수 있다.

- **동일직무**: 같은 직종, 업무 내용이 실질적으로 동일한 경우
- **유사직무**: 직종명은 다르나 직무수행능력이나 경험이 상호 전환 가능한 경우

또한, 통상적인 기준으로는 1주 40시간 기준의 전일제 근로를 기준으로 하되, 시간제 근로의 경우 근무시간에 따라 비율 산정 방식으로 전환해 환산하는 방식이 일반적이다.

고용노동부 행정해석: 임금 및 수당 / 평균임금 산정 관련, 2021-451
기간제 또는 단시간 근로자의 경우에도 동종 업무 경력이 존재한다면 해당 기간 중 근무시간을 기준으로 비례하여 산정할 수 있다.

2) 경력 산정의 예외 및 쟁점

경력이 존재하더라도 반드시 전부 인정되는 것은 아니며, 아래와 같은 경우 일부 제한될 수 있다.

- 해당 경력이 자격 요건에는 포함되나, 기관 내부 운영규정상 인정되지 않는 경우
- 증명서류의 미비 또는 근로계약 관계의 불명확성
- 민간 경력과 공공 경력 간 호봉 반영 기준이 서로 다른 경우

또한, 이직 시점에서의 경력 단절이 있는 경우, 연속성이 없는 것으로 보아 일부 산입이 배제되는 경우도 있다. 특히 민간위탁사업이나 용역계약 종료 등으로 인한 고용승계 시, 경력의 연속성 보장이 실무 쟁점으로 자주 등장한다.

서울행정법원 2016.8.10. 선고 2016구합5546 판결
용역 전환 과정에서 동일 업무에 종사했더라도, 실질적 계약 주체가 변경되고 고용승계가 명확하지 않다면, 종전 근무기간을 반드시 경력으로 인정해야 할 법적 의무는 없다.

3) 다문화 방문교육지도사 사례

여성가족부의 다문화가족특성화사업은 사회복지사업법상 사회복지시설에 해당하며, 이 사업에 종사하는 방문교육지도사도 통상 사회복지종사자에 준하여 경력을 산정한다. 다만, 이들의 근무형태는 대부분 시간제이며, 근로시간이 통상근로자에 비해 적기 때문에 환산 방식으로 근속 연수가 산정된다.

사회복지사업법 제2조(정의)

이 법에서 사용하는 용어의 뜻은 다음과 같다.

1. "사회복지사업"이란 다음 각 목의 법률에 따른 보호·선도(善導) 또는 복지에 관한 사업과 사회복지상담, 직업지원, 무료 숙박, 지역사회복지, 의료복지, 재가복지(在家福祉), 사회복지관 운영, 정신질환자 및 한센병력자의 사회복귀에 관한 사업 등 각종 복지사업과 이와 관련된 자원봉사활동 및 복지시설의 운영 또는 지원을 목적으로 하는 사업을 말한다.

   버. 「다문화가족지원법」

3. "사회복지법인"이란 사회복지사업을 할 목적으로 설립된 법인을 말한다.
4. "사회복지시설"이란 사회복지사업을 할 목적으로 설치된 시설을 말한다.

▶ 경력 산정 방식:

항목	내용
1. 월평균 근로시간 산정	12개월 총 근로시간 ÷ 12
2. 경력 환산 비율 계산	(월평균 근로시간 ÷ 174시간*) × 100
3. 반영 방식	소수점 첫째 자리에서 올림** 후 연차로 환산

* 174시간: 통상근로자의 월 기준근로시간

** 여기서 '소수점 첫째 자리에서 올림' 처리하는 이유는 경력 산정 과정에서 근로자에게 불리하지 않도록 하기 위한 행정적 배려에 해당한다. 사회복지시설 종사자의 경력이 보수 수준에 직접 연결되는 만큼, 경력 인정 비율을 내림이 아닌 올림으로 처리함으로써 근로자의 경력 손실을 방지하고 임금에 긍정적인 영향을 주려는 실무적 목적이 있다.

〈방문교육지도사의 호봉산정〉

$$\frac{\text{방문교육지도사: 1월 총 근로시간 + 2월 총 근로시간} \cdots \text{+ 12월 총 근로시간}}{\text{통상근로자: 월 174시간 x 12개월}} \times 100\% = \text{호봉산정 근로연수에 반영}$$

* 11개월인 경우에도 동일하게 산정(사업기간이 11개월인 경우, 2018년까지[8])

$$\frac{\text{방문교육지도사 : 2월 총 근로시간 + 3월 총 근로시간} \cdots \text{+ 12월 총 근로시간}}{\text{통상근로자 : 월 174시간} \times \text{11개월}} \times 100\% = \text{호봉산정 근로연수에 반영}$$

* 57.4%인 경우 소수점 첫 번째 자리에서 올림함 (58%로 반영)

▶ **유의사항**

- 근로시간은 센터에서 산정한 수업시간을 의미함
- 보수교육이 있던 월은 해당 시간을 더하여 산정
- 사업기간 내 근로시간을 합하여 사업기간으로 나눠 월평균 근로시간을 산정

〈산정 예시〉

12개월 평균 근로시간이 80시간인 방문교육지도사의 경우 호봉 책정 방법

월	1월	2월	3월	4월	5월	6월	7월	8월	9월	10월	11월	12월	월 평균
시간	60	60	100	74	80	66	86	64	120	112	76	60	80

[사업기간 내 총 근로시간 : (60 + 60 + 100 ··· + 60)] ÷ [사업기간 : 12개월] = 80시간

∴ [(80시간 ÷ 174시간) x 100% = 45.9%] 이므로 46%로 근로 연수에 반영

이와 같은 방식은 다른 사회복지 분야(장애인활동지원, 노인돌봄 등)에서도 유사하게 적용된다. 경력이 단절되지 않았고 업무 연속성이 인정된다면, 시간 비율만 조정하여 실질 근무기간으로 환산하는 것이 실무에서 통용되는 방식이다.

물론 다른 사회복지시설 등으로 이직을 하고자 하는 경우는 이직하는 기관의 경력 산정 기준에 따라 달라질 수 있음은 물론이다.

8 이는 당시 다문화가족 특성화사업이 매년 2월부터 12월까지 11개월 단위로 예산이 배정되던 운영 구조 때문이며, 여성가족부 표준지침에 따라 사업기간 전제하에 산정 기준을 일부 조정했던 사례이다.

4) 실무상 권고사항

① 경력 산정 기준은 채용 공고, 근로계약서 또는 취업규칙에 명확히 기재해두는 것이 바람직하다.

② 시간제 근로자의 경력은 전일제 기준 환산 비율로 정리하되, 근무시간 산정 방식이 객관적으로 입증될 수 있도록 정리해야 한다.

③ 이직 시 기존 경력의 인정 여부는 사전에 확인하고, 필요 시 관련 서류(근로계약서, 급여명세서 등)를 확보해 두는 것이 중요하다.

노동법의 시작, 사회복지 노동법

CHAPTER 03

임금

박정연 · 장연수

03

임금

1. 임금의 개념 및 임금 지급의 원칙

임금의 개념

근로기준법 제2조(정의)

① 이 법에서 사용하는 용어의 뜻은 다음과 같다.

5. "임금"이란 사용자가 근로의 대가로 근로자에게 임금, 봉급, 그 밖에 어떠한 명칭으로든지 지급하는 모든 금품을 말한다.

임금이란 근로자가 사용자에게 노동을 제공한 대가로 지급받는 금전적 보상을 말한다. **근로기준법** 제2조 제1항 제5호에 따르면, 임금은 **"사용자가 근로의 대가로 근로자에게 임금·봉급·그 밖에 어떤 명칭으로든지 지급하는 일체의 금품"**이라고 정의된다.

여기에는 기본급뿐 아니라 각종 수당(연장근로수당, 야간수당, 가족수당 등), 상여금, 실적에 따른 인센티브 등이 포함될 수 있다. 단, 사용자가 일방적으로 지급하는 경조금, 축의금 등은 통상적인 임금으로 보지 않으며, 실제로 지급된다고 해도 근로의 대가로서 지급된 것이 아니라면 법적인 임금에는 해당하지 않는다.

또한 임금은 정기적·일률적·고정적으로 지급되는지 여부가 매우 중요하다. 이는 통상임금과 평균임금 산정 시 어떤 항목이 포함될지를 판단하는 기준이 되기 때문이다. 예를 들어, 매월 정해진 금액이 계속 지급되는 고정적인 교통비는 통상임금에 포함될 수 있지만, 실비 정산으로만 지급되는 경우에는 포함되지 않는다.

임금 ○

근로의 대가로 지급되는 것

- **정기·계속·제도적으로 지급되는 금품**
  - 상여금, 퇴직금 등
- **단체협약, 취업규칙, 관행에 따라 일률적·정기적으로 지급되는 금품**
  - 직책수당, 직무수당, 자격수당 등
  - 가족수당, 하계휴가비, 출퇴근교통비 등
  - 식대, 추석떡값, 주택수당 등
- **기타 법정수당**
  - 주휴수당, 연차유급휴가수당 등
  - 연장·야간·휴일근로수당(가산분 포함)

Vs.

임금 ✕

근로의 대가가 아닌 것

- **은혜적, 호의적 금품**
  - 경조사비, 포상금
  - 회사창립일 등 기념일에 지급되는 금품
- **복리후생차원에서 지급되는 금품**
  - 주택자금 대여, 현물급식(식권)
  - 심야교통비
- **실비변상적으로 지급되는 금품**
  - 출장비, 여비, 피복비, 판공비, 영업비
  - 해외주재수당, 해외파견수당 등
- **손해배상적 금품**
  - 해고예고수당
  - 부당징계처분 기간 중 임금상당액
- **사회보험료 中 사업주 부담분**

| 근로의 대가 판단기준 |

임금 지급의 원칙

근로기준법 제43조(임금 지급)

① 임금은 통화(通貨)로 직접 근로자에게 그 전액을 지급하여야 한다. 다만, 법령 또는 단체협약에 특별한 규정이 있는 경우에는 임금의 일부를 공제하거나 통화 이외의 것으로 지급할 수 있다.

② 임금은 매월 1회 이상 일정한 날짜를 정하여 지급하여야 한다. 다만, 임시로 지급하는 임금, 수당, 그 밖에 이에 준하는 것 또는 대통령령으로 정하는 임금에 대하여는 그러하지 아니하다.

근로기준법 제43조는 임금 지급에 관한 네 가지 기본 원칙을 명시하고 있다. 이 네 가지를 흔히 **'임금 지급의 4대 원칙'**이라고 부른다. 이 원칙은 근로자의 생계를 보호하고, 사용자로부터 임금 지급과 관련한 불이익을 막기 위해 법으로 강제하고 있는 기본 원칙이다.

1) 직접 지급의 원칙(본인 지급 원칙)

임금은 반드시 근로자 본인에게 직접 지급되어야 하며, 다른 사람에게 대신 지급하는 것은 원칙적으로 허용되지 않는다.

예를 들어, 근로자가 채무로 인해 제3자(예: 채권자)에게 임금을 지급해 달라고 해도, 사용자는 이를 따를 수 없다. 임금은 근로자 개인의 계좌로 지급되어야 하며, 이 원칙을 위반하면 법적 문제가 될 수 있다.

2) 전액 지급의 원칙

사용자는 근로자가 일한 만큼의 임금을 전액 지급해야 하며, 정당한 사유 없이 일부를 유보하거나 공제해서는 안 된다. 다만, 다음과 같은 경우는 법에서 허용된 예외적인 공제 항목으로 인정된다.

- **법령에 따른 공제:** 근로소득세, 4대 보험료 등
- **단체협약에 따른 공제:** 조합비 등
- **사전 합의된 공제:** 가불금, 사용자의 착오로 인한 과지급액 등

이 외의 공제는 근로자의 개별 동의가 있더라도 신중해야 하며, 반드시 법적 근거가 있어야 한다.

3) 통화 지급의 원칙

임금은 원칙적으로 현금(법정통화)으로 지급해야 한다. 즉, 한국은행이 발행한 화폐로 지급해야 하며, 상품권, 물품, 어음, 외화 등은 허용되지 않는다.

다만, 근로자의 명시적 동의와 관련 법령 또는 단체협약에 근거가 있을 경우에만 예외적으로 현물 등으로 일부를 지급할 수 있다. 최근에는 전자지급수단(계좌이체 등)을 통한 지급이 일반화되어 있는데, 이 역시 본인 지급 원칙과 함께 통화 지급 원칙의 연장선에서 허용되고 있는 것이다.

4) 정기 지급의 원칙

임금은 매월 1회 이상, 일정한 날짜를 정하여 지급되어야 한다. 이 원칙은 근로자

의 생계안정을 위한 것으로, 사용자가 자의적으로 임금 지급일을 바꾸거나 지급을 미루는 것을 방지하기 위한 조항이다. 따라서 근로계약서나 취업규칙에 지급일을 명확히 기재해야 하며, 그에 따라 정해진 날짜에 정기적으로 지급되어야 한다.

예외적으로, 일용직 근로자의 일당, 성과급, 일시적으로 지급되는 수당 등은 정기 지급 원칙에서 제외될 수 있으나, 그 경우에도 지급 조건과 시기는 명확히 정해져 있어야 한다.

※ 실무 TIP:

- 임금 항목별 성격(통상임금 여부, 평균임금 포함 여부 등)을 명확히 파악하고, 근로계약서에 이를 구체적으로 명시하면 분쟁 예방에 도움이 된다.
- 공제 항목이 있다면 근로자와의 사전 합의서 또는 동의서를 반드시 받아두자.
- 임금 지급일이 주말·공휴일과 겹치는 경우, 그 전날까지 지급하는 것이 원칙이다.

임금 명세서 교부

근로기준법 제48조(임금대장 및 임금명세서)

② 사용자는 임금을 지급하는 때에는 근로자에게 임금의 구성항목·계산방법, 제43조 제1항 단서에 따라 임금의 일부를 공제한 경우의 내역 등 대통령령으로 정하는 사항을 적은 임금명세서를 서면(「전자문서 및 전자거래 기본법」 제2조 제1호에 따른 전자문서를 포함한다)으로 교부하여야 한다.

근로기준법 시행령 제27조의2(임금명세서의 기재사항)

사용자는 법 제48조 제2항에 따른 임금명세서에 다음 각 호의 사항을 적어야 한다.

1. 근로자의 성명, 생년월일, 사원번호 등 근로자를 특정할 수 있는 정보
2. 임금 지급일
3. 임금 총액
4. 기본급, 각종 수당, 상여금, 성과금, 그 밖의 임금의 구성항목별 금액(통화 이외의 것으로 지급된 임금이 있는 경우에는 그 품명 및 수량과 평가총액을 말한다)
5. 임금의 구성항목별 금액이 출근일수·시간 등에 따라 달라지는 경우에는 임금의 구성항목별 금액의 계산방법(연장근로, 야간근로 또는 휴일근로의 경우에는 그 시간 수를 포함한다)
6. 법 제43조 제1항 단서에 따라 임금의 일부를 공제한 경우에는 임금의 공제 항목별 금액과 총액 등 공제내역

임금은 근로자가 생계를 이어가는 데 가장 기본이 되는 요소인 만큼, 임금이 어떤 방식으로 얼마만큼 지급되었는지를 명확히 고지하는 것은 매우 중요하다. 이러한 이유로 근로기준법은 사용자에게 임금명세서 교부 의무를 부과하고 있다. 이는 근로계약서와 마찬가지로 **상시 근로자 수 5인 미만인 사업장에도 동일하게 적용**된다는 점에 유의해야 한다.

즉, 사용자는 매월 임금을 지급할 때마다 임금명세서를 서면으로 근로자에게 교부해야 하며, 이때 '서면'에는 종이 문서뿐만 아니라 전자문서(PDF, 이메일 등)도 포함된다. 임금명세서에는 시행령 제27조의2에서 정한 항목들을 빠짐없이 포함해야 하며, 이를 누락할 경우 과태료가 부과될 수 있다.

1) 임금명세서에 포함되어야 할 내용

임금명세서에는 단순히 '얼마를 지급했다'는 정보만 들어가는 것이 아니라, 법령에 따라 다음과 같은 사항이 포함되어야 한다. 이를 제대로 갖추지 않으면, 사용자에게는 임금명세서 미교부에 대한 과태료가 부과될 수 있다.

- **근로자 식별 정보**: 근로자의 이름은 필수로 포함되어야 하며, 동명이인이 있는 경우를 대비해 생년월일이나 사원번호 등의 정보를 함께 기재하는 것이 바람직하다.
- **임금 지급일**: 실제 임금이 지급되는 날짜를 기재해야 하며, 이는 근로계약서나 취업규칙에 명시된 정기지급일을 기준으로 한다.
- **임금 총액**: 공제를 하기 전, 즉 원천징수 전 임금의 총액을 기재해야 한다. 실지급액만 기재할 경우 임금구성 내역이 불명확해질 수 있다. 공제가 있는 경우에는 총액 외에 실지급액을 함께 기재하는 것이 실무상 유용하다.
- **임금의 구성항목별 금액**: 기본급을 포함해, 활동수당, 연장근로수당, 교육수당, 주휴수당, 공휴일수당, 명절상여금 등 실제 지급된 모든 항목을 빠짐없이 명시해야 한다.
- **구성항목별 계산방법**: 해당 항목의 금액이 출근일수나 근로시간에 따라 달라지는 경우에는 계산 방법과 산출 기준을 구체적으로 기재해야 한다. 예를 들어, "연장근로 5시간 × 통상임금 시급 × 1.5" 식의 계산식을 쓰거나, "연장근로 5시간, 야간근로 2시간" 등의 수치 정보를 포함시킬 수 있다. 반면, 매월 고정 지급되는 명절상여금과 같은 항목은 계산식을 기재하지 않아도 된다.

- **공제 내역**: 소득세, 4대 보험 근로자 부담분, 노동조합 조합비 등 공제한 항목과 금액을 항목별로 구체적으로 표시해야 한다. 세율이나 보험요율 등은 관련 법령에 정해져 있으므로 굳이 기재하지 않아도 된다.

2) 임금명세서 교부 방식

임금명세서는 반드시 근로자가 확인할 수 있는 방식으로 교부해야 하며, 실무에서는 다양한 형태로 교부가 가능하다. 특히 교부 방식에 대해 근로자의 별도 동의는 필요하지 않지만, 실질적으로 근로자가 내용을 확인할 수 있어야 유효하게 인정된다.

다음은 실무에서 인정되는 대표적인 교부 방식이다.

교부방식	인정 시점	비고
종이 문서로 직접 교부	근로자에게 실제 전달한 때	전통적인 방식
사내 전산망·앱을 통한 제공	근로자가 로그인해 열람 가능한 때	개별 ID로 확인 가능해야 함
이메일 전송	이메일이 발송된 시점	미수신 가능성 있으므로 도달 여부 확인 필요
자동화 시스템에 의한 전자전송	시스템상 자동 전송된 시점	송신·수신 기록 보존 필요
휴대폰 문자메시지로 전송	문자의 발송 시점	법정 기재사항 포함 필수

※ 주의: 단순히 회사 내 게시판에 공지하거나, 단체 대화방에 업로드하는 방식 등은 근로자 개별 확인이 어렵기 때문에 원칙적으로 유효한 교부 방식으로 보기 어렵다.

3) (예시) 아이돌봄 통합업무관리 시스템을 통한 임금명세서 교부

사회복지 분야에서는 아이돌보미, 방문교육지도사 등과 같은 돌봄노동 종사자들이 정부 시스템을 통해 급여를 확인하는 경우가 많다. '아이돌봄 통합업무관리 시스템'에서도 임금명세서를 교부한 것으로 인정되며, 해당 시스템의 [급여내용] 탭 > 활동월 클릭 > [인쇄/다운] 버튼을 통해 PDF 파일 형식의 임금명세서를 확인·저장할 수 있다. 이 역시 '서면 또는 전자문서' 교부 요건을 충족하므로 법적으로 유효한 교부 방식이다.

2. 통상임금과 평균임금

통상임금

1) 통상임금의 개념

근로기준법 시행령 제6조(통상임금)
① 법과 이 영에서 "통상임금"이란 근로자에게 정기적이고 일률적으로 소정(所定)근로 또는 총 근로에 대하여 지급하기로 정한 시간급 금액, 일급 금액, 주급 금액, 월급 금액 또는 도급 금액을 말한다.

근로기준법 시행령 제6조 제1항에서는 '통상임금'을 **"근로자에게 정기적이고 일률적으로 소정(所定)근로 또는 총 근로에 대하여 지급하기로 정한 시간급 금액, 일급 금액, 주급 금액, 월급 금액 또는 도급 금액"**이라고 규정하고 있다. 쉽게 말해, 근로자가 정해진 시간만큼 일한 대가로 고정적으로 받는 임금을 통상임금이라 이해하면 된다.

가령, 상시 5인 이상 사업장에서 연장근로를 한 경우를 생각해 보자. 연장수당 전체가 통상임금일까? 정답은 '아니다'이다. 연장근로에 대한 기본 시급분, 즉 100%에 해당하는 부분은 '일의 대가' 통상임금이지만, 추가로 지급되는 50%의 가산임금은 통상임금이 아니다. 이는 연장근로에 대한 보상으로 별도로 지급되는 임금이기 때문이다.

대법원 2013.12.18. 선고 2012다89399 전원합의체 판결
소정근로시간에 통상적으로 제공하는근로의 가치를 금전적으로 평가한 것으로서 사전에 미리 확정할 수 있는 것이라면 그 명칭과 관계없이 모두 통상임금에 해당하는 것으로 보아야 할 것이다.

2) 통상임금 판단기준

통상임금은 오랫동안 '정기성, 일률성, 고정성'이라는 3가지 요건을 충족할 때 인정되어 왔다. 이는 **대법원 2013.12.18. 선고 2012다89399 전원합의체 판결**에 따라 확립된 기준이었다.

그러나 **2024.12.19. 선고 2022다231829 전원합의체 판결**에서는, **고정성 요건**이 소정근로의 대가로서 통상임금을 판단하는 데 불필요하게 범위를 축소시킨다는 이유로 **제외**되었고, 이제는 '정기성'과 '일률성' 두 가지 기준만으로 판단하게 되었다. 즉, 통상임금 여부는 임금의 명칭이나 지급주기의 장단 등 형식적인 기준이 아니라, 임금의 객관적 성질이 법적 요건을 충족하는지 여부에 따라 판단하게 되었다.

이러한 변화는 2013년과 2024년 전원합의체 판결문을 비교하면 더욱 명확하게 확인할 수 있다.

판시사항('13년) (2012다89399 판결문 6쪽 하단 ~ 7쪽 상단)

… 결국 어떠한 임금이 통상임금에 속하는지 여부는 그 임금이 **소정근로의 대가**로 근로자에게 지급되는 금품으로서 **정기적·일률적·고정적**으로 지급되는 것인지를 기준으로 그 **객관적 성질에 따라 판단**하여야 하고, 임금의 명칭이나 그 지급주기의 장단 등 형식적 기준에 의해 정할 것은 아니다.

⇩ ⇩ ⇩

판시사항('24년) (2020다247190 판결문 9쪽)

… **통상임금은 소정근로의 대가**로서, **정기적, 일률적으로 지급하기로 정한 임금을 말한다.**
… 정기성과 일률성은 그 임금이 소정근로의 대가인 임금임을 뒷받침하는 개념적 징표이다. 근로자가 **소정근로를 온전하게 제공하면 그 대가로서 정기적, 일률적으로 지급하도록 정해진 임금은 그에 부가된 조건의 존부나 성취 가능성과 관계없이 통상임금에 해당**한다. 임금에 부가된 조건은 해당 임금의 **객관적 성질**을 실질적으로 판단하는 과정에서 소정근로 대가성이나 정기성, 일률성을 부정하는 요소 중 하나로 고려될 수는 있지만, 단지 **조건의 성취 여부가 불확실하다는 사정만으로 통상임금성이 부정된다고 볼 수는 없다.**

| 통상임금 판단기준에 대한 대법원 판결문 비교 |

다음은 각 요건의 의미와 구체적 예시이다.

① 정기성

정기성이란 일정한 간격을 두고 반복적으로 지급되는지를 기준으로 판단한다. 매월, 분기별, 반기별, 매년 등 일정한 주기로 지급된다면 정기성이 인정된다.

• 인정 예시

– 매월 지급되는 식대 또는 교통비

– 분기마다 지급되는 고정상여금

– 명절 때마다 반복적으로 지급되는 명절상여금

• 주의할 점

지급주기가 일정하기만 하면 연 단위 지급도 정기성이 인정된다.

예: 매년 하계휴가비, 매년 1월 체력단련비 등

② 일률성

일률성이란 모든 근로자 또는 일정한 조건에 해당하는 모든 근로자에게 공통적으로 지급되는지를 기준으로 판단한다. '일정한 조건'에는 직급, 근속, 자격 등이 포함될 수 있다.

• 인정 예시

– 모든 근로자에게 동일하게 지급되는 직책수당

– 자격증 보유자를 대상으로 한 자격수당

③ 고정성 (※ 2024.12.19. 판결 이후 삭제된 요건)

고정성이란, 근로자가 정해진 시간만큼 일하기만 하면, 별다른 조건 없이 해당 임금이 당연히 지급되도록 정해져 있는 성격을 뜻한다. 즉, 초과근무 여부, 재직 중 여부, 인사고과 결과 등에 관계없이, 임금의 지급 여부나 지급액이 사전에 확정되어 있는지 여부가 기준이 된다. 예컨대, 과거에는 '재직 중일 것'이라는 조건이 붙은 명절상여금에 대해 고정성이 없다고 판단하였다. 다가오는 추석에 해당 근로자가 회사를 계속 다닐지, 이미 퇴직했을지는 사전에 확정할 수 없기 때문에, 지급 여부가 미확정된 임금으로 본 것이다.

과거에는 다음과 같은 조건이 하나라도 붙으면 고정성이 부정되어 통상임금에서 제외되었다.

'지급일 현재 재직자에 한하여 지급'이라는 조건이 붙은 명절상여금

'해당 월 소정근로일의 80% 이상 출근 시에만 지급'되는 만근수당

'인사평가 결과에 따라 지급 여부가 달라지는' 성과급

그러나 2024년 대법원 전원합의체 판결(2022다231829)에 따라, 고정성은 더 이상 통상임금 판단기준으로 삼지 않게 되었다. 이제는 위와 같은 조건이 붙어 있더라도, 정기성과 일률성이 충족된다면 통상임금으로 인정된다.

다만, **고정성 요건이 폐지되었다고 해서 재직요건 자체가 무효가 되는 것은 아니다.** 사용자는 여전히 재직 중인 근로자에게만 상여금을 지급할 수 있다. 다만 이 경우에도 해당 금액은 통상임금 산정에 포함되어야 하며, 이를 기초로 한 연장근로수당, 연차수당 등도 재산정되어야 한다.

이와 같은 **통상임금 판단**은 **형식이 아니라 실질에 따라 이루어진다는 점**에 유의해야 한다. 예를 들어 가족수당의 경우, 원칙적으로는 부양가족 수를 기준으로 지급되는 임금이므로 소정근로의 대가와는 무관한 성격을 가진다. 따라서 일반적으로는 통상임금에 해당되지 않는다. 그러나 예외적으로, 모든 근로자에게 일정 금액의 가족수당이 기본급처럼 일률적으로 지급되고, 부양가족이 있는 근로자에게는 추가로 차등 지급되는 구조라면, 기본 금액 부분은 통상임금으로 인정될 수 있다. 이처럼 형식상 가족수당이라 하더라도, 실질적으로는 소정근로의 대가로 반복 지급되는 임금이라면 통상임금에 포함된다는 점을 유의할 필요가 있다.

④ 통상임금 판단기준 적용 사례

다음에서 통상임금 판단기준을 임금 항목별로 정리한 표와, 2025년 기준 방문교육지도사의 실제 임금구성 항목을 기준으로 통상임금 해당 여부를 분류한 예시를 제시하였다. 실무 적용에 참고할 수 있을 것이다.

• 임금유형별 통상임금 해당 여부[9] ('13년/'24년 기준 비교)

임금명목	임금의 특징	통상임금 해당 여부	
		'13년	'24년
기술수당	기술이나 자격보유자에게 지급되는 수당 (자격수당, 면허수당 등)	통상임금 ○	통상임금 ○
근속수당	근속기간에 따라 지급 여부나 지급액이 달라지는 임금	통상임금 ○	통상임금 ○
가족수당	부양가족 수에 따라 달라지는 가족수당	통상임금 X (근로와 무관한 조건)	통상임금 X (근로와 무관한 조건)
	부양가족 수와 관계없이 모든 근로자에게 지급되는 가족수당 분	통상임금 ○ (명목만 가족수당, 일률성 인정)	통상임금 ○ (명목만 가족수당, 일률성 인정)
성과급	근무실적을 평가하여 지급 여부나 지급액이 결정되는 임금	통상임금 X (조건에 좌우됨, 고정성 인정 X)	통상임금 X ('소정근로 대가성'을 갖추었다고 보기 어려움)
	최소한도가 보장되는 성과급	그 최소한도 만큼만 통상임금 ○ (그 만큼은 일률적, 고정적 지급)	최소한도의 일정액은 통상임금 ○ (근무실적과 무관하게 최소한도의 일정액을 지급하기로 정한 경우 그 금액은 소정근로의 대가에 해당)
상여금	정기적인 지급이 확정되어 있는 상여금(정기상여금)	통상임금 ○	통상임금 ○
	기업실적에 따라 일시적, 부정기적, 사용자 재량에 따른 상여금(경영성과분배금, 격려금, 인센티브)	통상임금 X (사전 미확정, 고정성 인정 X)	통상임금 X ('소정근로 대가성'을 갖추었다고 보기 어려움)

9 출처: 고용노동부, 「(개정) 통상임금 노사지도 지침」, 2025. 2. 6.

특정시점 재직 시 에만 지급 되는 금품	특정시점에 재직 중인 근로자만 지급받는 금품 (명절귀향비나 휴가비의 경우 그러한 경우가 많음)	통상임금 X (근로의 대가 X, 고정성 X)	통상임금 ○ (명절귀향비, 휴가비도 소정근로의 대가성이 인정되고 정기성, 일률성을 갖춘 경우 통상임금 ○)
	특정시점이 되기 전 퇴직 시에는 근무일수에 비례하여 지급되는 금품	통상임금 ○ (근무일수 비례하여 지급되는 한도에서는 고정성 ○)	통상임금 ○

• (예시) 2025년 방문교육지도사 임금항목별 통상임금 해당 여부

구분	항목	상세 내용	통상임금 해당여부	
			'13년	'24년
월별 지급임금	급여	기본시급 12,810원 × 시간	통상임금 ○	통상임금 ○
		교육비, 회의비	통상임금 X	통상임금 X
		기타 연장·야간·휴일근로수당	통상임금 X	통상임금 X
	제수당	직무숙련급 (급여 지급일 기준 재직 중인 지도사에 한하여 지급)	통상임금 X (고정성 X)	통상임금 ○
	명절수당	봉급액 × 120% (급여 지급일 기준 재직 중인 지도사에 한하여 지급)	통상임금 X (고정성 X)	통상임금 ○
퇴직급여	퇴직금 및 퇴직적립금	퇴직급여제도에 따른 퇴직급여 및 퇴직적립금	통상임금 X	통상임금 X
임금 외 금품	사회보험 부담금	지도사의 국민연금, 국민건강보험, 고용보험, 산업재해보상보험 부담금	통상임금 X	통상임금 X
	교통비	실비 정산 방식	통상임금 X (소정근로의 대가성 X)	통상임금 X (소정근로의 대가성 X)

3) 통상임금 산정사유

앞서 설명한 바와 같이, 통상임금은 내가 제공한 노동력의 교환가치이자 등가의 대가이므로, **'일'과 관련된 사유가 발생했을 때는 대부분 그 산정의 기준**이 된다. 정해진 시간보다 더 오래 '일'했을 때는 연장근로수당, 쉬는 날 나와서 '일'했을 때는 휴일근로수당, 모두가 자는 시간에 '일'했을 때는 야간근로수당이 붙고, 예고 없이 해고당해 더 이상 '일'할 수 없게 되었을 때는 해고예고수당을 받게 된다. 육아휴직 급여 등 일정 기간 일을 쉬는 대신 지원받는 각종 모성보호 관련 급여 역시, '일'하지 못한 시간에 대해 임금을 어떻게 보전할지를 따지는 방식으로 산정되므로, 이러한 경우에도 통상임금이 계산의 출발점이 된다.

4) 통상임금 산정 예시

〈통상임금 산정사유〉

산정사유	주요 내용	근거
해고예고수당	사용자는 근로자를 해고하고자 할 때 30일 전에 예고를 하여야 하고, 예고하지 않을 때에는 30일분 이상의 통상임금을 지급	근로기준법 제26조
연장·야간·휴일 근로수당	사용자는 연장근로, 야간근로, 휴일근로에 대하여는 통상임금의 100분의 50 이상을 가산하여 지급	근로기준법 제56조
연차유급휴가	연차유급휴가기간에 대하여는 취업규칙 등에서 정하는 통상임금 또는 평균임금을 지급 ※ 미사용시, 미사용 연차휴가수당 지급	근로기준법 제60조 제5항
출산전후휴가 유급처리	출산전후휴가(유사산휴가 포함) 중 최초 60일은 유급	근로기준법 제74조 제4항
평균임금	근기법 제2조 제1항 제6호에 따라 산정된 평균임금이 통상임금보다 적을 시 통상임금액을 평균임금으로 함	근로기준법 제2조 제2항
육아휴직급여	첫 3개월은 월 통상임금 80%(상한 150만원, 하한 70만원) 육아휴직급여의 25%는 복직 후 6개월 이상 근속한 경우 일괄 지급	고용보험법 시행령 제95조

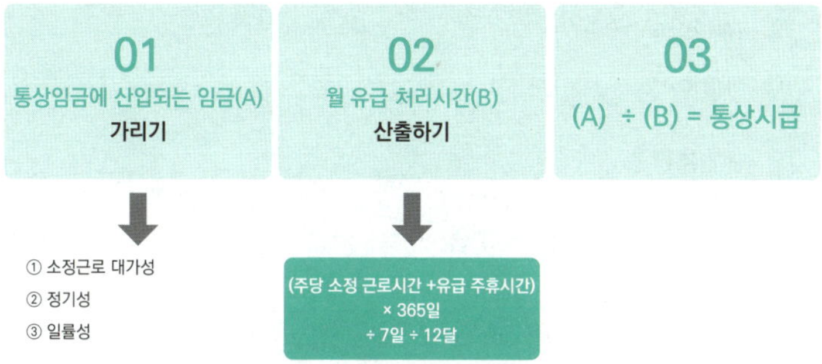

| 통상임금 산정 |

실제 통상임금을 어떻게 계산하는지 단계별로 알아보자.

먼저, **내가 받는 급여 항목 중에서 '통상임금으로 인정되는 임금(A)'을 골라낸다**. 기본급 외에도 정기적으로, 그리고 누구에게나 일률적으로 지급되는 수당이 있다면 이에 해당된다. 앞서 설명한 바와 같이 ① **소정근로의 대가,** ② **정기성,** ③ **일률성**이라는 세 가지 요건을 충족하는 임금에 해당한다.

두 번째 단계는 **'월 유급처리시간(B)'을 계산**하는 일이다. 통상시급을 구할 때 단순히 근로시간으로 나누지 않고 '유급처리시간'이라는 개념을 사용하는 이유는, 우리나라 노동법에 주휴일 제도가 존재하기 때문이다. 따라서 주당 소정근로시간에 유급 주휴시간을 더해 주 유급시간을 산정하고, 이를 월 단위로 환산해야 한다. 예를 들어 주 40시간을 기준으로 근무하는 경우, 월 유급처리시간은 통상 209시간이 된다.

마지막 단계는, **산정된 통상임금 총액(A)을 월 유급처리시간(B)으로 나누는 것**이다. 이렇게 하면 통상시급이 계산된다. 이는 내가 제공하는 노동력의 단가를 수치로 환산한 것으로, 연장근로수당, 휴일근로수당, 해고예고수당 등 각종 법정 수당을 계산할 때 기준이 된다.

근무시간	일 5시간, 주 5일
월급여	200만 원
임금구성	• 기본급 180만 원 • 식대 10만 원(매월 고정적으로 모든 근로자에 지급) • 교통비 10만 원(매월 지급, 단 통근시간이 편도 1시간 이상인 근로자에 한정)

1단계	180만 원 + 10만 원 = 190만 원(통상임금에 산입되는 임금(A))
2단계	{(5시간 × 5일 + 5시간) × 365일 ÷ 7일 ÷ 12달 } = 130.35시간(월 유급처리시간(B))
3단계	190만 원 ÷ 130.35시간 = 14,576 (원)

| 통상임금 산정 예시 |

이번에는 통상임금을 실제 사례에 적용해 보자.

일 5시간씩 주 5일 근무하고, 월 200만 원의 급여를 받는 근로자를 예로 들어보자. 이 근로자의 임금은 기본급 180만 원 외에, 매월 모든 근로자에게 고정적으로 지급되는 식대 10만 원, 그리고 편도 통근시간이 1시간 이상인 근로자에게만 지급되는 교통비 10만 원으로 구성되어 있다.

이 중 식대는 정기성과 일률성을 모두 갖추었기 때문에 통상임금에 산입되지만, 교통비는 일부 근로자에게만 조건부로 지급되므로 통상임금에는 포함되지 않는다.

(가) 통상임금 총액(A) 구하기

기본급 180만 원 + 식대 10만 원 = 190만 원

(나) 월 유급처리시간(B) 구하기

주 5일, 하루 5시간씩 근무하므로 주 소정근로시간은 25시간이다. 여기에 유급 주휴시간(5시간)을 더하면 주 유급처리시간은 총 30시간이 된다. 이를 월 기준으로 환산하면 월 유급처리시간(B)은 130.35시간이다.

(다) 통상시급 계산

이렇게 구해진 통상임금 합계인 190만 원(A)을 월 유급처리시간인 130.35시간(B)으로 나눠주면, 이 근로자의 통상시급인 14,576원이 산출된다.

평균임금

1) 평균임금의 개념

평균임금이란, **어떤 사유로 인해 평균임금을 산정해야 하는 상황이 발생했을 때, 그 직전 3개월 동안 근로자에게 지급된 임금 총액을 같은 기간의 총일수로 나눈 금액**을 말한다. 즉, 발생일 이전 3개월 동안 실제로 받은 임금을, 그 기간의 '달력상 총일수'(휴일 포함)로 나누어 계산하는 것이다.

가장 대표적인 적용 사례는 퇴직금 계산이다. 예를 들어, 퇴직하는 날을 기준으로 소급한 3개월 동안 받은 임금을 그 기간의 일수로 나눈 금액이 바로 '평균임금'이 된다. 우리가 일상적으로 사용하는 '평균(average)'이라는 개념과 크게 다르지 않다.

2) 평균임금 산정사유

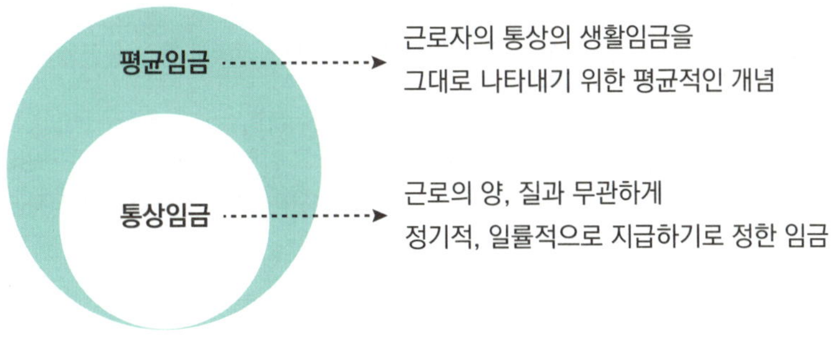

| 통상임금과의 비교 |

소정근로의 대가로서 정기적·일률적으로 지급되기로 정해진 금품을 기준으로 산정되는 통상임금은, 근로계약상 정해진 조건에 따라 지급되는 기준임금에 가깝다. 반면, 평균임금은 근로자의 통상적인 **생활임금을 평균적으로 반영하기 위한 개념**으로, 실제 수령한 임금총액을 기초로 계산되기 때문에 일반적으로 통상임금보다 크다.

평균임금은 근로자의 통상적인 생활임금을 반영한 금액으로, 법에서 정한 각종 금전 보상의 기준이 된다. 퇴직한 근로자의 생계를 일정 부분 보장하기 위한 퇴직급여, 회사 사정으로 일을 하지 못하게 된 경우에 지급하는 휴업수당, 업무상 재해로 다친 근로자의 생활을 지원하기 위한 재해보상금 등은 모두 평균임금을 기준으로 산정된다. 이는 근로자에게 실질적인 생활비를 보전해 주기 위한 취지에서 비롯된 것이다.

〈평균임금 산정사유〉

구분	관련 내용
퇴직급여 제도 (근로기준법 제34조)	계속근로기간 1년에 대하여 30일분 이상의 평균임금을 지급하는 제도 설정(근로자퇴직급여보장법 제8조)
휴업수당 (근로기준법 제46조)	사용자 귀책사유로 인하여 휴업하는 경우 평균임금의 100분의 70 이상의 수당 지급
연차유급휴가수당 (근로기준법 제60조 제5항)	휴가사용기간 동안 취업규칙 등에서 정하는 통상임금 또는 평균임금을 지급
재해보상금 (근로기준법 제79조~제83조)	휴업보상, 장해보상, 유족보상, 장의비 등은 평균임금의 00일분 지급
감급액의 제한 (근로기준법 제95조)	감급의 제재를 정할 경우, 그 감액은 1회의 액이 평균임금의 1일분의 1/2을 초과할 수 없으며, 감급 총액이 1임금 지급기의 임금총액의 1/10을 초과할 수 없음

3) 평균임금의 산정

01
산정 사유 발생일 이전
3개월 간의 임금총액 중
평균임금에 산입되는 임금(A)
가리기

- 근로기준법상 임금이 모두 포함
- 상여금과 연차휴가미사용수당은 그 전액에 대하여 12개월로 나누어 3개월 분을 임금총액에 포함시켜야 함

02
산정 사유 발생일 이전
3개월 간의 총 일수(B)
계산하기

- 달력상의 총일수를 의미
따라서 그 일수는 89일 내지 92일이 됨

03
(A)÷(B) = 평균임금

| 평균임금 산정 |

평균임금은 다음과 같은 절차에 따라 산정한다.

먼저 **'평균임금에 포함되는 임금(A)'을 가려낸다**. 이는 산정 사유가 발생한 날을 기준으로, 그 이전 3개월간 근로자에게 지급된 임금총액 중 평균임금에 산입되는 항목만을 선별하는 과정이다. 원칙적으로 근로기준법상 '임금'에 해당하는 모든 금품이 포함된다. 단, 연 단위로 지급되는 상여금이나 연차휴가미사용수당처럼 3개월 이내에 전액이 지급되지 않는 항목은, 그 금액을 12개월로 균등 분할하여 3개월치에 해당하는 금액만 포함해야 한다.

다음으로, **'3개월간의 총 일수(B)'를 계산**한다. 이는 실제 근무일수와 무관하게, 달력상 총일수를 기준으로 계산하며 최소 89일에서 최대 92일까지 될 수 있다. 예컨대 1월 15일에 퇴직한 경우, 직전 3개월은 10월 15일부터 1월 14일까지이고, 이 기간의 달력상 일수를 기준으로 총일수를 산정한다.

마지막으로 평균임금을 산정한다 앞서 산정한 **임금총액(A)을 총일수(B)로 나누면**, 해당 근로자의 1일 평균임금이 산출된다.

단, 평균임금은 '산정 사유 발생일 이전 3개월' 간의 총일수와 임금총액을 기준으로 산정하지만, 다음과 같은 기간은 총일수(B)와 임금총액(A) 산정에서 모두 제외하여야 한다.

> **※ 평균임금 산정 시 총일수 및 임금총액 산정 시 제외하는 기간**
> ① 수습사용중인 기간, ② 사용자의 귀책사유로 휴업한 기간, ③ 출산전후휴가기간, ④ 업무상재해로 휴업한 기간, ⑤ 육아휴직기간 및 가족돌봄휴직, ⑥ 쟁의행위 기간, ⑦ 병역법 등에 의해 휴직하거나 근로하지 못한 기간, ⑧ 업무 외 부상·질병 등으로 사용자의 승인 하에 휴업한 기간, ⑨ 육아기 근로시간 단축 기간

이러한 기간은 '정상적인 근로 제공'이 이뤄지지 않은 시점이므로, 총일수(B)에서도 제외되며, 해당 기간에 지급된 임금 역시 임금총액(A)에 포함하지 않는다는 점에 유의해야 한다.

실무에서는 포털 사이트에서 제공하는 '퇴직금 계산기' 또는 '평균임금 계산기'를 활용하면 임금 총액과 일수만 입력하여 손쉽게 평균임금을 산출할 수 있으므로, 별도의 사례 계산은 생략한다.

3. 최저임금의 이해

최저임금 기본기

최저임금제도는 국가가 임금의 최저 수준을 정해 법으로 강제하는 제도다. 사용자는 이보다 적은 금액을 지급할 수 없으며, 근로자는 이보다 적은 임금으로 일할 수 없다. 이 제도는 근로자의 생계 보장을 기본으로 하며, 노동력의 질을 높이고, 임금 격차를 줄이는 기능도 수행한다.

최저임금은 **1명 이상의 근로자를 사용하는 모든 사업장에 적용**된다. 업종이나 규모, 정규직 여부와 무관하게 근로자를 고용하는 순간부터 적용 대상이 된다. 다만, 정신적·신체적 장애 등으로 근로 능력이 현저히 낮은 경우에는 고용노동부 장관의 인가를 받아 적용이 제외될 수 있다.

2026년 기준 최저임금은 시급 10,320원이며, 월 환산액은 2,156,880원이다. 이 환산액은 주 40시간 근무에 주휴수당을 포함한 209시간을 기준으로 계산된다.

이는 월급제를 운영하는 사업장에서 기준을 통일하기 위해 설정된 것이다.

최저임금은 **수습 기간 중 일정 조건을 충족하면 일부 감액이 가능**하다. 정규직으로 채용된 근로자가 수습 중인 경우, 채용일로부터 3개월 이내에는 10% 감액된 금액으로 지급할 수 있다. 그러나 1년 미만의 기간제근로자나 단순노무 업무를 수행하는 근로자에게는 감액 적용이 허용되지 않는다. 즉, 단기계약자나 보호 필요성이 큰 업무에 종사하는 근로자에게는 수습 중이라 하더라도 최저임금을 전액 지급해야 한다.

사용자에게는 두 가지 핵심적인 의무가 있다. 첫째는 **고지의무**다. 매년 고시되는 최저임금 내용을 근로자가 명확히 알 수 있도록 사업장 내에 게시하거나 임금명세서 등을 통해 고지해야 한다. 회사 게시판에 반드시 부착해야 할 내용 중 하나가 바로 이 최저임금 고시문이다. 이를 위반하면 100만 원 이하의 과태료가 부과될 수 있다. 둘째는 **지급의무**다. 사용자는 근로자에게 최저임금 이상을 실제로 지급해야 하며, 이를 위반하면 3년 이하의 징역 또는 2천만 원 이하의 벌금에 처해질 수 있다.

이처럼 최저임금제도는 단순히 시급만 확인한다고 해서 끝나는 문제가 아니다. 감액 적용 요건, 적용 제외 대상, 임금 산입 범위, 고지 및 지급의무 등 다양한 요소를 종합적으로 고려해야 한다. 사업장에서는 매년 변경되는 최저임금 수준을 반영해 임금 체계를 점검하고, 수습 근로자, 단시간 근로자, 계약직 근로자 등 다양한 고용형태별로 위반이 발생하지 않도록 사전 점검을 철저히 해야 한다.

최저임금 판단 3단계

| 최저임금 판단 3단계 |

최저임금 위반 여부는 어떻게 판단해야 할까? 예를 들어, 편의점 아르바이트생이 하루 5시간 일하고 5만 원을 받았다고 가정해보자. 이 경우 시급은 1만 원이 되고, 이는 2026년 기준 최저임금인 10,320원보다 적기 때문에 최저임금 위반이라고 쉽게 판단할 수 있을 것처럼 보인다. 그러나 실제로는 그렇게 단순하지 않다.

우리나라의 최저임금은 단순히 시급 계산으로 **'사후적'으로 판단**하는 것이 아니라, 법이 정한 기준에 따라 '사전적'으로 판단하는 방식을 따른다. 즉, 어떤 임금이 최저임금에 포함되는지, 몇 시간을 기준으로 나누어야 하는지 등 계산 방식이 정해져 있다.

이러한 전제하에 최저임금 위반 여부를 판단하기 위해서는 다음의 3단계 절차를 거쳐야 한다.

1단계는 **근로자가 받은 월급에서 최저임금 비교 대상이 되는 임금(A)을 가려내는 과정**이다. 여기서 A는 최저임금에 산입되는 항목만 포함된다. 예를 들어 식대, 교통비, 복리후생비, 연장근로수당 등은 제외되며, 기본급과 고정적으로 지급되는 수당 등이 여기에 해당한다.

2단계는 이 **A금액을 월 유급처리 시간(B)으로 나누는 과정**이다. 이때 B는 실제 근로시간뿐 아니라 주휴수당 등 유급으로 처리되는 시간을 포함한 시간이다. 일반적인 주

최저임금법 제6조(최저임금의 효력)

④ 제1항과 제3항에 따른 임금에는 매월 1회 이상 정기적으로 지급하는 임금을 산입(算入)한다. 다만, 다음 각 호의 어느 하나에 해당하는 임금은 산입하지 아니한다.

1. 「근로기준법」 제2조 제1항 제8호에 따른 소정(所定)근로시간(이하 "소정근로시간"이라 한다) 또는 소정의 근로일에 대하여 지급하는 임금 외의 임금으로서 고용노동부령으로 정하는 임금
2. 상여금, 그 밖에 이에 준하는 것으로서 고용노동부령으로 정하는 임금의 월 지급액 중 해당 연도 시간급 최저임금액을 기준으로 산정된 월 환산액의 100분의 25에 해당하는 부분
3. 식비, 숙박비, 교통비 등 근로자의 생활 보조 또는 복리후생을 위한 성질의 임금으로서 다음 각 목의 어느 하나에 해당하는 것
   가. 통화 이외의 것으로 지급하는 임금
   나. 통화로 지급하는 임금의 월 지급액 중 해당 연도 시간급 최저임금액을 기준으로 산정된 월 환산액의 100분의 7에 해당하는 부분

5일 근무의 경우 월 209시간이 기준이 된다. 즉, 월 급여 A를 월 유급처리시간 B로 나누어 '비교대상 시급'을 산정하게 된다.

3단계는 이렇게 **계산한 비교대상 시급을 고시된 법정 최저임금과 비교하는 단계**다. 비교대상 시급이 법정 최저임금 이상이면 적법하게 지급된 것이고, 미달한다면 최저임금 위반이 된다.

이처럼 최저임금 위반 여부는 단순한 계산이 아니라, 임금 항목의 선별과 근로시간의 기준 설정 등 사전적 기준을 정확히 따르는 절차를 거쳐 판단해야 한다. 특히 월급제를 적용하는 사업장의 경우, 연장수당이나 복지비 등이 포함된 총 지급액이 많더라도 실제 비교대상 시급이 최저임금에 미달할 수 있으므로 정기적인 점검이 필요하다. 또한 기본급을 단순히 209시간으로 나누어 통상시급으로 간주하거나, 이를 기준으로 최저임금 위반 여부를 판단하는 사례가 적지 않다. 그러나 통상임금의 산정 방식과 최저임금 위반 여부를 판단하는 방식은 명확히 다르므로, 우리 회사의 급여대장에서 각 근로자의 통상시급과 비교대상 시급을 구분하여 파악하고, 최저임금 위반이 없는지를 점검하는 일은 매우 중요하다.

최저임금 위반 여부 산정 실습

월급명세서	
기본급	1,590,000 원
직무수당	131,970 원
교통비	100,000 원
식대	100,000 원
시간외수당	300,000 원
상여금	132,500 원
계	**2,354,470 원**

※ 상여금은 기본급의 연 100%
(132,500원을 12개월로 나눠서 매월 지급)

최저임금에 산입되는 임금	
기본급	1,590,000 원
직무수당	131,970 원
교통비	100,000 원
식대	100,000 원
상여금	132,500 원
계	**2,054,470 원**

※ 식대·교통비 및 상여금 전부 산입

| 최저임금 산정 실습 예제 |

앞서 살펴본 최저임금 판단 3단계를 실제 사례에 적용해 보면 다음과 같다.

한 근로자의 월급명세서를 보면 총 지급액은 2,354,470원이다. 기본급 1,590,000원, 직무수당 131,970원, 교통비 100,000원, 식대 100,000원, 시간외수당 300,000원, 상여금 132,500원이 포함되어 있다. 이 중에서 최저임금 산정에 포함되는 항목만 따져보면, 시간외수당을 제외한 2,054,470원이 비교대상 임금이 된다.

여기서 중요한 점은, 최저임금에 포함되는 항목만을 기준으로 삼아야 한다는 점이다. 식대, 교통비, 상여금은 경우에 따라 산입될 수 있으나, 시간외수당처럼 연장근로에 대한 대가는 산입 대상에서 제외된다. 위 사례에서는 식대와 교통비, 상여금이 모두 산입된다고 보고 비교대상 임금을 2,054,470원으로 계산하였다.

이 금액을 월 유급처리시간인 209시간으로 나누면 시급으로 환산한 값은 9,830원이 된다. 이는 2026년 기준 최저임금인 시급 10,320원에 미달하는 금액이므로, 결과적으로 최저임금법 위반에 해당한다. 최저임금은 매년 변경되므로, 적용 시점의 고시 금액을 반드시 확인해야 한다.

이처럼 월급총액이 235만 원이 넘더라도, 최저임금 산입 기준을 반영하지 않고 단순히 총액을 시급으로 나누는 방식으로는 위반 여부를 정확히 판단할 수 없다. 특히 연장근로수당이나 실비성 복리후생비를 포함해 계산할 경우, 실제 시급이 최저임금에 미치지 못할 가능성이 있다. 따라서 사업장에서는 급여명세서를 기준으로 최저임금 산입 항목을 선별하고, 비교대상 시급을 정확히 산정하여 위반 여부를 점검하는 절차가 필요하다.

추려낸 임금을 시간당 임금으로 환산

9,830원(2,054,470원 ÷ 209시간)은
2026년 최저임금 시간급
10,320원보다 적기 때문에

최저임금법 위반

| 최저임금 산정 실습 예제 |

※ 내용 수정 2026년 최저임금 시간급 10,320원 보다 적기 때문에

4. 퇴직급여제도

퇴직급여제도의 도입 및 설정의무

근로자퇴직급여 보장법 제4조(퇴직급여제도의 설정)

① 사용자는 퇴직하는 근로자에게 급여를 지급하기 위하여 퇴직급여제도 중 하나 이상의 제도를 설정하여야 한다. 다만, 계속근로기간이 1년 미만인 근로자, 4주간을 평균하여 1주간의 소정근로시간이 15시간 미만인 근로자에 대하여는 그러하지 아니하다.

② 제1항에 따라 퇴직급여제도를 설정하는 경우에 하나의 사업에서 급여 및 부담금 산정방법의 적용 등에 관하여 차등을 두어서는 아니 된다.

③ 사용자가 퇴직급여제도를 설정하거나 설정된 퇴직급여제도를 다른 종류의 퇴직급여제도로 변경하려는 경우에는 근로자의 과반수가 가입한 노동조합이 있는 경우에는 그 노동조합, 근로자의 과반수가 가입한 노동조합이 없는 경우에는 근로자 과반수(이하 "근로자대표"라 한다)의 동의를 받아야 한다.

④ 사용자가 제3항에 따라 설정되거나 변경된 퇴직급여제도의 내용을 변경하려는 경우에는 근로자대표의 의견을 들어야 한다. 다만, 근로자에게 불리하게 변경하려는 경우에는 근로자대표의 동의를 받아야 한다.

근로자퇴직급여 보장법 제8조(퇴직금제도의 설정 등)

① 퇴직금제도를 설정하려는 사용자는 계속근로기간 1년에 대하여 30일분 이상의 평균임금을 퇴직금으로 퇴직 근로자에게 지급할 수 있는 제도를 설정하여야 한다.

한국 사회는 이미 고령사회에 접어들었고, '100세 시대'를 넘어 '120세 시대'라는 말까지 현실적인 표현으로 다가오고 있다. 퇴직 후에도 수십 년간의 생활이 이어지는 시대에, 소득이 단절되는 퇴직 시점을 위한 준비는 더 이상 개인의 책임만으로 둘 수 없다. 국민연금, 퇴직급여, 개인연금으로 구성된 '3층 보장체계'는 고령화 시대의 필수 안전장치로 자리 잡고 있으며, 그중 퇴직급여제도는 사용자가 직접 책임지는 대표적인 제도다.

이러한 배경 속에서 「**근로자퇴직급여 보장법**」은 모든 사용자가 퇴직근로자에게 급여를 지급할 수 있도록 일정한 제도를 마련하도록 의무화하고 있다. 법 제4조 제1항에 따르면, 사용자는 퇴직금 제도 또는 퇴직연금 제도 중 하나 이상의 퇴직급여제도를 반드시 설정하여야 한다. 다만 **계속근로기간이 1년 미만**이거나, 4주간 평균하여 **1주간의 소정근로시간이 15시간 미만**인 근로자에 대해서는 **예외**로 한다.

또한, 사용자가 퇴직급여제도를 새로 설정하거나 기존 제도를 다른 제도로 전환하려는 경우에는 반드시 절차적 요건을 충족해야 한다. 근로자의 과반수가 가입한 노동조합이 있는 경우에는 그 노동조합의 동의를 받아야 하며, 노동조합이 없는 경우에는 근로자 과반수의 동의(근로자대표 동의)를 받아야 한다. 이후 제도의 내용을 변경할 때는 근로자대표의 의견을 들어야 하며, 근로자에게 불리하게 변경할 경우에는 다시 동의를 받아야 한다.

한편, 퇴직금을 선택하는 경우에는 근속 1년당 30일분 이상의 평균임금을 지급할 수 있는 제도를 갖추어야 한다(법 제8조 제1항). 이는 단순히 퇴직 시점에 급여를 계산해 지급하는 수준이 아니라, 해당 제도를 사전에 형식과 절차를 갖춰 설정해 두는 것이 법적 의무임을 의미한다.

결론적으로, 퇴직급여제도는 사업장의 선택사항이 아닌 법적 의무에 해당한다. 제도 설정 여부, 적용 예외, 변경 절차, 지급기준 등을 미리 점검하고 명확하게 정비해 두는 것이 실무상 매우 중요하다.

퇴직급여제도의 종류 및 지급기준

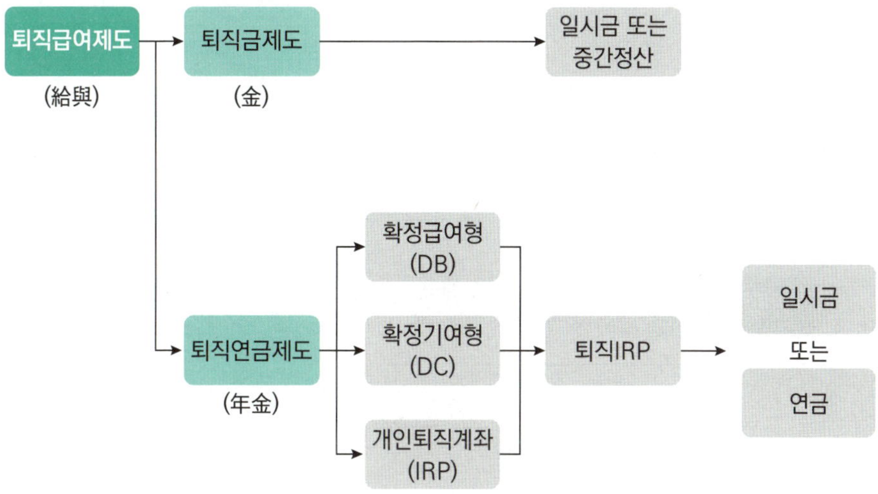

| 퇴직급여제도 개관 |

현실에서는 '퇴직금'이라는 용어가 가장 많이 쓰이지만, **정확한 표현은 '퇴직급여'**다. 퇴직급여는 '회사가 근로자에게 주는 돈'이라는 뜻으로, 한자어로도 **'줄 급(給)'**과 **'줄 여(與)'**를 사용한다. 우리가 매달 받는 급여를 '월급'이라 하고, 퇴직할 때 받는 급여를 '퇴직급여'라고 부르는 것도 같은 원리다.

퇴직급여제도는 크게 퇴직금제도와 퇴직연금제도로 나뉜다.

퇴직금제도는 우리가 익숙하게 알고 있는 방식으로, 회사가 근로자의 퇴직에 대비해 퇴직금을 부채로 적립해 두었다가, 근로자가 퇴직할 때 일시금으로 지급하는 구조다. 말 그대로 퇴직금을 회사 내부에 쌓아두었다가 현금으로 지급하는 형태다.

그러나 우리나라 사업체의 평균 존속기간이 5년 남짓이라는 점을 고려하면, 회사가 폐업하거나 경영이 어려운 경우 퇴직금을 온전히 지급받지 못하는 문제가 발생할 수 있다. 또한 앞서 언급한 '100세 시대'의 3층 보장체계에 비추어 볼 때, 퇴직급여를 단순히 일시금으로 주는 방식보다는 노동자가 퇴직 후 생활을 보다 안정적으로 이어갈 수 있도록 연금화하는 방식이 바람직하다는 인식이 커지고 있다.

이러한 배경에서 마련된 것이 바로 **퇴직연금제도**다. 퇴직연금제도는 퇴직금을 회사 내부에 두지 않고 외부 금융기관에 적립한 뒤, 일정 요건에 따라 근로자에게 일시금 또는 연금 형태로 지급하는 제도다. 제도 설계 방식에 따라 확정급여형(DB), 확정기여형(DC), 개인퇴직계좌(IRP)로 나뉜다. 각 방식의 구조와 차이점은 다음에서 살펴본다.

1) 퇴직금제도

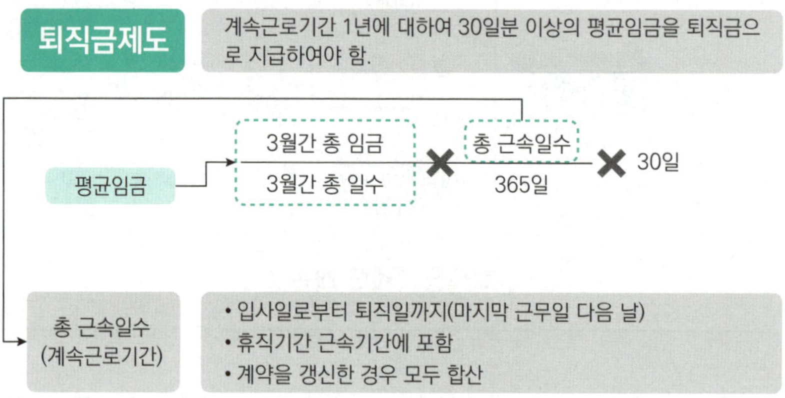

| 퇴직금 계산방법 |

퇴직금제도는 사용자가 퇴직하는 근로자에게 근속 1년당 30일분 이상의 평균임금을 퇴직금으로 지급하는 제도다. 「근로자퇴직급여 보장법」 제8조에 따라, 사용자는 이를 지급할 수 있는 제도를 설정해야 하며, 이 제도는 퇴직연금제도와 별도로 가장 기본적인 형태의 퇴직급여제도다.

퇴직금은 **평균임금을 기준**으로 계산되며, **계속 근로기간 1년에 대해 평균임금 30일분**

이상을 지급해야 한다. 평균임금은 퇴직사유 발생일 이전 3개월 동안의 총임금을 총 일수로 나누어 산정하며, 이에 대한 자세한 산정 방식은 앞서 설명하였으므로 여기서 자세한 설명은 생략한다.

퇴직금 산정 방식은 다음과 같다:

퇴직금 = 평균임금 × (총 근속일수 ÷ 365) × 30일

여기서 총 근속일수는 입사일부터 퇴직일까지를 기준으로 하며, 휴직기간도 근속기간에 포함되며, 계약을 갱신한 경우에도 전체 기간을 합산한다. 퇴직일의 기준은 '퇴직 전 마지막 근무일의 다음 날'로 해석한다는 점도 유의해야 한다.

이처럼 퇴직금제도는 계산식 자체는 비교적 단순하지만, 근속기간의 포함 범위, 평균임금 산정 기준일, 입사일 및 퇴직일의 해석 등에 따라 실제 지급액이 달라질 수 있으므로, 실무상 정확한 기준 적용이 중요하다.

2) 확정급여형(DB형) 퇴직연금제도

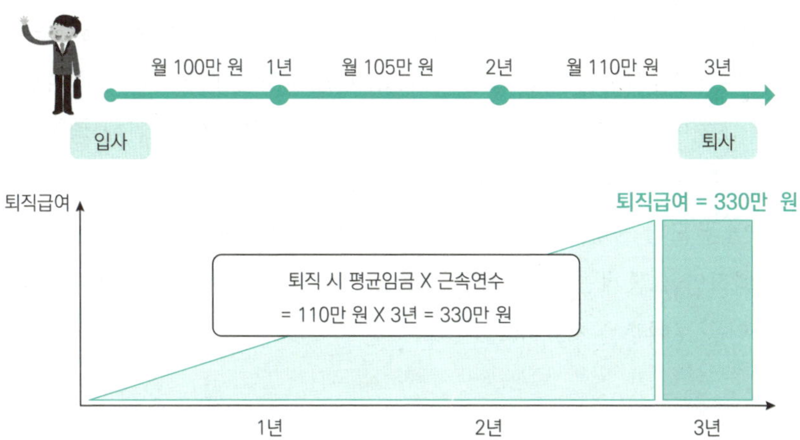

| DB형 제도 사례 |

확정급여형 퇴직연금은 영어로 **Defined Benefit**, 약칭 **'DB형'** 제도라 한다. 이 제도에서 'Defined'는 '정해진', 'Benefit'은 '급여'를 뜻하므로, 근로자가 퇴직할 때 수령할 퇴직급여가 사전에 정해져 있는 구조다.

기업은 근로자의 퇴직 시점에 받을 급여액을 기준으로 필요한 연금 자산을 외부 금융기관에 적립하고 운용한다. 퇴직 시 근속연수와 평균임금을 기준으로 퇴직급여를 계산한다는 점에서, 전통적인 퇴직금제도와 계산 방식은 동일하다. 예를 들어 퇴직 시 평균임금이 110만 원이고, 근속연수가 3년이라면 퇴직급여는 110만 원 × 3년 = 330만 원이 된다.

DB형 제도의 특징은 **퇴직급여 지급액이 확정**되어 있다는 점에서 근로자에게 예측 가능성과 안정성이 있다는 데 있다. 반면 **운용에 따른 책임**은 **기업**이 부담한다. 운용 수익률이 낮더라도 정해진 급여는 반드시 지급해야 하므로, 기업은 일정 수준 이상의 자금을 사전에 확보하고 관리해야 한다.

실제 운영 방식은 퇴직연금 계좌가 기업 명의로 단일 운영되며, 기업은 전체 퇴직급여 규모를 기준으로 일정 수준 이상을 적립해야 한다. 현행 제도에서는 **기준책임준비금의 100% 적립을 원칙**으로 하며, 적립률이 미달되는 경우 일정 기한 내에 충당토록 하고 있다.

퇴직연금 선진국인 미국과 일본은 퇴직연금 제도 운영 역사가 100년을 넘어섰으며, 기업별 연금제도와 세제 혜택이 제도적으로 안정화되어 있다. 반면 우리나라는 2005년에 퇴직연금제도를 처음 도입하였고, 비교적 최근에 정착되기 시작한 제도이기 때문에 초기에는 이해도나 활용 수준이 낮은 편이었다. 이로 인해 퇴직금 방식과 유사한 DB형 제도를 우선 도입한 기업이 많았으며, 2023년 말 기준으로도 여전히 전체 퇴직연금 도입 사업장 중 약 64.2%가 DB형을 채택하고 있다. 이는 고용노동부 「2024년 퇴직연금 통계연보」에 따른 수치로, 확정급여형이 여전히 퇴직연금제도의 주된 유형임을 보여주는 지표다.

3) 확정기여형(DC형) 퇴직연금 제도

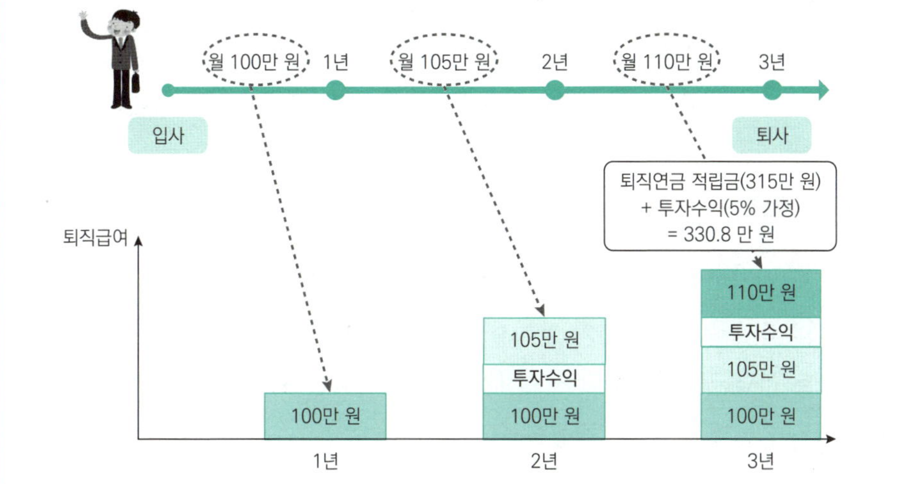

DC형 제도 사례

확정기여형 퇴직연금은 영어로 **Defined Contribution**, 약칭 **'DC형'** 제도라 하며, 'Defined'는 '정해진', 'Contribution'은 '부담금'을 의미한다. 즉, 기업이 정기적으로 정해진 수준의 부담금을 외부 금융기관에 납입하고, 근로자가 해당 금액을 운용해 퇴직 시점의 급여를 마련하는 방식이다.

퇴직급여의 지급 수준이 사전에 정해지는 확정급여형(DB형)과 달리, DC형에서는 **납입금만 확정**되고, **최종 퇴직급여는 운용 결과에 따라 달라진다**. 기업은 근로자별 계정에 부담금을 납입하며, 이 계정은 금융기관의 기업 계좌 아래 개별적으로 운영된다.

근로자는 자신의 퇴직연금 계좌를 스스로 운용하며, 수익 여부에 따라 퇴직급여의 총액이 결정된다. **운용 결과에 따른 책임**이 **근로자**에게 있는 만큼, 자산관리에 대한 관심과 참여가 제도 운용의 핵심이 된다.

예를 들어, 연봉 1,200만 원(월 100만 원)으로 입사한 근로자가 3년간 근무하고, 매년 임금이 5%씩 인상된 경우, 기업은 총 315만 원을 DC 계좌에 납입하게 된다. 근로자가 연 5%의 수익률로 운용했다면, 퇴직 시 계좌 잔액은 약 330.8만 원이 된다.

이 제도는 미국의 401(k)[10], 일본의 확정기여형 연금과 같이 퇴직연금 제도가 발달한 국가에서 널리 활용된다. 퇴직급여가 향후 근로자의 자산이 되는 만큼, 본인이 직접 운용하는 것이 합리적이라는 인식이 보편화되어 있기 때문이다. 우리나라에서도 최근에는 근로자의 자산관리 자율성이 강화되고, 기업은 퇴직급여의 재무 부담을 예측 가능하게 관리할 수 있다는 점에서 DC형 및 IRP 제도 도입이 점차 확대되고 있다.

4) DC형 퇴직연금 계산방법

소정근로시간이 일정하지 않거나, 주 15시간 이상과 미만의 근로가 반복되는 경우에는 퇴직급여 수준이 사전에 정해져 있는 확정급여형(DB형) 제도보다는, 사용자가 정기적으로 부담금을 납입하고 근로자가 이를 운용하는 구조인 확정기여형(DC형) 퇴직연금제도가 보다 유연하게 작동할 수 있다.

이에 따라 확정기여형 제도가 적용되는 근로자의 퇴직금 산정 방식 및 판단 기준을 보다 구체적으로 살펴볼 필요가 있다.

① 퇴직급여 발생 기준

확정기여형 퇴직연금제도를 설정한 경우에도, 계속근로기간이 1년 이상이고, 해당 기간 중 평균 주 소정근로시간이 15시간 이상인 근로자에게는 퇴직금이 발생한다. 여기서 평균은 4주를 기준으로 하여 1주간의 소정근로시간을 산정하는 방식으로 판단한다. 예를 들어, 어떤 근로자가 1년 차에 주 15시간 이상 근무한 달이 10개월, 2년 차에 해당하는 기간 중 4개월이 주 15시간 이상이었다면, 총 14개월(=1년 2개월)에 해당하는 기간에 대해 퇴직금이 지급된다.

한편, 4주 단위로 평균한 주 소정근로시간이 15시간 이상과 미만을 반복하는 경우에는, 퇴직일을 기준으로 이전 4주씩 역산하여 각 기간의 평균 주 소정근로시간을 산출한 뒤, 15시간 이상인 기간을 모두 합산하여 1년 이상이면 퇴직금 발생 요건을 충족한 것으로 본다.

10 미국 세법인 Internal Revenue Code 제401조 (항목 k)에서 유래한 명칭으로, 미국의 대표적인 '확정기여형(DC형)' 퇴직연금제도

※ 1주 소정근로시간이 15시간 이상과 미만을 반복하는 경우, 퇴직금 산정을 위한 계속근로기간 판단방법

- 퇴직일을 기준으로 주 15시간 이상의 기간을 합산하여 합한 기간이 1년 이상일 경우 퇴직금이 발생

1주 소정근로시간이 15시간 이상과 미만을 반복하는 경우, 퇴직일을 기준으로 하여 15시간 이상인 기간을 모두 합한 기간이 1년 이상일 경우 퇴직금이 발생함(행정해석: 2001.10.26, 임금 68207-735; 2007.11.27, 퇴직급여보장팀-942).
「근로자퇴직급여 보장법」 제4조 및 제8조에 따라 사용자는 4주간을 평균하여 1주간의 소정근로시간이 15시간 이상이고 계속근로기간 1년에 대하여 30일분 이상의 평균임금을 퇴직금으로 퇴직하는 근로자에게 지급하여야 함. 이때, 4주간 평균하여 1주 소정근로시간이 15시간 이상과 미만을 반복하는 단시간 근로자인 경우에는 퇴직일을 기준으로 이전 4주 단위씩 역산하여 1주 소정근로시간을 구하면 될 것임(2015.9.10, 근로기준정책과-4361).

② 확정기여형 퇴직연금의 부담금 산정과 납입 방법

확정기여형(DC형) 퇴직연금에서는 사용자가 근로자를 위해 정기적으로 부담금을 납입해야 하며, 그 수준은 일반적으로 **연간 임금총액의 12분의 1 이상**으로 규정되어 있다. 이 부담금은 반드시 현금으로 납입하여야 하며, 근로자의 명의로 된 퇴직연금 계정에 입금된다.

납입 방식은 기업의 내부 운영 방식에 따라 연납 또는 월납 형태로 구분된다. 월납 방식의 경우, 해당 월의 소정근로시간이 60시간 이상인 달에 한해, 그 월의 급여를 기준으로 12분의 1을 부담금으로 납입하게 된다. '월 60시간' 기준은 법령상 명문화된 것은 아니나, 실무에서는 퇴직급여 지급의무 기준인 주 15시간을 월 단위로 통상적으로 환산한 값(주 15시간 × 4주)으로 이해되어 하나의 기준선으로 활용된다. 이는 기업의 내부지침이나 회계처리 실무에서 부담금 산정의 관행적 기준으로 자리 잡고 있다.

다만, 휴업·휴직·휴가 등으로 인해 임금이 지급되지 않거나, 소정근로시간이 미달되는 경우에는 그 사유 및 임금 지급 여부에 따라 부담금 산정 방식이 달라질 수 있

다. 특히, 해당 기간이 「근로기준법 시행령」 제2조 제1항에서 정한 평균임금 산정 제외기간에 해당하는지 여부가 중요한 판단 기준이 된다.

세부적인 부담금 산정 및 납입 기준은 아래 표를 통해 정리할 수 있다.

※ DC형 퇴직연금(확정기여형)에서의 부담금 납입 방법은 휴업사유에 따라 달리 적용함

• 근로기준법 시행령 제2조 제1항 각호의 사유에 해당하는 휴업기간(평균임금 산정 시 총일수 및 임금총액 산정 시 제외하는 기간)에는,

- (연납형) 해당 기간의 임금을 제외한 연간 임금총액을 해당 기간을 제외한 기간으로 나눈 금액을 부담금으로 납부
- (월납형) 해당월 임금이 없는 경우에도 통상월과 동일한 부담금 납부

- 단, 취업규칙에 '개인 사유로 휴직한 기간'에 대해서 퇴직급여를 적립하지 아니한다는 규정을 둘 수 있음.

• 무단 결근 등 근로자 귀책사유로 인한 휴업기간은,

- 휴업기간을 포함하여 소정근로시간을 산정하고 60시간 이상인 경우, 실 지급 임금총액의 12분의 1을 부담금으로 납부(단, 60시간 미만이면 적용 제외)

※ 휴가, 휴직, 휴업기간의 부담금 산정·납부 방법

• 출산전후휴가, 육아휴직기간, 육아기근로시간단축기간

- 출산전후휴가, 육아휴직기간, 육아기근로시간단축기간 또한 근속기간에 포함해야 하므로 해당 기간에도 확정기여형 부담금을 납입하여야 함.
- 해당 기간 중 지급된 임금을 제외하고 부담금을 산정해야 함.

〈 확정기여형 부담금 계산식 〉

$$\text{부담금 수준} = \frac{\text{연간임금총액} - \text{해당 기간(단축기간)동안 받은 임금}}{\text{12(월)} - \text{해당기간(단축기간)(월)}}$$

• 휴업기간

- 근로기준법 시행령 제2조 제1항 각호의 사유에 해당하는 휴업기간(평균임금 산정 시 총일수 및 임금총액 산정 시 제외하는 기간)에는,

〈 확정기여형 부담금 계산식 〉

$$\text{부담금 수준} = \frac{\text{휴업기간 중 지급된 급여를 제외하고 산정한 연간 임금 총액}}{\text{12(월) - 해당기간(월)}}$$

- 무단결근과 같이 근로자 귀책사유로 인한 휴업일 때는 휴업 기간을 포함하여 소정근로시간을 산정함

퇴직급여 지급시기 및 절차

퇴직금은 일반적으로 **퇴직일로부터 14일 이내**에 지급되어야 한다. 이는 「근로기준법」 제36조에 따른 임금 지급 시기와 동일하게 적용되며, 불가피한 사정으로 인해 14일을 초과하여 지급하고자 하는 경우에는 근로자의 동의를 받아야 한다.

확정급여형(DB형) 퇴직연금의 경우, 사용자는 퇴직일로부터 14일 이내에 퇴직연금사업자에게 해당 근로자의 퇴직급여를 지급하도록 지시하여야 하며, 연금사업자는 지시에 따라 근로자가 지정한 개인형퇴직연금(IRP) 계정으로 퇴직급여 전액을 이체한다. 퇴직연금 수령 방식은 근로자의 선택에 따라 일시금 또는 연금으로 나누어 수령할 수 있는데, 연금으로 수령하기 위해서는 **10년 이상 가입기간**과 **만 55세 이상**이라는 조건을 충족해야 한다.

한편, 확정기여형(DC형) 퇴직연금의 경우에는 퇴직 시점에 일시금으로 지급하는 구조가 아니라, 사용자가 재직 기간 중 매년 1회 이상 정기적으로 퇴직연금사업자에게 부담금을 납입하는 방식으로 운영된다. 이때 납입 시점은 회사의 확정기여형 퇴직연금규약에서 정한 기일로 하되, 해당 규약에서 납입기일의 연장을 허용한 경우에는 그 연장된 기일까지로 본다(「근로자퇴직급여 보장법」 제20조 제3항). DC형 연금 역시 수령 시에는 IRP 계정으로 이전한 후 일시금 또는 연금 형태로 받을 수 있으며, 연금으로 수령하려면 **가입 10년 이상, 55세 이상 요건**이 동일하게 적용된다.

5. 재직 중 발생하는 예외적 임금: 휴업수당

휴업수당의 의의

급변하는 사회·경제적 환경 속에서 기업의 정상적 운영이 어려워지는 상황은 언제든 발생할 수 있다. 코로나19와 같은 팬데믹이 그 단적인 예이며, 향후에도 이와 유사한 예측불가한 상황은 반복될 수 있다. 이러한 경우에 대비하여 근로자의 생계를 보호하기 위한 제도가 바로 휴업수당 제도이다.

「근로기준법」 제46조는 **사용자의 귀책사유로 인해 휴업이 발생**한 경우, 사용자가 해당 근로자에게 **평균임금의 70% 이상을 수당**으로 지급해야 한다고 규정하고 있다. 다만, 평균임금의 70%가 통상임금을 초과하는 경우에는 통상임금 수준으로 지급할 수 있는 예외도 함께 두고 있다. 또한, 경영상 부득이한 사유로 사업을 계속할 수 없는 경우, 노동위원회의 승인을 받는다는 전제하에 기준 이하의 금액을 지급할 수 있도록 하고 있다.

근로기준법 제46조(휴업수당)

① 사용자의 귀책사유로 휴업하는 경우에 사용자는 휴업기간 동안 그 근로자에게 평균임금의 100분의 70 이상의 수당을 지급하여야 한다. 다만, 평균임금의 100분의 70에 해당하는 금액이 통상임금을 초과하는 경우에는 통상임금을 휴업수당으로 지급할 수 있다.
② 제1항에도 불구하고 부득이한 사유로 사업을 계속하는 것이 불가능하여 노동위원회의 승인을 받은 경우에는 제1항의 기준에 못 미치는 휴업수당을 지급할 수 있다.

법원은 여기서 말하는 '사용자의 귀책사유'에 대해 단순한 고의 또는 과실에 한정하지 않고, 경영상 불가항력으로 주장할 수 없는 모든 사유를 포함하는 개념으로 해석하고 있다. 예컨대 원자재 확보 실패, 수주 부족, 시설 보수 지연 등은 기업 경영자의 관리 부족이나 판단 미흡으로 발생할 수 있는 문제이며, 이로 인한 휴업은 사용자의 책임으로 평가된다.

※ 사용자 귀책사유의 의미(대법원 2013.10.11. 선고 2012다12870 판결)
법원은 사용자의 귀책사유는 민법 제538조 제1항의 규정과 관련지어 볼 때 사용자가 기업의 경영자로서 불가항력이라고 주장할 수 없는 모든 사유를 말한다고 판시함.

사회복지시설의 경우에도 유사한 상황이 발생할 수 있다. 예컨대 요양원이나 장애인거주시설에서 식자재 공급 중단, 감염병 확산 방지를 위한 일시적 폐쇄 조치, 전기·가스 등 필수설비의 긴급 점검, 장기 리모델링 등으로 인해 시설 운영이 일시적으로 중단되는 경우가 있다. 이때 이러한 사유가 공급계약 관리 부실, 시설 점검 미비, 준비 부족 등 사용자의 관리책임에서 비롯된 것이라면, 사용자의 귀책사유로 인한 휴업으로 평가될 수 있으며, 평균임금의 70% 이상을 종사자에게 지급해야 할 의무가 발생한다.

구체적인 휴업수당의 지급 사례

가장 대표적인 실제 사례는 코로나19 시기 감염병 확산을 이유로 한 사업장 휴업이다. 이와 관련하여 고용노동부는 「코로나19 예방 및 확산 방지를 위한 사업장 대응 지침」(14판, 2022.5.3.)을 통해 다음과 같이 지침을 제시하였다.

먼저, 「감염병예방법」에 따라 보건당국이 입원 또는 격리를 명령한 경우는 불가항력적 사유로 간주되므로, 사용자의 귀책사유가 인정되지 않아 휴업수당 지급 의무가 발생하지 않는다. 반면, 사업주가 자체 판단으로 사무실을 폐쇄하거나 근로자의 출근을 제한한 경우에는 사용자의 귀책사유가 인정되며, 휴업수당 지급 의무가 발생한다는 것이 정부의 입장이다.

이러한 경우 휴업수당의 지급 수준은 평균임금의 70% 이상이며, 그 금액이 통상임금을 초과하는 경우에는 통상임금으로 지급 가능하다. 이는 근로자의 생계를 보호하면서도 사용자의 부담을 일정 부분 조정하려는 취지다.

또한, 백신 접종과 관련된 유급휴가 지침도 실무상 중요한 고려사항이 되었다. 고용노동부는 근로자의 백신 접종 당일에는 필요한 시간을 보장하고, 이상 반응이 있는 경우 별도 소견서 없이도 다음 날 유급휴가를 부여할 수 있도록 권고하였다. 이상 반응이 지속되는 경우에는 이틀까지 유급휴가를 인정하며, 병가제도 또는 연차유급휴가를 유연하게 활용할 수 있도록 안내하였다. 이는 직접적인 휴업수당 지급과는 다르지만, 감염병 상황에서 근로자 보호를 위한 제도로 병행되어 이해될 필요가 있다.

※ 백신 접종자 휴가 및 접종 완료자 관리[12]

ㅇ 사업주는 코로나19 백신을 접종받는 근로자에 대해서 접종 당일에는 접종에 필요한 시간, 접종 후 이상 증상이 나타나 신청하는 경우에는 접종 다음 날*에 최대한 휴가를 부여할 수 있도록 함.

* 근로자가 접종 후 이상 반응으로 휴가를 신청하는 경우 의사소견서 등 별도 서류를 요구하지 않고 유급휴가 부여 권장(다음 날 1일, 이상 반응 지속 시 2일)

- 사업장 내 병가 제도가 있는 경우에는 병가를 적극 활용
- 근로자가 백신 접종 후 휴식을 취하기 위해 연차유급휴가를 신청하는 경우, 사용자는 최대한 근로자가 원하는 시기에 연차유급휴가를 사용할 수 있도록 배려하도록 함(시기변경 자제).

결국, 휴업수당은 단순한 임금 보장의 문제를 넘어, 경영상 위험과 근로자 보호 사이의 균형을 조율하는 수단으로 기능하며, 그 지급 여부는 개별 사안별로 귀책사유의 유무, 근로자 의사, 「감염병예방법」 등 관계 법령의 적용 여부를 종합적으로 고려하여 결정되어야 한다.

11 고용노동부, 코로나19 예방 및 확산 방지를 위한 사업장 대응 지침(14판), 2022. 5. 3.

노동법의 시작, 사회복지 노동법

CHAPTER 04

근로시간 및 휴게시간

박정연 · 장연수

04

근로시간 및 휴게시간

1. 근로시간 제도의 이해

근로시간의 기본 개념

1) 근로시간의 개념

근로시간은 근로계약서에 정해진 시간만을 의미하지 않는다. **실제로 근로자가 사용자의 지휘·감독 아래에 놓여, 업무에 종속된 상태로 있는 모든 시간**이 근로시간에 해당한다. 이때 '지휘·감독'은 명시적인 경우뿐만 아니라, 묵시적으로 업무에 참여하거나 대기해야 하는 상황까지 포함한다.

따라서 어떤 시간이 근로시간에 해당하는지를 판단할 때는, 단순히 사용자의 지시가 있었는지만을 따질 것이 아니라, 업무수행 또는 참여의무의 정도, 그 지시를 거부했을 경우 불이익이 따르는지 여부, 시간과 장소의 제한 정도 등 구체적인 사실관계를 종합적으로 검토해야 한다.

한마디로 말해, 근로시간은 곧 **'임금이 발생하는 시간'**으로 이해할 수 있다. 근로시간이어야 임금이 지급되며, 반대로 근로시간이 아닌 휴게시간은 **'무노동 무임금 원칙'**에 따라 임금이 지급되지 않는다. 이러한 구분은 휴게시간과의 경계를 명확히 할 뿐 아니라, 연장·야간·휴일근로수당의 발생 여부를 판단하는 데도 핵심적인 기준이 된다.

2) 사회복지사업의 특례적용 폐지

근로기준법 제59조(근로시간 및 휴게시간의 특례)

① 「통계법」 제22조 제1항에 따라 통계청장이 고시하는 산업에 관한 표준의 중분류 또는 소분류 중 다음 각 호의 어느 하나에 해당하는 사업에 대하여 사용자가 근로자대표와 서면으로 합의한 경우에는 제53조 제1항에 따른 주(週) 12시간을 초과하여 연장근로를 하게 하거나 제54조에 따른 휴게시간을 변경할 수 있다.

1. 육상운송 및 파이프라인 운송업. 다만, 「여객자동차 운수사업법」 제3조 제1항 제1호에 따른 노선(路線) 여객자동차운송사업은 제외한다.
2. 수상운송업
3. 항공운송업
4. 기타 운송관련 서비스업
5. 보건업

※ 구 근로기준법 제59조 제4호에서 정한 사회복지사업 삭제

과거에는 사회복지사업에 대해 「근로기준법」 제59조에 따른 근로시간 특례 규정이 일부 적용되어, 주 12시간을 초과한 연장근로나 휴게시간 변경이 가능했다. 그러나 2021년 7월 1일 이후로 사회복지업은 더 이상 특례 업종으로 분류되지 않는다. 이에 따라 이제는 여타 일반 사업장과 동일하게, 연장근로는 주 12시간 한도 내에서만 가능하며, 법정 휴게시간 역시 임의로 변경할 수 없다.

즉, 사회복지시설에서도 초과근로는 반드시 제한된 범위 내에서만 이루어져야 하며, 근로자의 동의와 더불어 법적 요건을 충족해야만 유효하게 인정된다. 그럼에도 불구하고 생활시설이나 요양시설처럼 교대근무가 많고 야간근로가 잦은 사회복지 현장에서는 법정 기준을 그대로 적용하기 어려운 경우도 있다. 이럴 때일수록 근로시간 및 휴게시간의 준수 여부를 면밀히 검토하고, 제도적 요건을 충족시키는 방향으로 근무 형태를 조정하는 노력이 필요하다.

3) 근로시간의 기준과 특례제도의 이해

① 법정 근로시간

근로기준법 제50조(근로시간)

① 1주 간의 근로시간은 휴게시간을 제외하고 40시간을 초과할 수 없다.
② 1일의 근로시간은 휴게시간을 제외하고 8시간을 초과할 수 없다.
③ 제1항 및 제2항에 따라 근로시간을 산정하는 경우 작업을 위하여 근로자가 사용자의 지휘·감독 아래에 있는 대기시간 등은 근로시간으로 본다.

「근로기준법」 제50조에 따라, 근로시간은 **1일 8시간, 1주 40시간**을 초과할 수 없다. 이는 **휴게시간을 제외한 실근로시간 기준**이며, 사용자의 지휘·감독 아래 **대기하는 시간 등도 포함**된다. 법정근로시간은 초과 시 연장근로로 간주되어 가산수당 지급 의무가 발생하므로, 이는 실무상 가장 기본적이면서도 중요한 판단 기준이 된다. 이런 의미에서 법정근로시간을 **기준근로시간**이라고도 부른다.

② 소정 근로시간

'소정근로시간'이란 법정근로시간(1일 8시간, 1주 40시간) 내에서, 근로자와 사용자가 **미리 정해두기로 한** 약정 근로시간을 말한다. '소정'이라는 단어는 한자로 **'~하는 바 소(所)'**에 **'정할 정(定)'** 자를 써서, '정해 놓은 바', 즉 '미리 정해두었다'는 사전적 의미를 담고 있다. 따라서 '소정근로시간'이란 노사 간에 미리 정한, 기본적으로 일하기로 한 시간을 뜻하며, 단순한 계약서상의 기재시간을 넘어 주휴수당, 연차휴가수당, 퇴직금, 국민연금과 건강보험의 적용기준을 판단할 때 기준이 된다.

다만, 아이돌보미, 방문교육지도사, 장애인활동지원사 등처럼 이용자 요청에 따라 근로가 불규칙하게 발생하는 업종은 애초에 일정한 소정근로시간을 사전에 정하기 어려운 구조를 갖고 있다. 이 경우 실무에서는 이용자와 협의된 근로시간을 사후적으로 소정근로시간으로 간주하고, 이를 바탕으로 주휴수당이나 퇴직금 지급 여부 등을 판단하는 방식이 일반적이다.

그러나 이러한 사후적 판단 방식은 법적 안정성이 떨어지고 사용자와 근로자 간 해석 차이를 야기할 수 있어, 가급적이면 예상 가능한 범위 내에서 최소 주 단위의 기준시간을 명확히 정해두는 것이 바람직하다.

③ 근로시간 계산의 특례

근로기준법 제58조(근로시간 계산의 특례)

① 근로자가 출장이나 그 밖의 사유로 근로시간의 전부 또는 일부를 사업장 밖에서 근로하여 근로시간을 산정하기 어려운 경우에는 소정근로시간을 근로한 것으로 본다. 다만, 그 업무를 수행하기 위하여 통상적으로 소정근로시간을 초과하여 근로할 필요가 있는 경우에는 그 업무의 수행에 통상 필요한 시간을 근로한 것으로 본다.

② 제1항 단서에도 불구하고 그 업무에 관하여 근로자대표와의 서면 합의를 한 경우에는 그 합의에서 정하는 시간을 그 업무의 수행에 통상 필요한 시간으로 본다.

③ 업무의 성질에 비추어 업무 수행 방법을 근로자의 재량에 위임할 필요가 있는 업무로서 대통령령으로 정하는 업무는 사용자가 근로자대표와 서면 합의로 정한 시간을 근로한 것으로 본다. 이 경우 그 서면 합의에는 다음 각 호의 사항을 명시하여야 한다.

1. 대상 업무
2. 사용자가 업무의 수행 수단 및 시간 배분 등에 관하여 근로자에게 구체적인 지시를 하지 아니한다는 내용
3. 근로시간의 산정은 그 서면 합의로 정하는 바에 따른다는 내용

「근로기준법」 제58조는 **근로시간의 일부 또는 전부를 사업장 밖에서 수행하는 경우, 근로시간 산정이 곤란한 경우**에는 **소정근로시간**을 근로한 것으로 간주하도록 규정하고 있다. 이는 출장, 돌봄서비스 등 외부근무를 전제로 한 업무에 실무상 유용한 기준이 되며, 업무 특성상 소정근로시간을 초과하는 것이 일반적일 경우에는 **통상 필요한 시간을 기준**으로 하거나, **근로자대표와 서면 합의로 정한 시간**을 기준으로 할 수 있다.

한편, 재량근로시간제는 근로자의 재량이 실질적으로 보장되는 직무, 즉 「근로기준법 시행령」 제31조에서 정한 업무에 한해 제한적으로 허용된다. 사회복지업의 경우 이러한 요건을 충족하기 어려워, 일반적으로는 적용 대상이 아님에 유의해야 한다.

시간 외 근로시간

1) 연장·야간·휴일근로 시 가산수당

근로기준법 제56조(연장·야간 및 휴일 근로)

① 사용자는 연장근로(제53조·제59조 및 제69조 단서에 따라 연장된 시간의 근로를 말한다)에 대하여는 통상임금의 100분의 50 이상을 가산하여 근로자에게 지급하여야 한다.

② 제1항에도 불구하고 사용자는 휴일근로에 대하여는 다음 각 호의 기준에 따른 금액 이상을 가산하여 근로자에게 지급하여야 한다.

1. 8시간 이내의 휴일근로: 통상임금의 100분의 50
2. 8시간을 초과한 휴일근로: 통상임금의 100분의 100

③ 사용자는 야간근로(오후 10시부터 다음 날 오전 6시 사이의 근로를 말한다)에 대하여는 통상임금의 100분의 50 이상을 가산하여 근로자에게 지급하여야 한다.

근로시간 제도에서 가장 기본이 되는 기준은 1일 8시간, 1주 40시간이다. **이 기준을 초과하는 근로는 모두 '시간 외 근로'로 분류**되며, **연장근로·휴일근로·야간근로**로 나뉜다. 이들은 각각 가산수당 지급 여부와 계산 방식이 다르고, 법정 연장근로 제한과도 연결되므로 정확한 이해가 필요하다.

다만 이와 같은 규정은 원칙적으로 **상시 근로자 수 5인 이상 사업장에만 적용**된다. 5인 미만 사업장은 연장근로 제한이나 가산수당 지급 의무가 적용되지 않음을 유의해야 한다.

① 연장근로시간

연장근로란 **법정근로시간인 1일 8시간, 1주 40시간을 초과한 근로**를 의미한다. 사용자는 근로자와의 합의가 있는 경우에 한해 **1주 12시간 이내**에서만 연장근로를 시킬 수 있으며(근로기준법 제53조), 이 한도를 넘길 경우 근로기준법 제110조에 따라 2년 이하 징역 또는 2천만 원 이하 벌금에 처해질 수 있다.

연장근로에 대해서는 반드시 **통상임금의 50% 이상을 가산**하여 수당을 지급해야 하며, **사전 동의가 전제**되어야 한다.

실무에서는 이 사전 동의를 받아두지 않아 고용노동부 지도검검에서 지적되는 등 실제 문제되는 경우가 적지 않다. 연장근로가 반복되거나 업종상 불가피하다면, 근로계약서에 사전 동의 문구를 명시하거나 별도 동의서를 받아두는 것이 바람직하다. 단순히 나중에 설명하고 수당만 지급하는 방식으로는 법적 요건을 충족하기 어렵다.

② 휴일근로시간

휴일근로는 **법정휴일 또는 약정휴일에 이뤄진 근로**를 말한다. 쉽게 말해 '휴일'이라는 이름이 붙은 날에 일했다면 휴일수당이 발생한다고 보면 된다. 대체휴일이나 임시공휴일도 여기에 포함된다.

휴일근로수당은 암기형 계산법이 필요하다. 예를 들어 주 40시간 근로자가 법정근로시간을 모두 채운 뒤 주휴일에 출근해 일한 경우, 원칙적으로는 연장근로수당(50%)과 휴일근로수당(50%)이 각각 적용되어 총 100%의 가산수당이 지급돼야 할 것처럼 보인다.

그러나 실제 법은 그렇게 정리되어 있지 않다. 근로기준법 제56조 제2항에 따르면,

• **8시간 이내의 휴일근로**에는 **통상임금의 50%,**

• **8시간 초과 시**에는 **통상임금의 100%**를 가산하도록 규정하고 있다.

이는 휴일근로 + 연장근로에 대한 수당을 합산하여 100% 또는 150%로 지급해야 할 것으로 예상되던 것을, 각각 50% 또는 100%로 일괄 처리한 결과다.

이 규정은 2018년 3월 20일 근로시간 제도 전면 개편과 함께 도입된 것이다. '주 52시간제', '공휴일의 유급휴일화', '근로시간 특례제도 축소' 등 사용자에게 부담이 큰 개정이 다수 포함된 상황에서, 휴일근로 수당 체계는 그에 대한 일정한 절충의 결과였다. 노동법이 때로는 정치적 타협의 산물임을 보여주는 대표적 사례다.

③ 야간근로시간

노동법상 **'야간'은 오후 10시부터 다음 날 오전 6시까지**를 말한다.

흔히 일상적으로 말하는 '야근'도 오후 10시 이전의 근로라면, 법적으로는 단순한 연장근로일 뿐, 야간근로는 아니다.

이 시간대에 근무한 경우, 그 시간이 소정근로시간에 포함되어 있든 여부와 무관하게, 통상임금의 50%를 가산한 야간근로수당을 별도로 지급해야 한다. 예를 들어, 업종 특성상 교대근무가 이루어지는 사업장에서 오후 6시에 출근한 요양보호사를 가정해 보자. 6시 출근 후 4시간가량 일한 뒤, 밤 10시가 되면 아직 법정 근로시간 8시간 이내지만, 법상 '야간'에 해당하는 시간대에 들어서므로 야간근로수당 50%를 지급해야 한다.

이는 사람의 생체리듬을 역행하는 시간대에 근무한 데 대한 보상이기 때문에, 연장 여부와 무관하게, 야간시간대에 해당하면 반드시 지급되어야 하는 법정 가산수당이다.

또한 **연장근로와 야간근로가 겹치는 경우**, 각각에 대한 **가산수당을 중복 산정**해야 하므로, 임금 계산 시 실무적인 주의가 필요하다.

④ 단시간 근로자의 초과근로

하루 4시간 일하는 단시간 근로자가 있다고 가정해보자. 어느 날 사장이 일이 바쁘다며 2시간만 더 일해달라고 요청했고, 그 근로자가 동의했다면 이 2시간에 대해 연장수당까지 지급해야 할까?

과거에는 "단시간 근로자가 소정근로시간을 초과해도 법정근로시간(1일 8시간)을 넘지 않으면 연장수당을 주지 않아도 된다."라는 해석이 많았다.

그러나 2014년 '기간제 및 단시간 근로자 보호법' 개정으로 관련 규정이 명확해졌다. 개정된 법에 따르면, **단시간 근로자가 소정근로시간을 초과하여 근로하는 경우,** 그 근로에 동의해야 하며, 동의한 초과근로에 대해서는 통상임금의 50% 이상 가산수당을 지급해야 한다. 이는 **법정근로시간 이내의 연장근로라도 가산수당을 지급해야** 함을 의미한다.

예를 들어, 1일 6시간 근무를 계약한 근로자가 어느 날 8시간을 일했다면, 법정근로시간은 초과하지 않았지만 소정근로시간을 초과했기 때문에 2시간에 대해 연장수당이 발생한다. 이를 "단시간 근로자의 법내 연장근로에 대한 가산수당 지급"이라고 요약할 수 있다.

기간제 및 단시간근로자 보호 등에 관한 법률 제6조(단시간근로자의 초과근로 제한)

① 사용자는 단시간근로자에 대하여 「근로기준법」 제2조의 소정근로시간을 초과하여 근로하게 하는 경우에는 해당 근로자의 동의를 얻어야 한다. 이 경우 1주간에 12시간을 초과하여 근로하게 할 수 없다.

② 단시간근로자는 사용자가 제1항의 규정에 따른 동의를 얻지 아니하고 초과근로를 하게 하는 경우에는 이를 거부할 수 있다.

③ 사용자는 제1항에 따른 초과근로에 대하여 통상임금의 100분의 50 이상을 가산하여 지급하여야 한다.

이처럼 시간 외 근로는 단순히 '추가로 일한 시간'이라는 기준으로 판단할 수 없다. 반드시 연장·휴일·야간근로의 교차 여부, 단시간근로 여부, 근로형태에 따른 법적 기준 등을 종합적으로 고려해야 한다.

다음에 제시된 두 표는 지금까지 살펴본 가산수당 기준을 요약한 것으로, 실무적으로 유용하게 활용될 수 있다.

〈연장·휴일근로 법정수당 산식 적용 예시(통상 근로자)〉

근로일	근로시간	법정수당	수당계산방법
평일	1일 8시간, 1주 40시간 초과	연장수당	통상시급 x 시간 x 150%
휴일	1일 8시간 이내	휴일수당	통상시급 x 시간 x 150%
	1일 8시간 초과	휴일연장수당	통상시급 x 시간 x 200%

- 연장근로수당: 1일 8시간 또는 1주 40시간 초과근로 시 50% 가산수당 지급
- 휴일근로수당: 휴일에 근로 시 50%(8시간 이내) 또는 100%(8시간 초과) 가산수당 지급
- 야간근로수당: 오후 10시부터 익일 오전 6시까지 근무 시 50% 가산수당 지급

〈연장·휴일근로 법정수당 산식 적용 예시(단시간 근로자[13])〉

근로일	근로시간	법정수당	수당계산방법
평일	근로자와 사용자 사이에 정한 근로시간	연장수당	통상시급 x 시간 x 150%
휴일	1일 8시간 이내	휴일수당	통상시급 x 시간 x 150%
	1일 8시간 초과	휴일연장수당	통상시급 x 시간 x 200%

- 연장근로수당: 소정근로시간 초과한 근로 시 50% 가산수당 지급
- 휴일근로수당: 휴일에 근로 시 50%(8시간 이내) 또는 100%(8시간 초과) 가산수당 지급
- 야간근로수당: 오후 10시부터 익일 오전 6시까지 근무 시 50% 가산수당 지급

2) 연장·야간·휴일근로 시 보상 휴가

연장근로는 앞서 살펴본 바와 같이 주 12시간까지 할 수 있고, 회사 일이 바빠 휴일수당을 받는 조건으로 토요일, 일요일까지 출근해서 각각 8시간씩 일했다면, '40시간+12시간+8시간+8시간=총 68시간' 이렇게 총 68시간까지 일할 수 있었다.

12 근로기준법 제2조 제1항 제9호에 의거 "단시간 근로자"란 1주 동안의 소정근로시간이 그 사업장에서 같은 종류의 업무에 종사하는 통상 근로자의 1주 동안의 소정근로시간에 비하여 짧은 근로자를 말함.

근로기준법 제57조(보상 휴가제)

사용자는 근로자대표와의 서면 합의에 따라 제51조의3, 제52조 제2항 제2호 및 제56조에 따른 연장근로·야간근로 및 휴일근로 등에 대하여 임금을 지급하는 것을 갈음하여 휴가를 줄 수 있다.

보상휴가제는 **연장근로·야간근로·휴일근로에 대해 가산수당 대신 동등한 가치의 유급휴가를 부여할 수 있도록 한 제도**다. 휴가의 부여 기준은 가산임금에 상응하는 시간으로 정해지며, 예컨대 연장근로 2시간에 대해서는 1.5배 기준인 3시간의 보상휴가를 지급해야 한다. 야간근로나 휴일근로 역시 50% 또는 100% 가산임금 기준에 따라 유급휴가가 산정된다.

법률상 "임금 지급에 **갈음**한다"는 표현은, 근로자에게 지급되어야 할 수당 수준과 동등한 가치의 유급휴가를 제공해야 한다는 의미이며, 이 기준을 충족하지 못하면 제도의 실효성이 부정될 수 있다.

① 근로자 대표의 요건

보상휴가제의 도입은 근로자대표와의 서면 합의를 전제로 한다. 여기서 '근로자대표'는 근로기준법 제24조 제3항에 따라 다음과 같이 정의된다.

- **해당 사업장에 근로자의 과반수로 조직된 노동조합이 있는 경우: 그 노동조합이 대표**가 된다.
- **노동조합이 없거나 과반수에 미치지 못하는 경우: 근로자의 과반수를 대표하는 자를 별도로 선출해야** 한다.

고용노동부 행정해석(2015.7.1, 근로기준정책과-2872)에 따르면, 대표자 선출 방식에 특별한 제한은 없지만, 대표자의 역할을 고지한 후 과반수 동의를 얻는 방식이 바람직하다고 보았다.

한편, 근로기준법 제94조 제1항에서 규정하고 있는 '취업규칙 변경 시 의견 청취 대상'인 과반수 대표자와는 개념상 구별된다. 보상휴가제는 반드시 제24조에 따른 근로자대표와 서면 합의가 이루어져야 법적 요건을 충족할 수 있다.

② 서면합의의 방식과 보존

보상휴가제를 유효하게 도입하려면, **사용자와 근로자대표가 서면으로 된 합의서에 서명 또는 날인**해야 한다. 이때의 합의서는 단순한 내부 문서가 아닌, 법적 요건을 충족하는 문서로 기능해야 한다.

또한, 근로기준법 제42조 및 시행령 제22조에 따라, 작성된 서면합의서는 합의일로부터 3년간 보존해야 하며, 이는 노동부 감독이나 법적 분쟁 발생 시 제도의 적법성을 증명하는 핵심 자료가 된다.

보상휴가는 수당을 대체할 수는 있지만, 수당과 중복해 지급되는 제도는 아니다. 따라서 사전 서면합의 없이 일방적으로 유급휴가만 부여하거나, 수당 대신 보상휴가를 부여하는 행위는 근로기준법 위반에 해당할 수 있다. 제도 운영 시 이 점에 대한 주의가 필요하다.

〈보상휴가제 노사합의서 예시[14]〉

주식회사 ○○ 대표이사 ________와 근로자대표 ________는 근로기준법 제57조에 따른 보상휴가에 대하여 다음과 같이 합의한다.

제1조 보상휴가의 기준이 되는 연장·야간·휴일근로의 기준일은 매월 1일부터 말일까지로 하고, 보상휴가는 익월에 실시함을 원칙으로 하되, 그 시기는 근로자의 자유의사에 따른다. 단, 근로자가 지정한 시기가 사업운영에 막대한 지장을 줄 경우 사용자는 그 시기를 변경할 수 있다.

제2조 가산수당 외에 모든 연장·야간·휴일근로분에 대해서도 적용함을 원칙으로 하고, 개별근로자가 명시적으로 청구하는 경우 휴가 대신 임금으로 지급할 수 있다.

제3조 만약 근로자가 익월에 보상휴가를 일부라도 사용치 않을 경우에는 미사용분에 대해 금전보상을 실시해야 한다.

제4조(유효기간) 이 합의서의 유효기간은 ○○○○년 ○월 ○일부터 1년간으로 한다.

20○○. ○○. ○○.

주식회사 ○○ 대표이사 ________(인)

근로자대표 ________(인)

---

13 고용노동부, 유연근로시간제 가이드, 2018. 6. p.96.

야간근로 및 휴일근로의 제한

근로기준법 제69조(근로시간)

15세 이상 18세 미만인 사람의 근로시간은 1일에 7시간, 1주에 35시간을 초과하지 못한다. 다만, 당사자 사이의 합의에 따라 1일에 1시간, 1주에 5시간을 한도로 연장할 수 있다.

근로기준법 제70조(야간근로와 휴일근로의 제한)

① 사용자는 18세 이상의 여성을 오후 10시부터 오전 6시까지의 시간 및 휴일에 근로시키려면 그 근로자의 동의를 받아야 한다.

② 사용자는 임산부와 18세 미만자를 오후 10시부터 오전 6시까지의 시간 및 휴일에 근로시키지 못한다. 다만, 다음 각 호의 어느 하나에 해당하는 경우로서 고용노동부장관의 인가를 받으면 그러하지 아니하다.

1. 18세 미만자의 동의가 있는 경우
2. 산후 1년이 지나지 아니한 여성의 동의가 있는 경우
3. 임신 중의 여성이 명시적으로 청구하는 경우

근로기준법은 야간·휴일근로에 일정한 제한을 두고 있으며, 특히 여성 근로자의 비중이 높은 사회복지 분야에서는 관련 규정을 실무에 정확히 반영할 필요가 있다.

우선, **18세 이상의 여성 근로자**에게 **야간근로** 및 **휴일근로**를 시키기 위해서는 반드시 **사전 동의**를 받아야 한다. 이 동의는 매 회마다 개별적으로 받을 필요는 없으며, 근로계약 체결 시 포괄적으로 동의받는 방식도 허용된다. 이에 대해 고용노동부는 다음과 같이 해석하고 있다.

행정해석 (2003.11.17, 근기 68207-2854)

"여성근로자의 야간 및 휴일근로는 근로자의 사전 동의가 있는 경우에 한하여 가능하며, 사전 동의는 포괄적으로도 가능하다."

다만 실무적으로는, 반복적이거나 장시간의 근로가 예정된 경우, 단순한 포괄 동의만으로는 근로자의 자발성을 명확히 입증하기 어려워 분쟁의 소지가 발생할 수 있

다. 따라서 실제 근로 제공 시점에 서면 등으로 동의를 재확인하는 절차를 병행하는 것이 바람직하다. 이러한 관리 방식은 향후 법적 다툼을 예방하고, 인사노무 관리의 정당성과 투명성을 높이는 데 기여할 수 있다.

한편, **18세 미만의 근로자** 또는 **임산부**에 대해 야간근로 또는 휴일근로를 시키는 경우에는 보다 강화된 보호 조치가 요구된다. 이 경우에는 해당 근로자의 명시적 동의 외에도, 근로자대표와의 협의 및 고용노동부 장관의 인가를 받아야 한다.

참고로, **일반 근로자**에 대해서도 휴일 또는 야간근로는 원칙적으로 사용자와 근로자의 사전 합의 또는 동의를 전제로 정당화된다는 점에 유의할 필요가 있다. 비록 여성 근로자와 달리 이에 관한 명시적인 규정은 없지만, 관련 조항의 해석, 판례 및 행정해석 등을 종합하면 휴일·야간근로 역시 근로자의 자발적인 동의에 기반해야 한다는 것이 법리상 확립된 해석이다.

근로가 날짜를 넘겨 계속되는 경우의 근로시간 처리

사회복지 분야에서는 야간이나 교대근무가 일상적으로 이루어지는 직종이 많다. 대표적으로 요양보호사, 장애인활동지원사, 생활지도원 등의 직무는 저녁부터 익일 새벽까지 근무가 이어지는 경우가 빈번하다.

이로 인해 근무시간이 날짜 경계를 넘나드는 경우가 많고, 그에 따라 근로일 기준을 어디로 볼지에 대한 판단이 실무상 중요한 쟁점이 된다. 이 기준에 따라 야간근로수당, 휴일근로수당, 연장근로 한도 산정 등의 결과가 달라질 수 있기 때문이다.

원칙적으로, **역일(力日)을 달리하여 계속된 근로는 그 전날의 근로의 연장으로 본다**. 즉, 자정을 넘어 다음 날 새벽까지 근무하더라도, 전체 근로시간은 근무를 시작한 날의 근로로 판단한다. 이에 따라 근무 시작일이 평일이라면 전체를 평일 근로로, 휴일이라면 전체를 휴일 근로로 본다.

이 원칙은 다음 예시를 통해 더욱 명확히 이해할 수 있다.

(예시1) 22:00~02:00까지 근로하는 경우
- 2019년 기준: 22:00~24:00(2H) | (익일) 00:00~02:00(2H)
- 2020년 이후 기준: 22:00~02:00(4H)
(예시2) 평일 19:00에 시작하여 휴일 03:00에 끝나는 경우
☞ 총 8시간의 근로시간을 평일 근로로 봄
(예시3) 휴일 19:00에 시작하여 평일 03:00에 끝나는 경우
☞ 총 8시간의 근로시간을 휴일 근로로 봄

다만 예외적으로, 근로계약서나 취업규칙 등에 시업 및 종업 시각이 명확히 정해져 있고, 실제 근로가 익일의 소정근로시간대까지 이어지는 경우에는, 해당 시점 이후의 근로는 다음 날의 소정근로로 간주한다는 행정해석이 존재한다.

그러나 현실적으로 많은 사회복지기관에서는 시업·종업 시각이 명확히 정해져 있지 않으며, 야간 돌봄 업무 자체가 업무의 중심인 경우도 많다. 예를 들어, 아이돌보미나 장애인활동지원사, 생활시설의 야간 생활지도원과 같이, 근로계약서나 취업규칙상 시업 및 종업 시각이 명확히 정해져 있지 않거나, 이용자 중심의 탄력적 근무가 일반화된 직종의 경우에는, 전체 근로시간을 전일의 근로로 간주하는 것이 원칙이다.

행정해석(2003.3.31, 근기 68207-402)

- 역일을 달리하여 계속적으로 근로가 이어지는 경우에는 이를 전일의 근로의 연장으로 보아 근로기준법 제56조에 의한 가산수당을 지급하여야 할 것이나, 익일의 소정근로시간대까지 계속 이어지는 경우에는 익일 시업시각 이후의 근로는 근로계약·취업규칙 등에 의하여 당초 근로제공 의무가 있는 소정근로이므로 이를 전일의 근로의 연장으로 볼 수 없다고 사료됨.

실무적으로는 자정 이후까지 근무가 이어지는 사례에 대해 근로시간을 어느 날짜에 속하는 것으로 볼지에 대한 기준을 사전에 명확히 정해두는 것이 중요하다. 특히 휴일·야간수당 지급, 연장근로 제한 위반 여부 판단 등에 영향을 미칠 수 있으므로, 근로계약 체결 시 시업·종업 시각을 명시하거나, 사내 지침 등으로 정해두는 방식이 바람직하다.

2. 주 52시간 제도의 이해

주 52시간제의 형성과 법적 근거

1) 종전 근로시간 체계

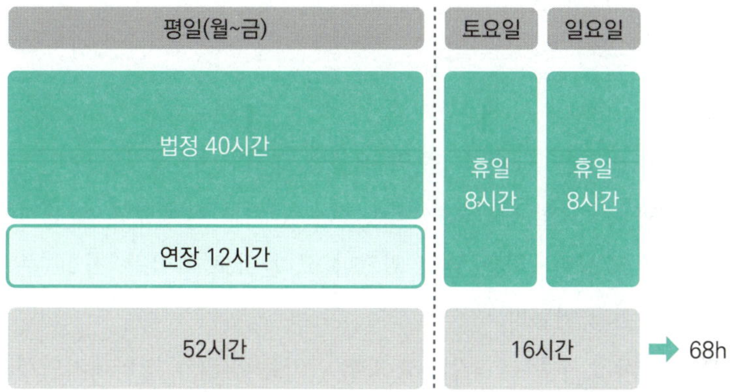

| 종전 근로시간 체계 |

예를 들어, 오전 9시에 출근해 오후 6시에 퇴근하는 직장인을 생각해보자. 회사에 머무는 시간은 총 9시간이지만, 근로기준법에 따라 4시간 근로 시 30분 이상, 8시간 근로 시 1시간 이상의 휴게시간을 주어야 하므로, 일반적으로 점심시간 1시간을 휴게시간으로 설정해 1일 근로시간은 8시간으로 산정된다.

주 5일 근무라면, '8시간 × 5일 = 주 40시간'이 된다. 여기에 연장근로를 주 12시간 이내로 추가할 수 있고, 토요일과 일요일에 각각 8시간씩 일한 경우를 가정하면, 40시간 + 12시간(연장근로) + 8시간(토요일) + 8시간(일요일) = 총 68시간까지 근무할 수 있었다.

이처럼 2018년 이전까지는 연장·휴일근로를 포함해 주당 68시간까지 근로하는 것이 가능했다.

2) '1주일=7일' 정의 조항의 도입과 영향

2018년 3월 20일, 근로시간 관련 대대적인 법 개정이 이루어지면서 근로기준법 제2조 제1항 제7호에 '1주는 휴일을 포함한 7일'이라는 정의 규정이 신설되었다.

근로기준법 제2조(정의)

① 이 법에서 사용하는 용어의 뜻은 다음과 같다.

7. "1주"란 휴일을 포함한 7일을 말한다.

이 정의조항의 신설은, 단순히 1주의 개념을 명확히 한 것처럼 보이지만, 실제로는 근로시간 체계에 중요한 변화를 가져온 핵심 근거로 작용했다. 일부에서는 "근로기준법 어디에 주 52시간제라는 말이 있느냐"고 묻기도 하지만, 사실 '주 52시간제'는 법에 명시된 용어가 아니다.

그럼에도 불구하고 '1주 = 7일(휴일 포함)'이라는 정의가 명확해지면서, 연장근로를 포함한 근로시간 상한을 명확히 52시간으로 제한하는 법 해석 체계가 자리 잡게 된 것이다.

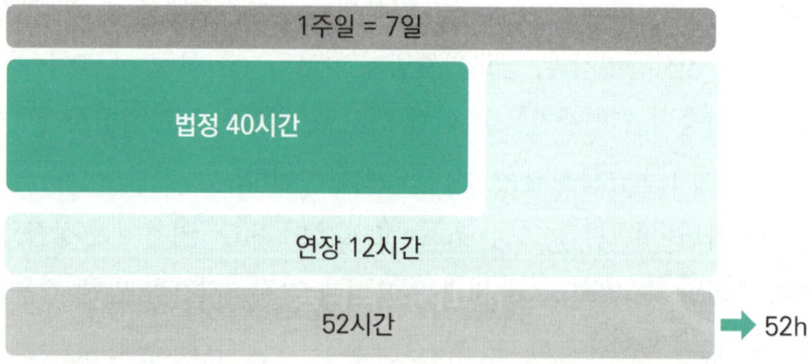

| 2018년 법 개정 이후 근로시간 체계 |

3) 실무상 '주 52시간제'의 의미와 적용 방식

정확히 말하자면, 현재도 법률상으로는 **'주 40시간제'가 기본 구조**다. 주 52시간제는 그 위에 연장근로 허용 한도(12시간)를 더한 실무상 근로시간 제한 기준에 해당한다.

예를 들어, 주 40시간을 어떻게 배치할 것인지는 사용자의 선택에 따라 다를 수 있다. 주 5일제는 물론이고, 주 6일에 걸쳐 40시간을 분산하는 것도 가능하다. 예컨대 치과처럼 토요일까지 운영하는 경우, 월~토에 걸쳐 총 40시간을 분산하여 운영하더라도 법 위반이 되는 것은 아니다. 핵심은 '7일을 기준으로 40시간을 초과하지 않는 것'과 주휴일을 보장하는 것이다.

이전에는 토요일의 법적 성격을 두고도 실무에서 혼란이 많았다. 휴일인지, 단순한 휴무일인지, 유급인지 무급인지에 대한 해석이 분분했고, 학자 간에도 의견이 갈렸다. 이러한 해석상의 불확실성은 '1주 = 휴일 포함 7일'이라는 정의 조항이 도입되면서 일정 부분 해소되었다.

결국 요약하자면, **"주 40시간 근로 + 연장근로 가능 범위 주 12시간 = 총 52시간"**이라는 계산식이 성립하게 되었고, 실무에서는 이를 '주 52시간제'라고 부르게 된 것이다. 이는 법률 용어가 아니라 법 해석상 도출된 실무적 용어라는 점을 이해할 필요가 있다.

근로시간 단축 준수 및 위반 사례

앞서 설명한 바와 같이, 법정근로시간은 주 40시간이며, 연장근로는 주 12시간 이내로 제한된다. 즉, 1주의 총 근로시간이 52시간을 넘지 않더라도, 연장근로 시간만 따로 집계했을 때 12시간을 초과하면 근로기준법 위반이 될 수 있다.

실무에서는 특히 요일별 업무량의 편차가 크거나, 일일 소정근로시간이 고정되어 있지 않은 업종에서 이러한 오류가 빈번하게 발생한다. 다음 예시는 이러한 점을 고려해 주 52시간 체계하에서 연장근로를 어떻게 관리해야 하는지를 보여준다.

참고: 연장근로 12시간 한도 산정 방식의 변경

: 총 근로시간이 아닌 '일일 기준 초과시간'의 합계로 판단

• 대법원 판결

"사용자는 '1주간의 연장근로시간' 산정 시, 1일 소정근로시간을 초과한 시간을 기준으로 일자별로 따로따로 계산하고, 이를 1주 단위로 합산한 시간이 12시간을 초과하는지 여부를 판단해야 한다."

(대법원 2022.9.29. 선고 2022두36485 판결)

• 고용노동부 유권해석

"'연장근로 12시간 한도'는 1일 소정근로시간 초과분을 기준으로 산정해야 하며, 주 단위 총 근로시간이 52시간 이내더라도 일일 초과시간의 합계가 12시간을 넘으면 위반에 해당한다."

(고용노동부, 「근로시간·휴게·휴일에 관한 기준(2023년 해설자료)」 p. 47)

이러한 해석 변화는 특히 병원, 사회복지시설, 물류센터 등 요일별로 업무량이 들쑥날쑥한 업종에서 유의하여 적용할 필요가 있다.

1) 52시간 이내 + 연장근로 12시간 이하 → 적정 사례

〈준수사례1〉

항목	1주							총계
요일	월	화	수	목	금	토	일(휴)	
실제 근로시간	8	10	8	-	8	10	8	52
법정 기준시간	8	8	8	-	8	8		40
연장 근로시간		2				2	8	**12**

〈준수사례2〉

항목	1주							총계
요일	월	화	수	목	금	토	일(휴)	
실제 근로시간	-	10	10	10	10	10	2	52
법정 기준시간		8	8	8	8	8	2	40
연장 근로시간		2	2	2	2	2	2	**12**

2) 52시간 이내이지만 연장근로 초과 → 위반 사례

〈위반사례〉

항목	1주							총계
요일	월	화	수	목	금	토	일(휴)	
실제 근로시간	15		15		15			45
법정 기준시간	8		8		8			24
연장 근로시간	7		7		7			**21**

▶ 근로일은 주 3일에 불과하나 1일 8시간 초과 시 연장근로에 해당하므로 1일 8시간을 초과하는 종일제 근무자의 경우 1주간 누적 연장근로시간을 관리하여 주 12시간 초과가 예상되는 경우 타 아이돌보미를 연계하도록 조정

3. 근로시간 각론상의 판단

주 52시간제의 도입 이후, 단순히 주당 총 근로시간만으로 판단하기보다는 개별 활동이 근로시간에 해당하는지 여부에 대한 법적 해석과 실무 적용이 더욱 중요해졌다. 특히 사회복지기관, 병원, 공공기관 등에서는 교대근무, 야간근무, 외부활동, 교육, 출장, 회식, 재택근무 등 다양한 형태의 업무가 이루어지고 있어, 각 사례별로 '근로시간' 인정 여부를 명확히 판단할 필요가 있다. 본 절에서는 이러한 실무상 쟁점을 항목별로 정리하고, 관련 판례 및 행정해석을 바탕으로 실무 적용 기준을 제시하고자 한다.

회식

회식은 일반적으로 **근로시간으로 인정되지 않는다**. 고용노동부는 반복적으로 회식의 주된 **목적이 친목도모**인 경우, 설령 사용자가 일정 비용을 부담하거나 참석을 독려했더라도 근로시간으로 보기 어렵다는 입장을 유지해 왔다.

다만, 회식이 업무의 연장선에서 실질적으로 강제성을 띠고, 상사의 지시·지휘 하에 업무지시나 질책이 이뤄지는 등 업무수행의 성격이 인정된다면 근로시간 해당성이 긍정될 수 있다.

다만, 근로시간이 아닌 회식자리에서도 산업재해가 인정될 수 있고, 성희롱·괴롭힘 등이 발생할 수 있으므로, 이에 대한 유연한 접근이 필요하다.

서울행정법원 2014구합10312 판결
이 사건 회식은 사업주의 명시적인 지시에 따라 개최된 것으로서 원고는 당연히 참석해야 하는 것이었고, 원고가 상사인 부장으로부터 일방적인 업무 관련 질책성 발언 및 인격적 모욕을 들은 회식 자리에서 상해를 입은 것이므로, 이는 사회통념상 업무상 재해로 인정된다.

출장

출장의 경우, 단순한 이동시간 전체를 일률적으로 근로시간으로 인정하지는 않는다. **원칙적으로 업무지시를 수행하는 시간만을 근로시간**으로 본다. 그러나 출장을 위해 필요한 최소한의 준비시간과 이동시간 중 일부는 실질적으로 사용자의 지휘·감독 하에 있는 것으로 판단될 수 있다.

서울행정법원 2019구합66049 판결
출장을 위한 출국 당일 새벽부터 출국장까지의 이동시간과 입출국 심사 등 공항 내 대기 및 수속절차를 포함한 시간은 모두 근로자가 사용자의 지휘·감독 하에 있었던 것으로 보아야 하며, 이는 근로시간으로 인정되어야 한다

위의 판례처럼 해외로 출장을 가는 경우보다 국내 출장이 통상 더 빈번하게 발생할 것인데, 국내 출장의 경우는 고용노동부의 행정해석에 따르면 단거리·장거리로 나눠 판단할 수 있다. 출퇴근 거리와 유사한 단거리 출장의 경우 이동시간은 별도 근로시간으로 인정되지 않으나, 이를 넘어선 장거리 출장의 경우에는 이동시간도 근로시간으로 포함되는 것이 타당하다는 해석이 제시되고 있다.

고용노동부 빠른인터넷상담, 2024.8.26., 상담번호 20240826023344941O167
장거리 출장인 경우, 사업장이 소재하는 지역에서 출장지가 소재하는 지역까지의 이동시간은 근로시간에 포함시키는 것이 타당하다고 사료됩니다.

이러한 해석에 따라, 여비규정이나 출장처리규정 역시 단순히 비용 기준에만 머무를 것이 아니라, 출장지로의 이동시간, 숙박 후 대기시간, 출장 종료까지의 활동 중 근로시간 인정 범위 등을 사전에 명확히 설정할 필요가 있다. 특히 출장지 숙박 후 다음 일정까지의 대기시간은 실질적 구속 여부에 따라 달리 평가되며, 대기 중 자유시간이 보장되지 않는 경우에는 근로시간 해당성이 높다.

교육시간

직무능력 향상을 위한 교육이 **사용자 지시에 따라 이루어지고, 교육장소 및 시간이 명**

확히 정해진 경우에는 원칙적으로 근로시간에 해당한다. 교육 내용이 회사 업무와 직접적인 관련이 없더라도, 사용자가 참석을 지시하고 출석을 요구하였다면 근로시간으로 인정된다. 특히 법에서 이수를 의무화한 법정교육의 경우, 해당 교육에 소요된 시간은 당연히 근로시간으로 인정된다.

행정해석(2007.9.13, 근기 68207-1402)

사용자가 주최하거나 회사 경비로 진행되는 사외교육(예: 산재예방 교육 등)에 대해 강제성이 확인되는 경우, 교육시간은 근로시간으로 인정된다.

또한 사회복지분야에서 보편화된 보수교육의 경우, 해당 교육을 이수하지 않으면 업무를 지속할 수 없는 구조라면 실질적으로 근무의 연장으로 보아야 하므로, 근로시간 해당성이 인정된다. 반면, 단순히 채용을 위한 요건이나 자격 유지를 위한 교육인 경우, 근로계약 체결 이전 또는 개인적 자격유지를 위한 사적 활동으로 판단되어야 한다.

행사·야유회·체육대회 참석시간

회사 주관의 체육대회나 야유회 참석도 회식과 마찬가지로 **참석 강제성, 사용자의 지휘·감독 여부에 따라** 근로시간 해당 여부가 달라진다. 대체로 '참가가 의무이며, 불참 시 인사상 불이익이 예상되는 경우'에는 근로시간으로 본다.

다만 통상적으로는 이러한 행사가 복리후생·친목 성격이 강하기 때문에 근로시간으로 인정되지 않는 경우가 많다. 따라서 사용자는 해당 행사 목적, 내용, 참가 방식 등을 명확히 안내하고, 실무상 강제성이 없다는 점을 사전에 고지할 필요가 있다.

서울행정법원 2011구합21276 판결

사측의 지시에 따라 개최된 등반대회에 원고가 사실상 참가를 강요받았고, 행사 중 상사의 지시에 따라 업무지시나 조직생활에 관한 강연 등이 이루어진 사실이 인정된다면, 이는 근로시간으로 볼 수 있다.

4. 휴게

휴게시간의 개념

근로기준법 제54조(휴게)

① 사용자는 근로시간이 4시간인 경우에는 30분 이상, 8시간인 경우에는 1시간 이상의 휴게시간을 근로시간 도중에 주어야 한다.

② 휴게시간은 근로자가 자유롭게 이용할 수 있다.

근로기준법 제54조는 일정 시간 이상 근로가 이루어질 경우, 사용자에게 휴게시간을 부여할 법적 의무가 있음을 규정한다. **4시간 초과 시 30분 이상, 8시간 초과 시 1시간 이상**의 휴게시간을 근로시간 **도중에** 부여해야 하며(제1항), 이 시간은 근로자가 **자유롭게** 이용할 수 있어야 한다(제2항).

이 조문은 단순한 시간적 휴게 부여에 그치지 않고, 사용자의 지휘·감독으로부터 벗어난 실질적 자유 이용 가능성을 요건으로 한다. 따라서 형식적으로 휴게시간을 설정하였더라도, 사용자의 지시나 대기상태가 계속된다면 이는 근로시간으로 간주될 수 있다.

서울행정법원 2022.2.17. 선고 2021구단58882 판결

요양보호사에게 명시적인 휴게시간이 설정되어 있었더라도, 이용자가 중증 치매 환자이고 근로자가 해당 시간 동안 실제로 감시·보조의무에서 벗어나지 못하였다면, 실질적으로는 근로시간으로 보아야 하며, 사용자 측이 주장하는 휴게시간의 존재만으로 법적 의무를 다하였다고 볼 수 없다.

실무상 판단기준

실제 현장에서는 사용자 측이 휴게시간을 부여하였다고 주장하더라도, 근로자가 사실상 계속 대기하거나 지시 수령 가능 상태에 있는 경우가 많다. 이에 고용노동부는 휴게로 인정되는 요건으로 '지휘·감독에서 벗어난 자유 이용 가능성'을 명확히 제시하고 있다.

행정해석 (2000.10.25, 근기 68207-3298)

대기시간 중에 사업장 밖으로 나갈 수 없지만 사용자의 지휘·감독을 벗어나 자유로이 이용할 수 있다면 이는 휴게시간으로 인정할 수 있다.

- 귀 질의의 내용처럼 취업규칙상 근로형태는 아니지만 사용주의 묵시적인 동의하에 관례적으로 근로자들 스스로 2시간 단위로 작업을 하고 작업을 하지 않는 근로자들은 대기실에서 장기, 바둑, TV시청 등을 하는 형태로써, 대기시간과 근무시간의 구분이 명백하고, 근로자가 사전에 대기시간을 알고 있으며, 그 대기시간 중에는 사업장 밖으로 나갈 수는 없지만 사용자의 지휘·감독을 벗어나 자유로이 이용할 수 있다면 이는 휴게시간으로 인정할 수 있다고 판단됨.

행정해석(1988.4.24, 해지 01254-5965)

1. 업무의 성질상 일정시간의 휴게시간을 미리 일률적으로 정할 수는 없으나 근무 당일의 비행기 스케줄이 미리 게시되어 근로자들이 사전에 이를 주지하고 있을 뿐 아니라 작업시간과 대기시간이 명백히 구분되고 비행기 이착륙 사이에 상당한 대기시간이 확보되어 근로자들이 사용자의 지휘감독을 벗어나 자유롭게 이를 이용할 수 있다면, 이 경우의 대기시간은 휴게시간으로 인정될 수 있음.
2. 휴게시간이라 하더라도 작업의 특수성과 계속성을 감안, 휴게시간의 이용장소 등 어느 정도의 범위 내에서 사용자의 제약을 받는 것은 부득이한 것으로서 1977.4부터 현재까지 근로자들의 묵시적 인정 하에 이의 없이 관행적으로 이러한 휴게시간이 운용되어 왔다면 이를 위법이라 할 수 없으나, 앞으로는 근로기준법 제95조 규정에 의거 휴게장소 및 이용방법에 대하여 취업 규칙에 구체적인 명시규정을 두고 이에 따라 시행되어야 할 것임.

이처럼 **지휘·감독으로부터의 이탈 여부, 실질적 자유 이용 가능성, 사전 스케줄에 따른 예측 가능성**이 판단 기준이며, 물리적 공간이나 명목상 설정만으로 휴게 부여 여부를 판단하지 않는다.

또한 '근로시간 도중에' 휴게를 부여해야 한다는 규정 역시 엄격히 해석된다. 예컨대, 4시간 근무한 뒤 30분의 휴게시간을 뒤에 붙이는 방식은 '도중에' 제공하는 것이 아니므로 위법 소지가 있다. 4시간 이상 8시간 미만 근로자는 30분 이상, 8시간 이상 근로자는 1시간 이상의 휴게가 근로시간 도중에 부여되어야 한다.

4시간 미만	4시간 이상 8시간 미만	8시간 이상 12시간 미만
휴게시간 0분 이상	휴게시간 30분 이상	휴게시간 1시간 이상

대기시간과의 구별

근로기준법 제50조(대기시간)

③ 제1항 및 제2항에 따라 근로시간을 산정하는 경우 작업을 위하여 근로자가 사용자의 지휘·감독 아래에 있는 대기시간 등은 근로시간으로 본다.

근로기준법 제50조 제3항은 사용자의 지휘·감독 아래 있는 대기시간을 근로시간으로 명확히 규정하고 있다. 실제 업무를 수행하지 않더라도, 사용자의 통제 하에서 대기하거나 지시를 받을 준비 상태에 있다면 이는 근로시간으로 간주된다.

예를 들어, 조기 출근 후 유니폼을 착용하거나 장비를 정리하는 시간, 교대 전 인수인계, 고객 대기 상태 등은 즉시 업무 투입이 가능한 상태로 근로시간에 포함된다.

사회복지서비스 분야의 특수성과 지침상 조치

방문요양, 방문목욕, 아이돌봄, 방문교육지도 등 방문형 서비스 중심의 사회복지 분야는 근무 특성상 정형화된 휴게시간 부여가 어려운 구조를 가지고 있다. 서비스가 주로 이용자의 가정에서 단독으로 이루어지며, 돌봄의 연속성이 중요한 경우가 많기 때문이다. 예컨대, 돌봄 대상 아동이 장염 등으로 인해 수시로 기저귀를 갈아야 하는 상황에서 근로시간이 4시간을 초과했다는 이유만으로 즉시 손을 뗄 수는 없는 실질적 제약이 존재한다.

이러한 현실을 고려하여 여성가족부는 「2025년 가족사업안내(II)」를 통해 다음과 같은 실질적 지침을 제시하고 있다. 즉, 2시간 서비스 제공 중 20분 이내의 휴게가 가능하도록, 이용자 가족에 의한 대체 지원이나 가정 내 휴게공간 제공 등을 통해 실질적인 휴게시간 확보를 유도하고 있는 것이다.

여성가족부, 「2025년 가족사업안내(II)」, p.67
"서비스 이용자 가정 내 휴게공간 제공, 이용자 가족의 대체 지원 등으로 2시간 서비스 제공 중 20분 이내 휴게시간 부여가 가능함."

이는 단순한 시간적 휴게 부여에 그치지 않고, 근로자가 실제로 사용할 수 있는 방식으로 휴게가 운영되어야 함을 의미한다. 아울러 이러한 조치가 다소 미흡하거나 간접적인 형태일지라도, 현장의 여건을 고려한 실질적 확보 노력이 법 위반 여부 판단에 있어 중요한 고려 요소가 됨을 시사한다.

노동법의 시작, 사회복지 노동법

CHAPTER 05

휴일

박정연 · 장연수

05

휴일

1. 노동법상 '휴식권' 개관

휴일·휴무·휴가의 개념

휴일	휴무	휴가
• 법정/약정, 유급/무급 여부와 무관하게 해당 휴일에 근로 제공 시 **근로기준법상 휴일근로에 해당** • 근로한 시간만큼 통상임금의 50% 가산수당 지급 • 8시간 초과 근로는 추가 50%가산 **(휴일근로 최초 8시간 통상임금의 150%, 8시간 초과 분 200% 지급)**	• 유급/무급 여부와 무관하게 **연장근로로 처리** • 근로기준법상 휴일에 해당하지 않고, 휴무자체가 소정 근로시간에 포함되지 않기 때문에 해당일 근로는 연장근로가 되는 것임 • 휴무일 근로 제공 시 근로 제공한 시간 모두 **통상임금의 150%지급**	• 휴가일 근로 제공 시 일상적인 근로와 같이 볼 수 있음 • 휴가는 소정근로일의 근로를 면제해 주는 것이므로 근로를 제공한다고 하여 연장근로도 휴일근로도 되지않음 • **8시간까지는 통상임금의 100%, 8시간 초과 시 연장근로 가산하여 150% 지급** • 이때 주의할 것은, 유급휴가의 경우, 즉 급여의 차감이 없는 휴가라면 이미 해당 휴가일의 임금 100%가 고정급여에 포함되어 있기 때문에 추가로 수당지급 의무 없음

| 휴일·휴무·휴가의 개념 |

사람의 몸은 기계가 아니다. 일하는 만큼 적절한 '쉼'이 필요하다. 우리 노동법 역시 이러한 필요를 반영하여, '휴게'는 물론 '휴가', '휴직' 등 다양한 형태의 휴식을 규정하고 있다.

이번 장에서는 이 가운데 휴일, 휴무, 휴가의 개념을 구분하여 정리해 본다.

노동법 교육 현장에서 종종 "휴일과 휴가의 차이가 뭐냐"는 질문을 받곤 한다. 간혹 어떤 수강자는, 휴일(休日)은 한자로 '날(日)'이니 하루짜리 쉬는 날이고, 휴가(休暇)

는 연차처럼 며칠씩 쓸 수 있는 거라고 이야기하기도 한다. 하지만 실제 개념은 그렇게 단순하지 않다.

휴일은 본래 근로일이 아닌, 즉 **애초에 근로의무가 없는 날**을 말한다. 말하자면 '처음부터 쉬기로 정해진 날'이다. 반면 **휴가**는 **원래는 일해야 할 소정근로일인데, 사용자의 허가(결재)를 받아 그 날의 근로의무를 면제받는 경우**를 의미한다.

예를 들어, 목요일에 3일 연차를 쓰면, 금요일·월요일·화요일이 '휴가'이고, 그 사이에 낀 토요일·일요일은 애초에 쉬는 날인 휴일이므로 연차일수에 포함되지 않는다. 우리가 자연스럽게 계산하는 이 방식이 바로 법적 개념에 기초하고 있다.

한편, **휴무**라는 표현도 흔히 사용되지만, 이는 법률용어는 아니다. 통상적으로는 단체협약이나 취업규칙 등에 따라 회사에서 자체적으로 정한 유급 또는 무급의 **비근로일**을 휴무일이라 부른다. 소정근로일에 포함되지 않았다는 점에서는 휴일과 유사하지만, 법정휴일로서의 성격은 없다.

휴일·휴무·휴가 근로 시 수당 계산

그렇다면 이러한 날들에 출근하여 근로를 제공한 경우, 수당은 어떻게 계산해야 할까? 먼저 **휴일 근로**는 앞서 살펴본 바와 같이 근로기준법에 따라, 8시간 이내 근로에 대해서는 통상임금의 50% 가산, 8시간 초과 근로에 대해서는 100% 가산, 즉 총 200%의 임금이 지급되어야 한다.

반면, **휴무일 근로**는 휴일이 아니며, 소정근로일에도 포함되지 않기 때문에, 해당일 근로는 '휴일근로'가 아니라 **연장근로로 처리**된다. 따라서 8시간 이내든 초과든 모두 통상임금의 50%를 가산한 연장근로수당이 지급된다.

한편, **휴가일 근로**는 다소 다르다. 휴가는 본래 출근해야 할 날에 쉬는 것이므로, 실제로 출근해 근로를 제공하면 일반 근로일에 근무한 것으로 본다. 특히 유급휴가의 경우, 그 날의 임금은 이미 기본급 등 정기적인 임금에 포함되어 있기 때문에, **별도의 추가 수당이 발생하지 않는 것이 일반적**이다. 다만, 해당일에 8시간을 초과하여 근무한 경우, 초과된 부분은 법정근로시간을 넘는 것이므로, 연장근로수당 50%가 추가로 지급되어야 한다.

구분	휴일	휴무	휴가
8시간 이하 근로제공분	통상임금의 150%	통상임금의 150%	통상임금의 100% (※유급휴가의 경우 기본급에 포함되어 있어 별도 지급없음)
8시간 초과 근로제공분	통상임금의 200%	통상임금의 150%	통상임금의 150%

2. 법정 휴일

사용자가 사업장에서 반드시 부여해야 하는 법정휴일은 주휴일, 관공서의 공휴일, 근로자의 날의 세 가지다. 이러한 휴일은 약정휴일과 달리, 부여 요건과 유급 여부가 법률에 의해 명확히 정해져 있다.

이제 이 가운데 주휴일부터 차례로 살펴보도록 하자.

〈법정휴일 3종세트〉

구분	주휴일	관공서 공휴일	근로자의 날 (매년 5월 1일)
근거	근로기준법 제55조 제1항	근로기준법 제55조 제2항	근로자의 날 제정에 관한 법률
적용 사업장	모든 사업장	5인 이상 사업장	모든 사업장
적용 근로자	소정근로시간 1주 15시간 이상	소정근로시간 1주 15시간 이상	모든 근로자
적용제외 근로자	근로기준법 제63조의 근로자	근로기준법 제63조의 근로자	없음
유·무급 여부	1주 소정근로일을 개근한 경우 유급	유급	유급

주휴일

1) 주휴일의 개념 및 부여 요건

① 주휴일 개념

주휴일은 근로기준법 제55조 제1항에 따라, **사용자가 1주간의 소정근로일을 개근한 근로자에게 평균 1회 이상의 유급휴일을 부여하도록 규정한 제도**이다. 이는 주 6일 근무가 일반적이던 산업화 시기, 근로자의 소득을 일정 수준 유지하기 위한 목적으로 도입된 제도로, 현재까지도 유지되고 있는 우리나라 노동법의 특수한 제도 중 하나이다.

근로기준법 제55(휴일)
① 사용자는 근로자에게 1주에 평균 1회 이상의 유급휴일을 보장하여야 한다.

또한, 근로기준법 시행령 제30조는 주휴일이 부여되기 위한 조건으로 **'1주간의 소정근로일을 개근한 자'**임을 명시하고 있으며, 근로기준법 제18조 제3항은 1주 소정근로시간이 15시간보다 적은 단시간 근로자에 대해서는 주휴일 규정을 적용하지 않도록 하고 있다.

'1회의 유급휴일'은 원칙적으로 0시부터 24시까지의 역일(曆日)을 기준으로 하며, 교대제를 운영하는 업종에서는 계속된 24시간의 휴식을 보장하면 주휴일을 부여한 것으로 본다. 통상적으로는 일요일을 주휴일로 지정하지만, 해당 요일이 반드시 법정 요건으로 정해져 있는 것은 아니다. 사업장의 운영 사정이나 근로형태에 따라 주휴일은 일요일 이외의 다른 요일로도 지정할 수 있다.

행정해석(2001.8.22, 여성고용지원과 68240-342)
주휴일을 특정일에 부여해야 한다고 정하고 있지는 않으므로 주휴일을 반드시 일요일에 부여해야 하는 것은 아님. 다만, 주휴일 제도의 취지상 근로계약, 취업규칙 등에 **매주 같은 요일을 주휴일로 정하여 정기적으로 부여**하는 것이 바람직하다고 봄.

② 주휴 부여요건

주휴일이 부여되기 위해서는 다음 두 가지 요건을 모두 충족해야 한다.

첫째, 해당 주의 소정근로일을 모두 개근해야 한다. 「근로기준법 시행령」 제30조는, 주휴일은 1주간의 소정근로일을 개근한 자에게 주어야 한다고 규정하고 있다.

근로기준법 시행령 제30조(휴일)
① 법 제55조 제1항에 따른 유급휴일은 1주 동안의 소정근로일을 개근한 자에게 주어야 한다.

둘째, 4주 동안을 평균하여 1주간의 소정근로시간이 15시간 이상이어야 한다. 이는 「근로기준법」 제18조 제3항에 따라, 소정근로시간이 15시간 미만인 초단시간 근로자에게는 주휴일과 연차휴가 규정을 적용하지 않도록 정하고 있기 때문이다.

근로기준법 제18조(단시간 근로자의 근로조건)
③ 4주 동안(4주 미만으로 근로하는 경우에는 그 기간)을 평균하여 1주 동안의 소정근로시간이 15시간 미만인 근로자에 대하여는 제55조와 제60조를 적용하지 아니한다.

또한, 「근로기준법」 제63조에 따라 농림·수산업 종사자, 감시·단속적 근로자, 관리감독자 등에게는 근로시간, 휴게, 휴일에 관한 규정이 적용되지 않으므로, 주휴일 규정 역시 적용되지 않는다.

※ 참고: 개근과 결근

- 개근: 서비스 제공일에 방문교육지도사 활동을 한 경우, 서비스 제공일에 연차유급휴가를 사용한 경우, 이용자 사유로 서비스를 제공할 수 없게 된 경우

- 개근이란 의미는 근로제공의무가 있는 날, 즉 근로계약서상 소정근로일에 결근하지 않은 것을 의미한다고 볼 수 있음(2009.12.23, 행정해석: 근로기준과-5560).

• 결근: 소정근로일에 근로자가 임의로 근로를 제공하지 못한 경우
- 결근 시 승인은 사전승인이 원칙이며, 부득이하게 사후에 승인을 받으려는 경우에는 결근사유서와 함께 결근사유에 대한 소명자료를 제출해야 함.

• 결근일이란 법령의 범위 내에서 노사당사자가 근로를 제공하기로 정한 날인 '소정근로일'(예를 들어, 월~금 주 5일 근무)에 근로자가 임의로 근로를 제공하지 아니한 날을 말한다(행정해석: 2004.8.18, 근로기준과-4336).

③ 퇴직 시 주휴수당 발생 여부

주휴수당은 반드시 주휴일이 도래한 이후까지 근로계약이 존속되어야 발생한다. 다시 말해, 퇴직일이 주휴일 이전이면 주휴수당은 발생하지 않으며, 반대로 주휴일이 포함된 이후까지 근로관계가 유지되는 경우에는 주휴수당이 발생한다.

예를 들어, 소정근로일이 월요일부터 금요일이고, 주휴일이 일요일로 정해진 사업장에서 금요일까지 근무하고 퇴직일이 토요일로 확정된 경우에는 주휴일 전에 근로계약이 종료되므로 주휴수당이 발생하지 않는다. 반면, 퇴직일이 다음 주 월요일이라면 일요일인 주휴일까지 근로관계가 유지된 것이므로, 이 경우 주휴수당이 발생하게 된다.

이와 관련하여 고용노동부는 2021년 행정해석(2021.8.4, 임금근로시간과 – 1736)을 통해, 과거에는 퇴직 주의 주휴수당을 부여하지 않는다고 보았던 입장을 **'주휴일까지 근로관계가 존속된다면 수당을 부여한다'**라는 방향으로 변경하였다.

※ (예) 소정근로일이 월~금까지이며, 개근했고, 주휴일은 일요일인 경우,

• 월요일~금요일까지 근로관계 유지(퇴직일: 토요일) → 주휴수당 미발생
• **월요일~일요일까지 근로관계 유지(퇴직일: 그 다음 월요일) → 주휴수당 발생 (행정해석 변경: 기존 미발생 → 발생)**
• 월요일~그 다음 월요일까지 근로관계 유지(퇴직일: 그 다음 화요일) → 주휴수당 발생

2) 주휴수당 산정 기준 및 사례 정리

근로기준법 시행령 [별표 2]

단시간 근로자의 근로조건 결정기준 등에 관한 사항(제9조 제1항 관련)

2. 임금의 계산
   가. 단시간 근로자의 임금산정 단위는 시간급을 원칙으로 하며, 시간급 임금을 일급 통상임금으로 산정할 경우에는 나목에 따른 1일 소정근로시간 수에 시간급 임금을 곱하여 산정한다.
   나. 단시간 근로자의 1일 소정근로시간 수는 4주 동안의 소정근로시간을 그 기간의 통상 근로자의 총 소정근로일 수로 나눈 시간 수로 한다.
4. 휴일·휴가의 적용
   가. 사용자는 단시간 근로자에게 법 제55조에 따른 유급휴일을 주어야 한다.
   라. 가목 및 다목(생리휴가는 제외한다)의 경우에 사용자가 지급하여야 하는 임금은 제2호 가목에 따른 일급 통상임금을 기준으로 한다.

일부 사회복지서비스 분야처럼 소정근로일과 소정근로시간이 명확히 정해지지 않는 경우, 주휴수당 산정은 실무상 매우 복잡해질 수 있다. 특히 근무시간이 주 40시간에 미치지 않고, 그마저도 불규칙하게 이루어지는 경우에는 이를 명확히 규율하는 법적 기준이 존재하지 않는다.

이럴 때에는 해당 사업장에서 동종 업무를 수행하는 통상근로자의 근로시간을 기준으로, 주휴수당을 산정하는 단시간 근로자의 주휴 계산 방식을 준용하는 것이 보다 현실적인 접근이 될 수 있다. 참고로 단시간 근로자란 '1주간의 소정근로시간이 해당 사업장의 통상근로자보다 짧은 근로자'를 의미한다.

이와 같은 전제를 바탕으로, 다음에서는 주휴수당 산정 과정을 실제 사례를 통해 살펴보고자 한다.

〈 주휴수당 산정기준 〉

- 주휴수당은 ① 1주 소정근로일 개근과 ② 4주 평균 주 15시간 이상 근무 요건을 모두 충족해야 발생
- 주휴수당 산정을 위해서는 사전에 1주간 소정근로일, 1일의 소정근로시간을 정하는 것이 바람직함.
- 다만, 사전에 1주간 소정근로일, 1일의 소정근로시간을 정하기 어려운 성질의 근로의 경우, 실제 근로시간을 근거로 주휴수당을 산정해야 함.

〈단시간 근로자의 1일 소정근로시간 산정 방법〉

$$\text{1일 소정근로시간} = \frac{\text{단시간 근로자의 4주 동안 소정근로시간}}{\text{통상 근로자의 4주 동안 소정근로일수}}$$

- 최근 4주간 소정근로시간: 평일(무급휴무일 포함) 동안 연장근로를 제외한 근로시간
  ※ 주휴일, 공휴일, 연장근로시간 제외, 1일 최대 8시간, 주 최대 40시간
  ※ 주휴일이 일요일인 경우 평일은 '월요일~토요일'임 (공휴일 제외)
- 통상근로자의 소정근로일수: 월요일~금요일 동안 공휴일을 제외한 근로일수
- 산정사유가 발생한 주를 포함하여 최근 4주(근로기간이 4주 미만인 경우 그 기간)를 산정
- 소수가 있는 그대로의 시간에 시간급을 곱하여 수당을 산정한 후에 "원 단위"에서 올림 처리

〈'4주 평균 1주 소정근로시간' 산정 예시〉

- 아래의 산정 예시 표의 산정기간을 토대로 해당 주의 주휴수당 발생 여부 판단

<table>
<tr><th>산정기간</th><th>1주</th><th>2주</th><th>3주</th><th>4주</th><th>5주</th><th>6주</th><th>7주</th><th>8주</th></tr>
<tr><td>1주</td><td>산정기간</td><td></td><td></td><td></td><td></td><td></td><td></td><td></td></tr>
<tr><td>2주</td><td colspan="2">산정기간</td><td></td><td></td><td></td><td></td><td></td><td></td></tr>
<tr><td>3주</td><td colspan="3">산정기간</td><td></td><td></td><td></td><td></td><td></td></tr>
<tr><td>4주</td><td colspan="4">산정기간</td><td></td><td></td><td></td><td></td></tr>
<tr><td>5주</td><td></td><td colspan="4">산정기간</td><td></td><td></td><td></td></tr>
<tr><td>6주</td><td></td><td></td><td colspan="4">산정기간</td><td></td><td></td></tr>
<tr><td>7주</td><td></td><td></td><td></td><td colspan="4">산정기간</td><td></td></tr>
<tr><td>8주</td><td></td><td></td><td></td><td></td><td colspan="4">산정기간</td></tr>
</table>

* 특정 주의 주휴수당 발생여부는 특정 주를 포함한 앞의 4주를 평균하여 15시간 기준 판단

※ 유의사항: 주휴수당 산정 시 연장근로시간과 휴일근로시간은 소정근로시간에서 제외하고, 매주 산정하여 월 단위로 지급 가능

〈주휴수당 산정 예시〉

1. 일반적인 경우

• 2025년 9월

9월							주근로시간	주휴수당 발생 여부	주휴수당
월	화	수	목	금	토	일			
1	2	3	4	5	6	7	16시간	-	-
8	9	10	11	12	13	14	14시간		
15	16	17	18	19	20	21	17시간		
22	23	24	25	26	27	28	13시간	○	38,430원

① 9월 4주(22일 ~ 28일)의 주휴수당 발생 여부

• 만약 해당 주에 결근이 있는 경우, 15시간 이상인지 여부와 관계없이 해당 주의 주휴수당이 발생하지 않음.

• 결근이 없는 경우, 산정 주(9월 4주)를 포함하여 앞의 4주를 평균하여 15시간 기준 판단
(13 + 17 + 14 + 16) ÷ 4 = 15시간

∴ 해당 주는 주휴수당 발생함.

② 9월 4주(22일 ~ 28일)의 주휴수당

• 주휴가 발생하는 주에 한하여 주휴수당 지급의무가 있음.
소정근로시간 × 시급 = 방문교육지도사의 4주 소정근로시간 ÷ 통상근로자의 4주 소정근로일수 × 시급 = (13 + 17 + 14 + 16) ÷ 20일 × 12,810원 = 38,430원

• 동일한 방식으로 각 주를 계산하여 월 단위로 합산

2. 연차유급휴가 사용 및 집합교육을 실시한 경우

• 2, 3주차에 연차유급휴가를 사용하고, 4주차에 집합교육을 실시한 경우

1주	월	화	수	목	금	토	계
실 근로	10	10	10	10	10	0	50
2주	월	화	수	목	금	토	계
실 근로	8	8	8	8	8	0	40

3주	월	화	수	목	금	토	계
실 근로	6	6	6	0	0	0	18
기타	-	-	-	연차휴가 6시간	-	-	6
4주	월	화	수	목	금	토	계
실 근로	0	0	0	0	0	0	0
기타	-	집합교육 2시간	-	-	-	-	2

구분	소정근로시간	연장근로시간	평균근로시간	주휴발생
1주	40	10	40	○
2주	40	0	40	○
3주	24	0	34.6	○
4주	2	0	26.5	○

- 소정근로일에 연차휴가를 사용한 경우 연차휴가를 사용한 시간은 소정근로일수 계산에 포함하여 주휴수당 발생 여부를 판단하여야 함.
- 집합교육을 실시한 경우 회의 시간은 소정근로일수 계산에 포함하여 주휴수당 발생 여부를 판단하여야 함.

관공서 공휴일

2020년 1월부터 순차적으로 시행된 근로기준법 제55조 제2항의 개정에 따라, 모든 사업장에서 관공서 공휴일을 유급휴일로 보장해야 할 의무가 발생하게 되었다. 해당 조항은 사업장 규모에 따라 단계적으로 적용되었으며, 상시근로자 수가 300명 이상인 사업장은 2020년 1월 1일부터, 30인 이상 300인 미만 사업장은 2021년 1월 1일부터, 그리고 5인 이상 30인 미만 사업장은 2022년 1월 1일부터 유급휴일 의무가 적용된다.

근로기준법 제55조(휴일)

② 사용자는 근로자에게 대통령령으로 정하는 휴일을 유급으로 보장하여야 한다. 다만, 근로자대표와 서면으로 합의한 경우 특정한 근로일로 대체할 수 있다.

[시행일] 제55조 제2항의 개정규정은 다음 각 호의 구분에 따른 날부터 시행한다.

1. 상시 300명 이상의 근로자를 사용하는 사업 또는 사업장, 「공공기관의 운영에 관한 법률」 제4조에 따른 공공기관, 「지방공기업법」 제49조 및 같은 법 제76조에 따른 지방공사 및 지방공단, 국가·지방자치단체 또는 정부투자기관이 자본금의 2분의 1 이상을 출자하거나 기본재산의 2분의 1 이상을 출연한 기관·단체와 그 기관·단체가 자본금의 2분의 1 이상을 출자하거나 기본재산의 2분의 1 이상을 출연한 기관·단체, 국가 및 지방자치단체의 기관: 2020년 1월 1일
2. 상시 30명 이상 300명 미만의 근로자를 사용하는 사업 또는 사업장: 2021년 1월 1일
3. 상시 5인 이상 30명 미만의 근로자를 사용하는 사업 또는 사업장: 2022년 1월 1일

관공서의 공휴일에 관한 규정 제2조(공휴일)

관공서의 공휴일은 다음 각 호와 같다. 다만, 재외공관의 공휴일은 우리나라의 국경일 중 공휴일과 주재국의 공휴일로 한다.

1. 일요일
2. 국경일 중 3·1절, 광복절, 개천절 및 한글날
3. 1월 1일
4. 설날 전날, 설날, 설날 다음날 (음력 12월 말일, 1월 1일, 2일)
5. 삭제
6. 부처님오신날 (음력 4월 8일)
7. 5월 5일 (어린이날)
8. 6월 6일 (현충일)
9. 추석 전날, 추석, 추석 다음날 (음력 8월 14일, 15일, 16일)
10. 12월 25일 (기독탄신일)

10의2. 「공직선거법」 제34조에 따른 임기만료에 의한 선거의 선거일

11. 기타 정부에서 수시 지정하는 날

관공서의 공휴일에 관한 규정 제3조(대체공휴일)

① 제2조 제2호부터 제10호까지의 공휴일이 다음 각 호의 어느 하나에 해당하는 경우에는 그 공휴일 다음의 첫 번째 비공휴일(제2조 각 호의 공휴일이 아닌 날을 말한다. 이하 같다)을 대체공휴일로 한다.

1. 제2조 제2호·제6호·제7호 또는 제10호의 공휴일이 토요일이나 일요일과 겹치는 경우
2. 제2조 제4호 또는 제9호의 공휴일이 일요일과 겹치는 경우
3. 제2조 제2호·제4호·제6호·제7호·제9호 또는 제10호의 공휴일이 토요일·일요일이 아닌 날에 같은 조 제2호부터 제10호까지의 규정에 따른 다른 공휴일과 겹치는 경우

② 제1항에 따른 대체공휴일이 같은 날에 겹치는 경우에는 그 대체공휴일 다음의 첫 번째 비공휴일까지 대체공휴일로 한다.

③ 제1항 및 제2항에 따른 대체공휴일이 토요일인 경우에는 그 다음의 첫 번째 비공휴일을 대체공휴일로 한다.

관공서 공휴일은 「관공서의 공휴일에 관한 규정」 제2조에서 정한 바에 따라 일요일, 설날 및 추석 연휴, 국경일, 어린이날, 크리스마스, 선거일 등을 포함하며, 이 중 일부는 토요일 또는 일요일과 겹치는 경우 대체공휴일로 지정된다.

이러한 관공서 공휴일에 대해 사용자는 근로자에게 유급으로 휴식을 부여해야 하며, 만약 해당일에 근로가 이루어진 경우에는 일반 유급휴일수당 외에도 별도의 휴일근로수당을 추가로 지급해야 한다.

특히 단시간 근로자 또는 근무형태가 불규칙한 사회복지서비스 종사자와 같이, 소정근로시간이 명확히 설정되지 않은 경우에는 일정 요건을 충족한 경우에만 공휴일 유급수당이 발생한다. 해당 요건은 다음과 같다. 즉, 공휴일 직전 4주간의 소정근로시간을 기준으로 평균 주 15시간 이상인 경우에 유급휴일수당이 인정되며, 이때의 '15시간' 기준은 해당 사업장의 통상근로자 소정근로일수와의 비례식을 통해 도출된다

공휴일 유급휴일수당 발생 요건

최근 4주간 × 소정근로시간 ÷ (최근 4주간 × 통상근로자의 소정근로일수 ÷ 5일) ≥ 15시간 ⇒ 발생

(해당 근로자의 재직기간이 4주 미만인 경우에는 실제 재직기간을 기준으로 계산함)

공휴일 유급휴일수당 산정식

$$\frac{\text{공휴일 이전 4주간 소정근로시간}}{\text{공휴일 이전 4주간 통상근로자의 소정근로일수}} \times \text{시급}$$

예를 들어, 통상근로자의 4주간 소정근로일수가 20일인 경우, 20일을 기준으로 해당 근로자의 총 소정근로시간을 나누어 1일 기준 근로시간을 산출하고, 이를 바탕으로 유급휴일수당을 산정하게 된다.

실무적으로는 유급휴일수당의 판단과 계산이 주휴수당과 유사한 구조를 띠고 있으므로, 동일한 방식의 4주 평균 소정근로시간 개념을 활용하되, 공휴일의 특수성과 대체공휴일 인정 여부 등을 종합적으로 고려해야 한다.

근로자의 날

근로자의 날은 「근로자의 날 제정에 관한 법률」에 따라 5월 1일로 명시된 법정 유급휴일이다. 이 날은 단순한 관행이나 회사 내규가 아닌 '법률'로 지정된 유급휴일이므로, **근로자대표와의 합의가 있더라도 다른 날로의 대체는 허용되지 않는다.** 따라서 5월 1일에 근로를 제공하지 않더라도 유급수당을 지급해야 하며, 상시 근로자수 1인 이상의 모든 사업장에 적용되고, 주 15시간 미만인 근로자에게도 동일하게 적용된다.

근로자의 날 유급수당은 해당일 직전 4주간의 소정근로시간을 기준으로 산정하며, 주휴수당 또는 관공서 공휴일 유급수당과 유사한 방식으로 계산된다. 관련 기준은 근로기준법 시행령 제9조 제1항에 근거를 두고 있으며, 산정 공식은 다음과 같다.

근로자의 날 유급수당 산정 방식

〈Ⓐ 근로자의 날 유급수당 계산〉

- 근로자의 날 유급수당은 산정 사유가 발생한 날(5. 1.) 이전 4주 동안(4주 미만으로 근로하는 경우에는 그 기간)을 평균한 소정근로시간을 기준으로 산정

  ※ 근거: 근로기준법 시행령 제9조 제1항

$$\frac{\text{5월 1일 이전 4주간 소정근로시간}}{\text{5월 1일 이전 4주간 통상근로자의 소정근로일수}} \times \text{시급 (12,440원)}$$

※ 근로자의 날에 근로제공을 한 근로자에게는 휴일근로 가산수당이 발생함.

〈Ⓑ 휴일근로 가산수당 발생〉

• 근로자의 날은 법정휴일이므로 근무를 하게 되면 휴일근로가 되어 가산수당을 지급해야 함.

휴일	1일 8시간 이내분	휴일수당	통상시급 x 시간 x 150%
	1일 8시간 초과분	휴일수당	통상시급 x 시간 x 200%

▶ 근로자의 날 근무를 하는 근로자는 유급수당(Ⓐ) + 휴일근로 가산수당(Ⓑ) 지급

• 근로자의 날의 경우, 근로를 하지 않더라도 유급수당을 지급해야 하며, 1주 소정근로시간이 15시간 미만 근로자도 적용됨.

• 근로자의 날에 근로한 시간은 휴일근로로 소정근로시간에서 제외됨.

덧붙여, 근로자의 날에 실제 근무한 시간은 휴일근로에 해당하므로 해당 시간은 소정근로시간 산정에서 제외된다. 즉, 이후 주휴수당이나 공휴일 유급수당 등을 계산할 때에는 이 날의 근로시간을 포함하지 않도록 유의해야 한다.

휴일이 중복되는 경우

유급휴일이 동일한 날짜에 중복되는 경우, 별도 규정이 없는 한 **근로자에게 유리한 하나의 휴일만 유급으로 보장**된다.

예컨대 일요일(주휴일)과 어린이날(관공서 공휴일)이 겹치는 경우, 하루치 유급휴일만 인정되며, 별도로 2일분의 임금을 지급할 필요는 없다. 단, 취업규칙이나 단체협약에 이중 보장 또는 대체휴일 부여에 관한 규정이 있는 경우에는 그에 따른다.

이러한 기준은 고용노동부 행정해석(2005.8.17, 근로기준과-4267)에 따른 것이다.

행정해석(2005.8.17, 근로기준과-4267)

유급휴일과 주휴일이 중복될 경우 취업규칙 또는 단체협약 등에 별도의 정함이 없는 한 근로자에게 유리한 하나의 휴일만 인정된다.

※ 휴일과 휴일이 겹치는 경우 반드시 2일분의 임금을 지급해야 할 책임이 있는 것은 아님.

연계가 없는 날이 공휴일·대체공휴일인 경우

일급제 또는 시급제 근로자의 경우, 공휴일이나 대체공휴일이 소정근로일과 연계되지 않은 휴무일(예: 비번일, 무급휴일 등)이라면, 특별한 약정이나 관행이 없는 한 유급휴일수당이 발생하지 않는다.

반면, 근무편성표상 공휴일이 소정근로일에 해당하는 경우에는 해당일을 유급휴일로 보장해야 하며, 근로를 제공했다면 휴일근로수당을 포함한 임금을 지급해야 한다.

이러한 기준은 고용노동부 행정해석(2020.3.30, 임금근로시간과-743)에 따라 정립된 것으로, 사용자가 공휴일을 의도적으로 피해 근무일을 조정하거나, 그로 인해 근로자의 임금이 줄어드는 경우에는 법의 취지에 반하는 것으로 해석된다.

행정해석(2020.3.30, 임금근로시간과-743)

- 월급제와는 달리, 일급 및 시급제 근로자의 경우에는 근무편성표상 소정근로일이 관공서공휴일에 해당된다면, 1일의 통상임금을 유급휴일수당으로 지급해야 하며, 해당일에 근로를 제공하는 경우에는 휴일근로가산수당을 포함한 임금을 추가로 지급하여야 합니다.
  - 다만, 근로제공이 예정되지 않은 비번일, 무급휴(무)일 등이 관공서공휴일에 해당하는 경우, 이날에 대하여 유급으로 보장한다는 노사간 특약이나, 그간의 관행이 인정되지 아니한 이상, 사용자는 별도의 추가 임금을 지급할 의무는 없다할 것입니다.
- 또한, 일급제 및 시급제 근로자의 경우 매월 편성된 근무계획표상에 정해진 근로일(소정근로일)이 관공서공휴일에 해당되는지 여부에 따라 임금수준이 달라지는 경우도 발생할 수 있으며,
  - 근무편성 시 관공서 공휴일에 근무할 근로자를 고의로 누락하거나 이날을 제외하는 방법 등으로 유급휴일을 보장하지 않아 법 적용 전보다 해당 근로자의 임금이 감소되는 경우라면 이는 법 개정 취지에 반한다고 할 것입니다.

3. 휴일 대체

휴일 대체의 개념

실무 현장에서는 '휴일 대체', '대휴', '보상휴가' 등의 용어가 혼용되어 사용되는

경우가 많다. 그러나 이들은 서로 다른 개념이므로, 각각의 의미를 정확히 구분하고 요건에 따라 적절히 적용하는 것이 필요하다.

이 중 **'휴일의 대체'**는 **원래의 휴일을 통상의 근로일로 변경하는 대신, 원래 근로일이었던 날을 새로운 휴일로 바꾸는 방식**이다. 이러한 제도는 사용자의 일방적인 지시로 가능한 것이 아니라, 일정한 요건을 충족해야 효력이 발생한다. 대법원도 "휴일 대체는 사전에 특정된 휴일 대신 통상적인 근로일에 휴일을 부여하고, 원래의 휴일은 근로일로 정하는 합의"라고 정의하고 있으며, 이에 대해서는 별도의 법률상 근거 조항은 없지만, 판례를 통해 인정되고 있다(대법원 2000.9.22. 선고 99다7367 판결).

한편, **'보상휴가'**는 앞서 살펴본 바와 같이 연장근로, 야간근로, 휴일근로 등에 대해 임금 대신 휴가로 보상하는 제도이며, 이는 근로기준법 제57조에 근거하고 있다.

〈휴일대체 VS. 보상휴가제〉

비교정리	휴일대체	보상휴가제
대체(보상) 대상	휴일근로	연장, 야간 및 휴일근로
운영효과	근로시간 1:1 예: 휴일근무 8시간 → 근로일 8시간 대체	근로시간 1:15 예: 휴일근로 8시간 → 휴가 12시간 부여

휴일 대체의 요건

휴일을 대체하려면 다음 두 가지 요건이 충족되어야 한다.

첫째, 근로자의 동의 또는 **단체협약·취업규칙 등 명시적 규정**이 있어야 하며, **둘째, 대체할 휴일을 사전에 특정하여 근로자에게 고지**해야 한다.

이와 관련하여 대법원은, 단체협약에 따라 특정 휴일을 근로일로 정하고 통상 근로일을 휴일로 교체하거나, 근로자의 동의를 얻은 뒤 사전에 휴일을 특정·고지한 경우에는 적법한 휴일 대체로 인정된다고 판시하였다(대법원 2000.9.22. 선고 99다7367 판결).

또한 고용노동부 역시, 휴일 변경은 최소 24시간 전에 통지해야 하며, 이 요건이 충족되지 않으면 휴일 대체의 효력이 부정될 수 있다고 해석하고 있다(1994.5.16, 근기 68207-806).

휴일 대체의 효과

적법한 요건을 갖추어 휴일이 대체된 경우, **원래의 휴일은 근로일로 전환**되며, **해당일의 근로는 더 이상 휴일근로가 아닌 통상근로로 간주**된다. 이에 따라 사용자는 휴일근로수당을 지급할 의무가 없으며, 만약 근로자가 해당일에 출근하지 않았다면 결근으로 처리될 수도 있다(1982.8.18, 근기 1455-22853; 대법원 2000.9.22. 선고 99다7367 판결).

휴일 대체 시 유의점

일반적으로 법정휴일이나 약정휴일의 경우, 근로자의 동의를 받거나 단체협약·취업규칙 등에 명시된 규정이 있다면 휴일 대체가 가능하다. 이는 판례(대법원 2000.9.22. 선고 99다7367 판결) 및 행정해석에 따른 것이다.

반면, **관공서의 공휴일**은 「근로기준법」 제55조 제2항에 따라, **근로자대표와 서면으로 합의한 경우에만 특정 근로일로의 대체가 가능**하다. 이처럼 관공서 공휴일은 일반적인 법정휴일이나 약정휴일과는 달리 대체 요건이 법률에 명시되어 있으므로, 적용에 있어 각별한 주의가 필요하다.

근로기준법 제55조(휴일)

② 사용자는 근로자에게 대통령령으로 정하는 휴일을 유급으로 보장하여야 한다. 다만, 근로자대표와 서면으로 합의한 경우 특정한 근로일로 대체할 수 있다.

또한, 법정휴일인 근로자의 날(5월 1일)은 별도의 법률(「근로자의 날 제정에 관한 법률」)에 의해 날짜가 특정된 유급휴일로, 다른 날로의 대체가 허용되지 않는다. 고용노동부도 "근로자의 날은 대체할 수 없다."라는 행정해석을 제시한 바 있다(2004.2.19, 근기-829).

결국 유급휴일의 대체 여부는 해당 휴일의 법적 성격(관공서 공휴일, 법정휴일, 약정휴일)에 따라 적용 요건이 달라지므로, 구체적인 법적 근거와 관련 판례·행정해석을 검토한 후 적절하게 적용해야 한다.

구분		방법
휴일의 대체	공휴일의 대체	근로자대표와 서면으로 합의
	그 외 휴일의 대체	(i) 단체협약 등에 휴일의 대체에 관한 규정 명시 또는 근로자의 동의를 받은 후 (ii) 근로자에게 교체할 휴일을 특정하여 고지[14]

14 대법원 2008.11.13. 선고 2007다590 판결.

CHAPTER 06

휴가

박정연 · 장연수

06

휴가

1. 법정휴가와 약정휴가

사업장에서 운영되는 휴가는 크게 법정휴가와 약정휴가로 나눌 수 있다.

법정휴가는 법에 따라 반드시 부여해야 하는 휴가로, 대표적으로 연차유급휴가, 출산전후휴가, 배우자 출산휴가, 난임치료휴가 등이 있다. 이 중 연차유급휴가는 모든 근로자에게 적용되는 핵심적인 휴가 제도로, 이 장에서는 이를 중심으로 설명하고자 한다.

그 외에도 생리휴가처럼 법에 명시되어 있지만 무급으로 운영되는 휴가도 있으며, 사업장에 따라 일부를 유급으로 운영하는 경우도 있다.

최근에는 저출산 문제에 대응하기 위한 정책의 일환으로 모성보호와 가족친화제도 관련 휴가가 강화되는 추세이다. 출산전후휴가, 배우자 출산휴가, 난임치료휴가 등은 법에서 정한 기준에 따라 운영되며, 관련 지원금 제도도 함께 마련되어 있다. 다만, 이러한 휴가는 법령 개정이나 지원금 기준 변경이 잦기 때문에, 필요 시 최신 법령 및 고용노동부 지침을 별도로 확인할 필요가 있다.

근로기준법 제74조(임산부의 보호)

① 사용자는 임신 중의 여성에게 출산 전과 출산 후를 통하여 90일(미숙아를 출산한 경우에는 100일, 한 번에 둘 이상 자녀를 임신한 경우에는 120일)의 출산전후휴가를 주어야 한다. 이 경우 휴가 기간의 배정은 출산 후에 45일(한 번에 둘 이상 자녀를 임신한 경우에는 60일) 이상이 되어야 하고, 미숙아의 범위, 휴가 부여 절차 등에 필요한 사항은 고용노동부령으로 정한다.

② 사용자는 임신 중인 여성 근로자가 유산의 경험 등 대통령령으로 정하는 사유로 제1항의 휴가를 청구하는 경우 출산 전 어느 때 라도 휴가를 나누어 사용할 수 있도록 하여야 한다. 이 경우 출산 후의 휴가 기간은 연속하여 45일(한 번에 둘 이상 자녀를 임신한 경우에는 60일) 이상이 되어야 한다.

③ 사용자는 임신 중인 여성이 유산 또는 사산한 경우로서 그 근로자가 청구하면 대통령령으로 정하는 바에 따라 유산·사산 휴가를 주어야 한다. 다만, 인공 임신중절 수술(「모자보건법」 제14조 제1항에 따른 경우는 제외한다)에 따른 유산의 경우는 그러하지 아니하다.

남녀고용평등과 일·가정 양립 지원에 관한 법률 제18조의2(배우자 출산휴가)

① 사업주는 근로자가 배우자의 출산을 이유로 휴가(이하 "배우자 출산휴가"라 한다)를 고지하는 경우에 20일의 휴가를 주어야 한다. 이 경우 사용한 휴가기간은 유급으로 한다.
② 제1항 후단에도 불구하고 출산전후휴가급여등이 지급된 경우에는 그 금액의 한도에서 지급의 책임을 면한다.
③ 배우자 출산휴가는 근로자의 배우자가 출산한 날부터 120일이 지나면 사용할 수 없다.
④ 배우자 출산휴가는 3회에 한정하여 나누어 사용할 수 있다.

남녀고용평등과 일·가정 양립 지원에 관한 법률 제18조의3(난임치료휴가)

① 사업주는 근로자가 인공수정 또는 체외수정 등 난임치료를 받기 위하여 휴가(이하 "난임치료휴가"라 한다)를 청구하는 경우에 연간 6일 이내의 휴가를 주어야 하며, 이 경우 최초 2일은 유급으로 한다. 다만, 근로자가 청구한 시기에 휴가를 주는 것이 정상적인 사업 운영에 중대한 지장을 초래하는 경우에는 근로자와 협의하여 그 시기를 변경할 수 있다.

한편, 약정휴가는 법에 정해진 것이 아니라, 단체협약, 취업규칙, 근로계약 등을 통해 노사가 협의하여 정한 휴가를 말한다. 예를 들어 경조사휴가, 창립기념일 휴가, 포상휴가, 명절 전후 휴무 등이 이에 해당하며, 사업장에 따라 다양하게 운영된다.

약정휴가는 유급으로 할지 무급으로 할지도 사용자와 근로자 간 합의에 따라 자유롭게 정할 수 있는 것이 특징이다. 다만, 일단 취업규칙 등에 명시된 경우에는 사용자가 이를 지켜야 할 법적 의무가 생기므로, 유급 여부나 사용 요건 등을 문서로 명확히 정해두는 것이 바람직하다.

2. 연차유급휴가의 기본

연차유급휴가의 부여 요건 및 휴가일수

1) 연차유급휴가의 개념

근로기준법 제60조(연차유급휴가)

① 사용자는 1년간 80퍼센트 이상 출근한 근로자에게 15일의 유급휴가를 주어야 한다.

② 사용자는 계속하여 근로한 기간이 1년 미만인 근로자 또는 1년간 80퍼센트 미만 출근한 근로자에게 1개월 개근 시 1일의 유급휴가를 주어야 한다.

③ 삭제

④ 사용자는 3년 이상 계속하여 근로한 근로자에게는 제1항에 따른 휴가에 최초 1년을 초과하는 계속 근로연수 매 2년에 대하여 1일을 가산한 유급휴가를 주어야 한다. 이 경우 가산휴가를 포함한 총 휴가 일수는 25일을 한도로 한다.

⑥ 제1항 및 제2항을 적용하는 경우 다음 각 호의 어느 하나에 해당하는 기간은 출근한 것으로 본다.

1. 근로자가 업무상의 부상 또는 질병으로 휴업한 기간
2. 임신 중의 여성이 제74조 제1항부터 제3항까지의 규정에 따른 휴가로 휴업한 기간
3. 「남녀고용평등과 일·가정 양립 지원에 관한 법률」 제19조 제1항에 따른 육아휴직으로 휴업한 기간

근로기준법 제18조(단시간근로자의 근로조건)

③ 4주 동안(4주 미만으로 근로하는 경우에는 그 기간)을 평균하여 1주 동안의 소정근로시간이 15시간 미만인 근로자에 대하여는 제55조와 제60조를 적용하지 아니한다.

연차유급휴가는 **1년을 단위로 계속 근로한 근로자에게 부여되는 유급휴가**로, **상시 5인 이상의 근로자를 사용하는 모든 사업장에서 적용**된다. 다만, 4주를 평균하여 1주간의 소정근로시간이 15시간 미만인 근로자에게는 적용되지 않는다. 구체적인 부여 요건과 휴가일수, 시기 지정, 소멸시효 등에 관한 사항은 근로기준법 제60조에 규정되어 있으며, 이하에서는 해당 조문을 중심으로 실무상 쟁점을 함께 살펴본다.

한편, 연차휴가는 원칙적으로 입사일을 기준으로 산정하지만, 사업장에 따라 취업

규칙이나 단체협약을 통해 회계연도 기준(예: 매년 1월 1일)으로 일률적으로 적용하는 것도 가능하다.

취업규칙 등에 연차휴가권의 발생 기준이 되는 시점을 일률적으로 정한 규정의 적법성 여부
- 대법원 2000.12.22. 선고 99다10806 판결 [퇴직금]

"사업장 내 모든 근로자에게 연차휴가를 일률적으로 적용하기 위해 취업규칙으로 기준일을 정하고, 그 기준일 이전에 입사한 근로자에 대해 잔여기간을 출근한 것으로 간주하여 연차휴가를 부여하는 것은 근로자에게 불리하지 않으며, 적법하다."

또한, 연차휴가를 회계연도 기준으로 운영하더라도, 퇴직 시점에서 입사일 기준이 근로자에게 더 유리한 경우에는 별도 규정이 없는 한 입사일 기준으로 정산해야 한다는 것이 고용노동부의 행정해석이다.

행정해석(2008.2.28, 임금근로시간정책팀-48914)
"퇴직 시 회계연도 기준보다 입사일 기준이 근로자에게 유리한 경우에는, '퇴직 시 입사일 기준으로 재산정한다'는 단서가 없더라도 근로자에게 유리한 입사일 기준으로 정산해야 한다."

2) 연차유급휴가 부여 요건

연차유급휴가가 발생하기 위해서는 두 가지 요건을 모두 충족해야 한다.

첫째, 해당 근로자가 **상시 5인 이상의 근로자를 사용하는 사업장**에 소속되어야 하며, **둘째, 1년간 소정근로일수의 80% 이상을 출근**해야 한다.

여기서 '1년간'이란 단순히 재직 중이었음을 뜻하는 것이 아니라, 근로계약이 실질적으로 유지된 상태에서 1년의 계속근로를 채운 경우를 의미한다. 중간에 근로관계가 단절되거나 근무일이 부족한 경우에는 연차휴가가 발생하지 않는다.

$$\text{출근율} = \frac{\text{실제 출근일수 + 출근 간주일수(산재휴업기간, 출산전후휴가, 육아휴직기간 등)}}{\text{연간 소정 근로일수(365일 - 휴일, 휴무일 등 근로제공 의무가 없는 일수)}}$$

출근율은 '실제 출근일수'에 출근으로 간주되는 일수(예: 업무상 재해로 인한 휴업, 출산전후휴가, 육아휴직 등)를 더한 값을, 1년간의 소정근로일수로 나누어 계산한다. 이때 '소정근로일수'란 총 365일에서 주휴일, 법정휴일, 약정휴일 등 근로제공 의무가 없는 날을 제외한 일수를 의미한다. 즉, 연차휴가의 출근율 산정은 실제 달력상의 근무일수와는 달리, 계약상 '일했어야 하는 날'을 기준으로 판단한다.

반대로, 개인적인 질병, 자발적인 무급휴직, 정직 등의 사유는 원칙적으로 결근으로 처리되어 출근율 산정 시 불이익이 발생할 수 있다. 출근율 계산에서 무엇을 소정근로일수에 포함하고, 어떤 사유를 출근 또는 결근으로 처리할 것인지는 아래 표를 통해 정리한다.

〈연차유급휴가 산정을 위한 출근율 계산 기간 구분〉

소정근로일수 포함		소정근로일수 제외
출근 처리	결근 처리	
① 업무상 재해로 휴업 ② 출산전후휴가기간 ③ 육아휴직기간(고평법) ④ 생리휴가 ⑤ 유사산 휴가기간 ⑥ 연차유급휴가 ⑦ 공민권행사 휴무일 ⑧ 부당해고기간	① 개인적인 상병, 구속수감 등으로 근로자 귀책사유로 일하지 못한 기간 ② 업무외 질병으로 휴직 ③ 정직기간	[법정 또는 약정휴일] ① 주휴일 ② 근로자의 날 ③ 취업규칙 및 단체협약 등에 의한 약정휴일, 휴무일 [근로제공 의무가 정지되는 날] ④ 사용자귀책사유 휴업일 ⑤ 적법한 쟁의행위 기간 ⑥ 가족돌봄휴직

징계처분 중 정직 기간은 연차휴가 산정 시 결근으로 보면 되는지?

정직이나 직위해제 등의 징계를 받은 근로자는 징계기간 중
근로자의 신분을 보유하면서도 근로의무가 면제됨.
정직이나 직위해제 등의 징계를 받은 근로자는 징계기간 중
근로자의 신분을 보유하면서도 근로의무가 면제됨.
이러한 취업규칙의 규정이 구 근로기준법 제59조에 반하여 근로자에게 불리한 것이라고 보기는 어려움.
(대법원 2008.10.9. 선고 2008다41666 판결)

3) 연차유급휴가 부여일수

간혹 '월차'라는 용어를 사용하는 경우가 있으나, 현행 노동법에서는 모든 유급휴가를 '연차유급휴가'로 통합하여 규율하고 있다. 연차휴가는 원칙적으로 1년 이상 근로한 근로자에게 부여된다. 다만 1년 미만 근로자에게도 일정 요건을 충족하면 예전 월차와 같이 월 단위로 휴가가 발생한다. 이처럼 연차유급휴가는 근속기간과 출근율에 따라 부여일수가 달라진다.

연차를 '시간 단위', '분 단위'로 부여하는 것도 가능한가?

원칙적으로는 불가하지만, 예외적으로 허용됨.
근로기준법 제60조 및 제61조는 연차유급휴가를 '일'단위로 규정하고 있으므로, 원칙적으로는 하루 단위 사용이 기준임.
다만, 2021년 노사 합의를 조건으로 '시간 단위' 또는 '분 단위' 사용을 허용하는 대법원 판례 및 고용노동부 행정해석 변경으로 예외적으로 가능

대법원 2021.5.13. 선고 2020다264282 판결
"연차유급휴가권은 사용자의 승인을 받아 시간 단위로도 사용할 수 있다."

고용노동부 2021.7.16, 근기예-41698
연차유급휴가를 시간 단위로도 사용할 수 있도록 사용자와 근로자 간 합의가 있는 경우에는 그에 따라 운영할 수 있으며, 이와 다른 기존 행정해석(근기 68207-1543 등)은 폐기함.

① 계속근로기간 1년 미만 근로자

1년 미만 근로자에게는 **입사일을 기준**으로 **매 1개월간 개근 시 1일의 유급휴가가 익월 1일에 부여**되며, **최대 11일까지 발생**할 수 있다. 1년 계약직 근로자의 경우도, 근로일부터 1개월 개근 시 다음달 1일에 연차유급휴가 1일이 부여되어 최대 11일의 연차휴가가 부여된다(대법원 2021.10.14. 선고 2021다227100 판결).

다만, 이렇게 매월 발생한 연차휴가는 별도로 소멸되지 않으며, **1년 경과 후 새롭게 발생하는 연차휴가와도 별개로 인정**된다. 과거에는 1년 미만 기간 중 발생한 연차휴가(최대 11일)가 1년 후 발생하는 연차휴가(최대 15일)에서 공제되어 연간 총 15일만 인정된다는 해석이 일반적이었으나, 이는 2021년 개정으로 삭제된 근로기준법 제60조 제3항에 근거한 것이었다.

해당 조항의 삭제(2021.3.23. 공포, 2022.1.1. 시행)로 인해, 현재는 1년 미만에 발생한 연차휴가는 확정적으로 발생한 권리로 보고, 이후 발생하는 연차휴가와 별개로 인정된다. 이에 따라 고용노동부도 기존 행정해석(2017.9.29, 「근로기준과－68207－532호」)을 변경하여, 1년 미만 기간에 발생한 연차휴가는 확정적으로 발생한 권리이며, 1년 도달 후 발생하는 연차휴가와는 별개로 인정된다는 점을 명확히 하였다(「2021.8.4, 임금근로시간과－1736호」).

또한 **1년이 도달했더라도 '1년 되는 날의 다음 날'에 근로관계가 계속되고 있어야 연차휴가가 발생한다는 점**도 실무상 중요한 기준이다. 이에 대해 대법원은 2021년 판결을 통해 다음과 같이 판단하였다.

대법원 2021.10.14. 선고 2021다227100 판결

"근로자가 입사 후 1년간 개근하였다고 하더라도, 그 다음 날 근로계약이 종료되어 근로관계가 존속하지 않는다면, 사용자는 연차유급휴가를 부여할 의무가 없다. 연차휴가는 '사용자의 지정 또는 근로자의 청구'라는 절차를 전제로 하는 것으로, 최소한의 기간 동안이라도 근로관계가 계속되어야 해당 절차가 가능하다."

이 판결에 따라 고용노동부도 계속근로기간이 1년이 되는 시점에서 바로 계약이 종료되는 경우, 연차휴가가 발생하지 않으며 미사용수당도 발생하지 않는다는 점을 행정해석으로 분명히 하였다.

행정해석(2021.8.4, 임금근로시간과-1736)
"계속근로기간이 1년에 도달하였더라도 1년이 되는 날의 다음 날에 근로관계가 종료된 경우, 제60조 제1항에 따른 연차유급휴가는 부여되지 않으며, 그에 대한 미사용수당 역시 발생하지 않는다."

따라서 실무상 1년 계약직 근로자의 연차휴가 부여 여부는 근로계약 종료일이 입사일의 정확히 1년 후(366일째)인지 여부에 따라 판단해야 하며, 365일(윤년은 366일)로 종료되는 경우에는 연차휴가 자체가 발생하지 않게 된다. 이는 연차휴가가 소멸되거나 청구되지 못하는 것이 아니라, 애초에 발생 요건이 충족되지 않았기 때문이다.

② 계속근로기간 1년 이상 근로자

1년 이상 계속 근로한 근로자는 **1년간 소정근로일의 80퍼센트 이상을 출근**한 경우, 다음날에 15일의 연차유급휴가가 발생한다. 이후에는 계속근로기간이 2년 더 지날 때마다 1일씩 가산휴가가 부여되며, 그 수는 최대 25일까지 늘어난다. 단, 기본 연차 15일이 발생하지 않는 경우에는 가산휴가도 부여되지 않는다.

〈연차유급휴가 부여일수〉

근속기간	연차휴가일수	계산식
1년 미만	최대 11일	1개월 개근 시 다음달 1일씩 부여
1년 이상 3년 미만	15일	직전 1년간 소정근로일 80% 이상 출근 시 발생 단, 80% 미만 출근 시, 1개월 개근 시 1일 발생
3년 이상 21년 이하	16~24일	계속 근로 2년마다 1일 가산(15일+1~9일)
21년 초과	최대 25일	가산휴가 포함 상한

• 3년 이상 계속 근로 시 가산휴가가 발생하나 80퍼센트 이상 출근하지 못하여 15일의 기본연차가 발생하지 않은 경우에는 가산휴가도 발생하지 않음.

③ 중도입사자의 회계연도 기준 연차휴가 산정 예시

중도입사자의 경우, 입사 시점부터 다음 회계연도까지 복수 기준에 따라 다음 세 가지 방식으로 연차휴가가 산정된다.

▶ 연도 중 입사하는 중도입사자의 경우 다음 회계연도까지 발생하는 휴가일수

① 입사연도에 입사일로부터 1월 개근 시 1일씩 발생하는 휴가일수 +
② 다음 회계연도에 입사일로부터 1년이 되기 전까지 1개월 개근 시 1일씩 발생하는 휴가일수 +
③ 다음 회계연도 1.1.에 발생하는 연차휴가일수(15일 × 근속기간 총일수 ÷ 365일)

※ 예시: 2026년 2월 18일 입사자의 경우(회계연도 기준)

발생시점 / 산정기준	26.2	26.3	26.4	26.5	26.6	26.7	26.8	26.9	26.10	26.11	26.12	27.1	합계
제60조 제2항 (1년 미만)		1	1	1	1	1	1	1	1	1	1	1	11
제60조 제1항 (1년 경과)												14	14

2026년 2월 18일부터 12월 31일까지는 총 347일이며, 이에 따라 회계연도 기준 연차휴가는 약 14.26일 발생한다. 연차일수 산정 결과 소수점이 포함되는 경우, 그 처리 방식은 법령상 명확한 기준이 없어 취업규칙 등 내부 규정에 따라 절사 또는 반올림 방식으로 자율적으로 정할 수 있다. 일반적으로는 절사 방식이 널리 사용되지만, 반올림도 가능하므로 사전 기준을 명확히 해두는 것이 바람직하다. 또한 근로자가 퇴직하는 경우에는 입사일 기준으로 산정한 연차유급휴가일수가 회계연도 기준보다 많을 수 있으며, 이때 부족한 일수에 대해서는 연차수당으로 보상하여야 한다.

단시간 근로자의 연차휴가

1) 단시간 근로자의 연차휴가 부여 기준

근로기준법 제18조(단시간근로자의 근로조건)

③ 4주 동안(4주 미만으로 근로하는 경우에는 그 기간)을 평균하여 1주 동안의 소정근로시간이 15시간 미만인 근로자에 대하여는 제55조와 제60조를 적용하지 아니한다.

근로기준법 시행령 [별표2] 4호

4. 휴일·휴가의 적용

가. 사용자는 단시간근로자에게 법 제55조에 따른 유급휴일을 주어야 한다.

나. 사용자는 단시간근로자에게 법 제60조에 따른 연차유급휴가를 주어야 한다. 이 경우 유급휴가는 다음의 방식으로 계산한 시간단위로 하며, 1시간 미만은 1시간으로 본다.

$$\text{통상 근로자의 연차휴가일수} \times \frac{\text{단시간근로자의 소정근로시간}}{\text{통상 근로자의 소정근로시간}} \times 8\text{시간}$$

다. 사용자는 여성인 단시간 근로자에 대하여 법 제73조에 따른 생리휴가 및 법 제74조에 따른 출산전후휴가와 유산·사산 휴가를 주어야 한다.

라. 가목 및 다목(생리휴가는 제외한다)의 경우에 사용자가 지급하여야 하는 임금은 제2호 가목에 따른 일급 통상임금을 기준으로 한다.

마. 나목의 경우에 사용자가 지급하여야 하는 임금은 시간급을 기준으로 한다.

단시간 근로자의 연차유급휴가는 **통상 근로자의 기준에 비례하여 산정**된다. 근로기준법 제18조 제3항에 따르면, 4주 동안(또는 4주 미만의 경우 해당 기간) 평균하여 1주 동안의 소정근로시간이 15시간 미만인 경우, 해당 근로자에게는 연차유급휴가(법 제60조) 및 유급휴일(법 제55조)의 규정이 적용되지 않는다.

한편, 주당 15시간 이상 근로하는 단시간 근로자에 대해서는 통상 근로자의 연차일수에 소정근로시간 비율을 곱한 산식을 기준으로 시간 단위 연차가 부여된다. 이때 산정 결과 1시간 미만의 단위는 1시간으로 본다(근로기준법 시행령 [별표 2] 제4호 나목).

다만, 돌봄노동자 등 일부 사회복지 분야와 같이 소정근로시간이 고정되지 않고 탄력적으로 운영되는 경우에는 유급 연차의 운영 방식이 일반적인 구조와는 다소 차이를 보인다. 통상 근로자의 경우, 유급연차를 사용하더라도 해당 일의 임금이 이미 기본급 등에 포함되어 있어 별도의 수당이 지급되지 않는 경우가 많다. 반면, 소정근로시간이 확정되지 않은 근로자의 경우에는 연차휴가 사용 시 사용한 시간만큼의 임금을 별도로 산정하여 다음 달 급여에 합산해 지급하는 방식으로 운영된다. 이처럼 실제 급여 산정 방식에 따라 유급연차의 실질적 운영이 달라질 수 있다는 점을 유의할 필요가 있다.

또한 이와 같이 소정근로시간이 고정되지 않은 경우에는 연차 부여의 기준 시점이나 산정 방식에도 별도 기준이 요구된다. 예컨대, 계속근로기간 1년 미만인 근로자의 월 단위 연차휴가 발생 여부를 판단할 때는 '주 15시간 이상'이라는 기준을 월 단위로 환산하여 '4주 × 15시간 = 60시간'을 기준으로 개근 여부를 판단할 수 있다. 마찬가지로, 유동적인 근로시간 구조에서는 전년도 실 근로시간을 기준으로 차년도 연차 부여 여부를 정하는 방식도 현실적인 운영 방안이 될 수 있다.

2) 주 소정근로시간이 15시간 이상과 미만을 반복할 때 연차휴가 산정방법

주 소정근로시간이 15시간 이상과 미만을 반복하는 경우에 대해서는 법령상 명확한 규정은 없으나, 고용노동부는 다음과 같은 행정해석을 통해 그 판단기준을 제시하고 있다.

즉, 1년 전체의 평균 주 소정근로시간이 15시간 이상이고, 총 소정근로일에 대한 출근율이 80% 이상인 경우에는 근로기준법 제60조 제1항에 따라 15일의 연차휴가를 부여할 수 있다. 평균 주 소정근로시간은 연간 총 소정근로시간을 52주로 나누어 산정하며, 이 기준을 충족하지 못할 경우에는 월별 소정근로시간이 60시간 이상인 달 중 개근한 월의 수만큼 1일씩 연차를 부여하는 방식이 현실적인 대안이 될 수 있다.

행정해석(2018.2.5, 근로기준정책과-927)

"4주 평균 1주 소정근로시간이 15시간 미만과 이상을 반복하는 경우, 1년 전체의 평균 주 소정근로시간이 주 15시간 이상이고, 총 소정근로일에 대한 출근율이 80% 이상이라면 법 제60조 제1항에 따라 15일의 연차휴가를 부여함이 타당하다." (2018.2.5, 고용노동부 근로기준정책과-927)

"주 15시간 이상인 기간이 80% 미만일 경우, 주 15시간 이상이면서 개근한 기간에 대해 비례하여 연차휴가를 산정하는 것이 타당하다." (2017.11.22, 근로기준정책과-7315)

소정근로시간이 확정되지 않는 경우, 연차유급휴가시간 산정 실습

• 연차유급휴가시간 산정 방식: 1년 미만 근무자

〈 연차유급휴가시간 산정 방식: 1년 미만 근무자 〉

• 1개월간 소정근로일에 개근하고, 소정근로시간이 월 60시간 이상인 경우
⇒ 다음 달에 1일의 연차유급휴가가 발생하며, 다음 산식에 따라 시간 단위로 부여

$$\text{통상근로자의 연차휴가일수 (1일)} \times \frac{\text{단시간 근로자의 소정근로시간}}{\text{통상 근로자의 소정근로시간}} \times 8\text{시간}$$

※ 통상근로자의 소정근로시간: 해당월 월~금요일 동안 공휴일을 제외한 근로일수 × 8시간

※ 연차유급휴가 발생 여부 및 발생시간 산정 예시

연차산정 월 (통상근로자의 소정근로일수)	활동시간	개근 여부	연차 발생 여부	연차발생시간**
A월 (23일)	60*	○	발생	2.6 ≒ 60시간 ÷ 184시간**** × 8시간
		×	미발생	–
B월 (21일)	57	○	미발생	–
		×	미발생	–
C월 (22일)	80	○	발생	3.7 ≒ 80시간 ÷ 176시간**** × 8시간
		×	미발생	–
		연차 사용*** (예: 4시간)	발생	3.8 ≒ (80+연차사용 4시간) ÷ 176시간 × 8시간

* 연차유급휴가 발생기준은 전월 소정근로 월 60시간 이상 활동한 경우 발생(연장근로 및 휴일근로시간 제외)
** 연차발생시간은 [(단시간 근로자의 월 소정근로시간 ÷ 통상근로자의 해당 월 소정근로시간) × 8시간] 이며, 1시간 미만은 1시간으로 간주(월 발생시간 3.1 = 4시간으로 간주)
*** 전월 연차유급휴가를 사용한 경우 연차유급휴가사용일은 결근이 아니고 소정근로시간을 근로한 것으로 봄.
**** 184 = 23일 × 8시간, 176 = 22일 × 8시간

• 연차유급휴가수당 산정방식
– 통상임금(시급 12,810원) × 연차유급휴가 사용시간
  ※ 예시: 12,810원 × 3시간(2.6시간) = 38,430원

• 연차유급휴가시간 산정 방식: 1년 이상 근무자

• 1년간 계속 근로 시 15일, 3년 이상 계속 근로시 매 2년마다 가산휴가 1일 발생, 근속기간 21년 초과 시 가산휴가 포함 최대 25일 제한. 다음 산식에 따라 시간단위로 부여

$$\text{통상근로자의 연차휴가일수} \times \frac{\text{단시간 근로자의 소정근로시간}}{\text{통상 근로자의 소정근로시간}} \times 8\text{시간}$$

※ 단시간 근로자의 소정근로시간: 해당 연도 월별 실 소정근로시간의 합계

※ 통상근로자의 소정근로시간: 해당 연도 월별 실 소정근로시간의 합계

※ 통상근로자의 연차휴가일수

구분	'20년	'21년	'22년	'23년	'24년	'25년	...	'40년	'41년
'19.1.1. 입사자	15	15	16	16	17	17	...	25	25
'19 중도 입사자	15×'19년 재직기간비율	15	15	16	16	17	...	24	25

※ 연차유급휴가 발생시간 산정 예시

▶ 2023.1.1. 입사한 근로자의 2025년 소정근로시간을 1,252시간으로 가정하고, 통상근로자의 소정근로시간이 2,024시간인 경우

$$\text{통상 근로자의 연차휴가일수(16일)} \times \frac{\text{단시간 근로자의 소정근로시간(1,252시간)}}{\text{통상근로자의 소정근로시간(2,024시간)}} \times 8\text{시간} = 79.62 \fallingdotseq 80\text{ 시간}$$

→ 2026.1.1.에 80시간의 연차가 부여

※ 2025년의 경우, 평일 중 공휴일을 제외한 소정근로일수는 253일, 8시간을 곱하면 2,024시간이었음.

3. 연차유급휴가의 사용

연차유급휴가의 시기지정권과 시기변경권

연차유급휴가는 근로자가 사용 시기를 지정해 사용자에게 청구할 수 있는 권리이

다. 근로기준법 제60조 제5항은 사용자가 원칙적으로 근로자가 청구한 시기에 연차휴가를 부여해야 함을 명시하고 있으며, 예외적으로 '사업 운영에 막대한 지장이 있는 경우'에만 시기를 변경할 수 있도록 하고 있다.

근로기준법 제60조(연차유급휴가)

⑤ 사용자는 제1항부터 제4항까지의 규정에 따른 휴가를 근로자가 청구한 시기에 주어야 하고, 그 기간에 대하여는 취업규칙 등에서 정하는 통상임금 또는 평균임금을 지급하여야 한다. 다만, 근로자가 청구한 시기에 휴가를 주는 것이 사업 운영에 막대한 지장이 있는 경우에는 그 시기를 변경할 수 있다.

⑦ 제1항·제2항 및 제4항까지의 규정에 따른 휴가는 1년간(계속하여 근로한 기간이 1년 미만인 근로자의 제2항에 따른 유급휴가는 최초 1년의 근로가 끝날 때까지의 기간을 말한다) 행사하지 아니하면 소멸된다. 다만, 사용자의 귀책사유로 사용하지 못한 경우에는 그러하지 아니하다.

1) 근로자의 시기지정권: 연차는 '청구권'이다

근로자는 연차유급휴가를 언제 사용할지 자유롭게 지정할 수 있으며, 사용자에게 이를 허가받아야 할 필요는 없다. 다만 구두든 서면이든 '언제부터 언제까지 휴가를 사용하겠다'는 방식으로 명확히 특정하여야 하며, 그렇지 않은 경우에는 적법한 연차 사용으로 인정되지 않을 수 있다. 예컨대 특정일을 명시하지 않고 "가급적 이번 주 중 연차를 쓰고 싶다."라는 방식은 시기지정으로 인정되지 않는다.

대법원도 "연차휴가 사용을 위해서는 시기와 기간이 특정되어야 하며, 이를 제대로 특정하지 않은 경우 사용자의 시기변경권 행사 대상이 아니고, 출근하지 않은 날은 무단결근으로 처리될 수 있다."라고 판시하였다(대법원 1997.3.25. 선고 96다49301 판결).

또한 사용자가 연차휴가 사용을 승인을 통해 제한하거나 대체인력 확보를 전제로만 허용하는 경우, 이는 근로자의 청구권을 침해할 수 있어 위법 소지가 있다(고용노동부 행정해석 2005.8.12, 근로기준과-8228).

2) 사용자의 시기변경권: '막대한 지장' 있는 경우만 가능

사용자는 원칙적으로 근로자가 지정한 시기에 연차유급휴가를 부여해야 하지만, 예외적으로 사업 운영에 중대한 지장을 초래할 우려가 있는 경우에는 그 시기를 변경할 수 있다. 다만, 이러한 사유는 엄격하게 제한되며, 단순한 업무 공백이나 불편함만으로는 정당성이 인정되지 않는다.

서울고등법원은 시기변경권의 적법성을 판단함에 있어 기업의 규모, 해당 업무의 성질, 대체 인력의 확보 여부, 동일 시기의 연차 신청자 수 등 여러 사정을 종합적으로 고려해야 한다고 판시하였다(서울고등법원 2013.5.13. 선고 2012누28522 판결). 이는 사용자가 통상적인 휴가 신청으로 인한 인력 운용상 문제를 사전에 대비할 책임이 있다는 점을 전제한 것이다.

또한, 서울행정법원은 시내버스 운전기사가 특정일에 연차휴가를 신청한 사안에서, 해당일 노선 결행 시 과징금이 발생할 가능성이 있었음에도 불구하고 사용자가 평상시 대체 인력을 확보하지 않은 점을 들어, 시기변경권 행사가 위법하다고 판시하였다(서울행정법원 2016.8.19. 선고 2015구합73392 판결).

결국, 연차휴가로 인해 발생할 수 있는 일시적인 결원은 근로자의 권리를 제한할 사유가 될 수 없으며, 사업주는 일정 수준의 인력 공백을 감안한 운영체계를 갖추어야 할 의무가 있다.

연차휴가 사용 시 대표이사의 승인을 받도록 하는 경우, 근로자의 사용시기지정권을 침해하는 것인지?

취업규칙에 휴가를 받고자 하는 자는 사전에 소속장에게 신청하여 대표이사의 승인을 득하여야 한다고 규정하고 있는 경우 이는 근로기준법이 규정하는 근로자의 휴가시기지정권을 박탈하기 위한 것이 아니라 단지 사용자에게 유보된 휴가시기 변경권의 적절한 행사를 위한 규정이라고 해석되므로, 대표이사의 승인을 받아 휴가를 실시하도록 한 것은 **사용자의 휴가시기변경권을 적절하게 행사하기 위한 필요한 조치**라고 할 것(대법원 1992.6.23. 선고 92다7542 판결)

연차유급휴가의 사용 기간

연차유급휴가는 정해진 기간 내에 사용하지 않으면 소멸되는 권리다. 따라서 발생 시점과 사용 기한을 정확히 아는 것이 실무에서 매우 중요하다.

우선, 1년 이상 재직한 근로자에게 부여되는 연 단위 연차유급휴가는 기본적으로 발생일로부터 1년 이내에 사용해야 한다. **연차휴가의 유통기한은 1년**이라고 생각하면 쉽다.

반면, **입사 첫해에 발생하는 월 단위 연차유급휴가**는 과거에는 각각의 발생일로부터 1년간 유효했으나, 2020년 3월 31일 근로기준법 개정으로 기준이 바뀌었다. 개정 이후에는 **발생일이 아닌 '입사일'을 기준으로 일괄 계산**하며, **입사일로부터 1년이 되는 날까지 사용하지 않은 월 단위 연차는 모두 동시에 소멸**된다.

예를 들어 2025년 3월 1일 입사자의 경우, 2025년 4월 1일에 발생한 연차도, 2026년 2월 1일에 발생한 연차도 모두 '입사일'로부터 1년이 되는 2026년 2월 28일까지 사용하지 않으면 함께 소멸된다. 사용기한이 1년이 되지 않은 연차들이 존재하게 되는 것으로, 가장 마지막에 발생한 휴가까지도 동일한 시점에 소멸된다는 점이 개정의 핵심이다. 이는 종전처럼 월마다 다른 사용기한으로 인해 혼선과 관리 부담이 컸던 제도를 개선하여 연차 관리의 단순화와 효율성 제고, 신규 입사자에게 휴식권을 실질적으로 보장하는 취지였다고 분석된다.

다만, 노사 간 합의가 있을 경우에는 이 사용기한을 연장하여 해당 연도의 12월 31일까지 사용을 허용할 수 있다. 아래 표는 위 내용을 기준으로 실제 적용 사례를 정리한 것이다.

〈사례: 2025년 3월 1일 입사자 월단위 연차휴가 사용 기간〉

<table>
<tr><th colspan="2">발생일</th><th>휴가일수</th><th>법정사용 기간</th><th>연장가능 기간</th><th>비고</th></tr>
<tr><td rowspan="3">2025년</td><td>4.1.</td><td>1</td><td>2026. 2. 28.</td><td>2026. 12. 31.</td><td rowspan="3">사용기간 만료일이 속하는 해의 12.31.까지 연장 가능</td></tr>
<tr><td>5.1.</td><td>1</td><td>〃</td><td>〃</td></tr>
<tr><td>6.1.</td><td>1</td><td>〃</td><td>〃</td></tr>
</table>

	7.1.	1	〃	〃	
	8.1.	1	〃	〃	
	9.1.	1	〃	〃	
	10.1.	1	〃	〃	
	11.1.	1	〃	〃	
	12.1.	1	〃	〃	
2026년	1.1.	1	〃	〃	
	2.1.	1	〃	〃	
합계		11			

〈연차휴가 사용기간 연장 동의서 예시〉

20 년 연차유급휴가 사용기간 연장 동의서

이 름: (생년월일: 년 월 일)

주 소:

위 본인은 1년 미만 재직기간에 발생한 연차유급휴가의 사용기간은 입사일로부터 1년간이며, 사용하지 않은 휴가는 소멸하여 미사용수당으로 정산받을 수 있음을 잘 알고 있습니다. 그럼에도 불구하고 연도 중에 소멸일이 도래하는 휴가에 대하여는 소멸일이 속하는 연도의 말일(12월 31일)까지 사용기간을 연장한 후 미사용수당으로 정산하는데 동의합니다.

20 년 월 일

근로자: (서명)

○○구가족센터장 귀하

1년간 사용하지 못한 연차휴가를 다음 해에 이월하여 사용하도록 할 수 있는가?

미사용 연차유급휴가에 대한 금전보상(연차유급휴가미사용수당 지급) 대신 이월하여 사용하도록 당사자간 합의하는 것은 무방하다고 봄(2009.2.20, 근로조건지도과-1047).
그러나 근로자 동의 없이 사용자가 일방적으로 시행하는 것은 허용되지 않으며, 당사자간 합의로 특정시기까지 이월하여 사용하기로 한 경우에도 사용자가 일방적으로 그 기한을 또 연장하는 것은 근로자의 의사에 반해 연차휴가미사용수당 청구권 행사를 제한하는 것으로서 위법함.

연차휴가를 미리 당겨서 사용(가불)할 수 있는가?

당사자 간 합의로 향후 계속근로를 전제로 하여 발생할 연차휴가를 미리 당겨 사용하는 것은 휴가제도의 취지에는 부합하지 않지만, 근로자의 요구와 편의를 위해서 가불형식으 로 부여할 수도 있음(1980.10.23, 법무 811-27576).
이 경우 사용자는 선 부여 시 근로자의 동의를 얻어 출근율을 채우지 못하거나 퇴직할 경우 가불된 연차휴가에 대한 임금을 정산할 수 있을 것임.

연차유급휴가 미사용 수당

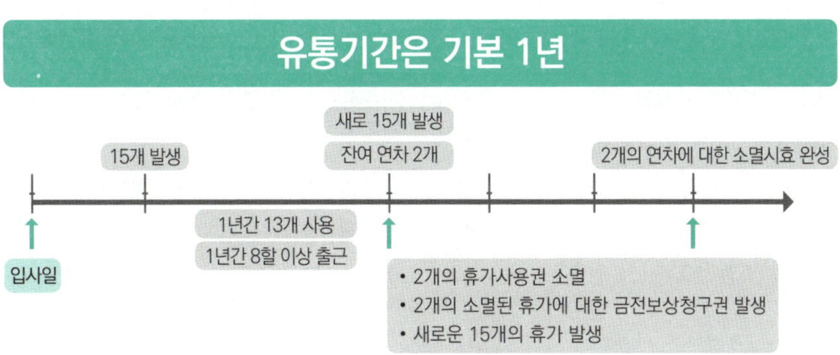

| 연차휴가의 사용 |

연차유급휴가는 정해진 사용기한 내에 사용하지 않으면 소멸되지만, 그 권리는 **임금청구권으로 전환**된다. 사용자는 근로자가 사용하지 못한 연차에 대해 통상임금 또는 평균임금으로 산정한 수당을, 소멸일 또는 그 직후 임금 지급일에 지급해야 한다. 이 수당은 임금채권으로서 **3년**간 청구할 수 있으며, 단순히 이월되거나 자동 소멸되는 것이 아니라 법적으로 존속하는 권리라는 점에 유의해야 한다.

1) 미사용 수당의 지급 기준과 산정 방식

미사용 연차유급휴가 수당은 다음 산식에 따라 계산된다.

연차유급휴가 미사용 수당 = 미사용 연차유급휴가시간 × 시급

여기서 '해당 시점'이란 소멸일 또는 연장 사용기한의 만료일을 의미하며, 그 시점에 적용되는 시급 기준이 산정에 반영된다. 특히 회계연도 기준을 적용하거나, 노사간 합의로 사용기한을 연장한 경우에는 연장된 만료일 기준의 시급으로 산정해야 한다.

〈연차유급휴가 미사용 수당의 계산 예시〉

- 2025년 5월 1일 임용되어 5월(개근), 6월(개근) 근로시간이 각각 60시간인 근로자 연차를 사용하지 못하고 7월 13일에 센터와 근로관계가 종료된 경우
- 임용일 이후 1월 개근 시 연차유급휴가 1일(2.8시간, 3시간으로 봄) 6월에 발생
- 6월 개근 시 연차유급휴가 1일(2.8시간, 3시간으로 봄) 7월에 발생

[1일 x (월 60시간 ÷ 월 174시간(통상근로자의 월 소정근로시간)) x 8시간 = 약 2.8시간]

∴ 총 2일(6시간, 5월 개근 3시간과 6월 개근 3시간을 합한 시간)에 대한 연차유급휴가 미사용 수당 발생

퇴직 등 근로관계가 종료되는 근로자가 이로 인해 사용하지 못하는 미사용 연차휴가일수에 해당하는 수당을 사용자에 대하여 청구할 수 있는 권리임.
사용자는 퇴직연도의 휴가사용가능일수에 상관없이 미사용한 연차휴가일수에 대하여 퇴직일로부터 14일 이내에 취업규칙이나 그 밖의 정하는 바에 의한 통상임금 또는 평균임금을 지급하여야 함.
(행정해석 : 제정 : 2006.9.21, 임금근로시간정책팀-2820, 개정 : 2007.11.5, 임금근로시간정책팀-3295)

〈1년 미만 근로한 근로자의 연차유급휴가 미사용 수당〉

• 1년 차 때 매월 1일씩 발생한 유급휴가는 입사일로부터 1년간 사용 가능

- 발생월로부터 1년이 지나 유급휴가를 사용할 수 있는 기간이 종료되었다면 사용자는 사용기간이 종료된 다음 날에(임금 지급일) 미사용 수당을 지급하면 됨.

(예시) 2019.4.1.에 1일 휴가 발생 → 2020.3.31.까지 사용가능 → 미사용 시 2020.4.1.(4월 급여)에 수당 지급

• 회계연도 기준 적용 시 연차유급휴가사용 및 미사용 수당 지급시기

- 근로자가 사용하지 않은 휴가에 대해서는 해당 휴가 발생일부터 1년이 종료한 다음 날(임금 지급일)에 미사용 수당 지급

* 참고: 고용노동부 홈페이지-정책자료-정책자료실-「1년 미만 근로자 등에 대한 연차휴가 보장 확대 관련 개정 근로기준법 설명자료」

2) 퇴직 시 미사용 연차의 정산

근로자가 퇴직하는 경우에도 그 시점까지 발생한 연차 중 사용하지 않은 일수에 대해서는 수당을 지급해야 한다. 다만, 연차유급휴가는 근로계약기간이 만료된 날에는 발생하지 않고, 근로가 완료된 '다음 날'에 발생하므로, 퇴직일이 연차 발생일 전인 경우에는 연차도, 수당도 발생하지 않는다.

예컨대 1년 계약직 근로자가 정확히 365일만 근무하고 퇴직한 경우, 연차휴가가 발생하는 '366일째'에 근로관계가 존재하지 않으므로, 연차유급휴가도 발생하지 않으며 수당도 지급하지 않는다(대법원 2021.10.14. 선고 2021다227100 판결, 고용노동부 행정해석 2021.8.4, 임금근로시간과-1736호).

• 1.1.~7.31. 근무 후 퇴직자: 마지막 7개월째 개근한 경우라도 다음 날 근로관계가 없으므로 7월의 연차휴가는 미발생(6일만 발생)

• 2023.1.1.~2025.12.31. 만 3년 근무 후 퇴직자: 마지막 연도에 80% 이상 출근한 경우라도 2026.1.1.에 근로관계가 없으므로, 2025년도 1년에 대한 15일과 가산휴가 1일은 발생하지 않음.

3) 초과 사용 시 공제 요건

실제 발생한 연차 일수보다 초과하여 사용한 경우, 초과분에 해당하는 임금을 퇴직금 등에서 공제할 수 있다. 그러나 이 경우 반드시 근로자의 사전 서면 동의가 필요하며, 동의 없이 일방적으로 공제할 수는 없다.

따라서 실무에서는 취업규칙 또는 연차휴가 신청서 양식 등에 "연차 초과 사용 시 급여 또는 퇴직금에서 공제할 수 있음"이라는 내용을 미리 명시해 두는 것이 바람직하다.

4. 연차유급휴가의 사용촉진과 대체

연차유급휴가의 사용촉진

근로기준법 제61조(연차유급휴가의 사용촉진)

① 사용자가 제60조 제1항·제2항 및 제4항에 따른 유급휴가(계속하여 근로한 기간이 1년 미만인 근로자의 제60조 제2항에 따른 유급휴가는 제외한다)의 사용을 촉진하기 위하여 다음 각 호의 조치를 하였음에도 불구하고 근로자가 휴가를 사용하지 아니하여 제60조 제7항 본문에 따라 소멸된 경우에는 사용자는 그 사용하지 아니한 휴가에 대하여 보상할 의무가 없고, 제60조 제7항 단서에 따른 사용자의 귀책사유에 해당하지 아니하는 것으로 본다.

1. 제60조 제7항 본문에 따른 기간이 끝나기 6개월 전을 기준으로 10일 이내에 사용자가 근로자별로 사용하지 아니한 휴가 일수를 알려주고, 근로자가 그 사용 시기를 정하여 사용자에게 통보하도록 서면으로 촉구할 것
2. 제1호에 따른 촉구에도 불구하고 근로자가 촉구를 받은 때부터 10일 이내에 사용하지 아니한 휴가의 전부 또는 일부의 사용 시기를 정하여 사용자에게 통보하지 아니하면 제60조 제7항 본문에 따른 기간이 끝나기 2개월 전까지 사용자가 사용하지 아니한 휴가의 사용 시기를 정하여 근로자에게 서면으로 통보할 것

② 사용자가 계속하여 근로한 기간이 1년 미만인 근로자의 제60조 제2항에 따른 유급휴가의 사용을 촉진하기 위하여 다음 각 호의 조치를 하였음에도 불구하고 근로자가 휴가를 사용하지 아니하여 제60조 제7항 본문에 따라 소멸된 경우에는 사용자는 그 사용하지 아니한 휴가에 대하여 보상할 의무가 없고, 같은 항 단서에 따른 사용자의 귀책사유에 해당하지 아니하는 것으로 본다.

1. 최초 1년의 근로기간이 끝나기 3개월 전을 기준으로 10일 이내에 사용자가 근로자별로 사용하지 아니한 휴가 일수를 알려주고, 근로자가 그 사용 시기를 정하여 사용자에게 통보하도록 서면으로 촉구할 것. 다만, 사용자가 서면 촉구한 후 발생한 휴가에 대해서는 최초 1년의 근로기간이 끝나기 1개월 전을 기준으로 5일 이내에 촉구하여야 한다.
2. 제1호에 따른 촉구에도 불구하고 근로자가 촉구를 받은 때부터 10일 이내에 사용하지 아니한 휴가의 전부 또는 일부의 사용 시기를 정하여 사용자에게 통보하지 아니하면 최초 1년의 근로기간이 끝나기 1개월 전까지 사용자가 사용하지 아니한 휴가의 사용 시기를 정하여 근로자에게 서면으로 통보할 것. 다만, 제1호 단서에 따라 촉구한 휴가에 대해서는 최초 1년의 근로기간이 끝나기 10일 전까지 서면으로 통보하여야 한다.

사용자가 연차유급휴가를 제대로 소진시키기 위해 일정한 절차를 이행했음에도 근로자가 휴가를 사용하지 않았다면, 해당 연차는 소멸되고 수당 지급의무도 면제된다. 이를 '사용촉진제도'라고 하며, 근로기준법 제61조는 사용자가 면책을 받기 위해 거쳐야 할 조치를 구체적으로 규정하고 있다. 핵심은 "근로자에게 남은 휴가를 서면으로 알리고, 사용을 촉구했으며, 그럼에도 사용하지 않으면 사용자가 책임지지 않는다."라는 구조다.

이메일을 통한 통보도 사용촉진조치의 효력이 인정되는지?

근로기준법 제61조 제2호에 따라 연차유급휴가의 사용촉진 조치는 서면으로 통보하도록 규정되어 있는데, 이는 불명확한 조치로 인한 당사자 간의 분쟁을 방지하려는 취지로 볼 수 있음.
사용촉진 조치 후 해당 휴가일에 근로자가 출근한 경우 노무수령 거부의사 표시 또한 근로자가 인지할 수 있는 정도여야 할 것임.
귀 질의 내용만으로는 구체적인 사실관계가 명확하지 아니하여 정확한 답변을 드리기 어려우나, 이메일의 경우 해당 근로자가 동법 제61조 제2호의 휴가 사용 시기 통보기한(10일) 이내에 반드시 열람한다는 보장이 없고, 열람했다 하더라도 메일 내용을 정확하게 인지했는지 확인할 수 없어 근로자가 인지할 수 있는 정도의 의사표시 수준이라고 보기 어려울 것으로 사료됨(2012.8.22, 근로개선정책과-4271).
※ 단, 공인전자서명시스템은 가능(전자서명법 제3조 참조)

1) 1년 이상 근로자의 사용촉진

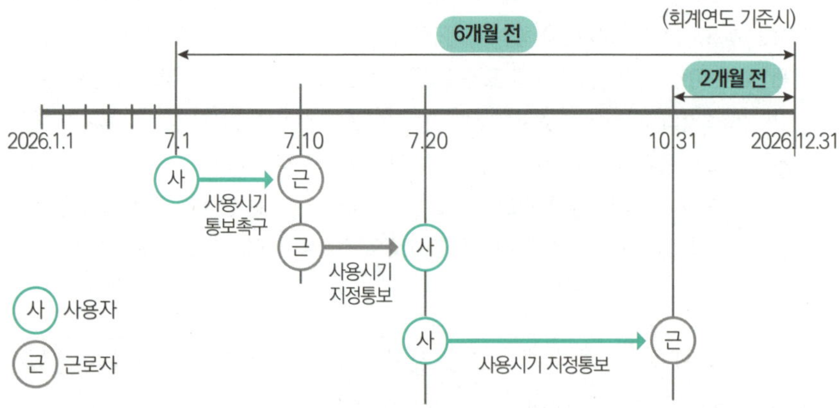

| 사용촉진 시기 및 절차 |

1년 이상 근로자에게 부여되는 연차유급휴가(최소 15일 이상)에 대해 사용자가 수당 지급의무를 면제받기 위해서는 다음의 두 단계를 모두 거쳐야 한다.

첫 번째 조치는, **해당 연차가 소멸되기 6개월 전을 기준**으로 **10일 이내**에 근로자별로 사용하지 않은 연차 일수를 **서면**으로 알리고, 근로자가 스스로 사용 시기를 정해 사용자에게 통보하도록 촉구하는 것이다.

두 번째 조치는, 근로자가 촉구를 받은 이후 **10일 이내**에도 사용 시기를 정해 통보하지 않은 경우, **연차 소멸 2개월 전까지** 사용자가 직접 연차 사용 시기를 정하여 서면으로 통보해야 한다.

이 두 절차를 모두 이행해야만 근로자가 연차를 사용하지 않은 것에 대한 책임이 사용자에게 없다고 볼 수 있으며, 이에 따라 수당 지급의무도 면제된다. 하나라도 빠질 경우, 사용자의 귀책으로 간주되어 미사용 연차수당을 지급해야 한다.

또한 실무상 유의할 점은 '휴가를 실제로 썼는지'가 아니라 '사용자가 정해진 시기에 적법하게 서면 촉구와 통보를 했는지 여부'가 핵심 쟁점이 된다는 점이다. 전산시스템 상의 일괄공지나 단체 메신저 안내는 근로자 개별 통보로 보기 어렵고, 법적 효력을 갖기 위해서는 서면통지로 남겨두는 것이 바람직하다. 통보 내역은 파일 보관이나 수령 확인 방식 등으로 명확히 입증 가능해야 한다.

2) 1년 미만 근로자의 사용촉진

1년 미만 근로자의 경우에도, 매월 개근 시 1일씩 부여되는 최대 11일의 연차유급휴가에 대하여 유사한 사용촉진 규정이 적용된다. 특히 이들은 퇴직 시 잔여 연차수당 지급을 둘러싸고 분쟁이 발생하는 경우가 많아, 보다 세밀한 관리가 필요하다.

첫 번째 조치는, **최초 1년 근무 종료일 기준 3개월 전을 기준**으로 **10일 이내**에 근로자별 남은 연차를 **서면**으로 안내하고, 사용 시기를 정해 통보하라고 촉구하는 것이다. 단, **이 시점 이후에 새로 발생한 연차**에 대해서는 **1개월 전 기준**으로 **5일 이내**에 별도로 촉구해야 한다.

두 번째 조치는, 근로자가 촉구를 받은 이후 **10일 이내**에 시기를 정해 통보하지 않을 경우, 사용자가 직접 사용 시기를 정하여 서면으로 통보하는 절차이다. 이 역시 **최초 1년 종료 1개월 전까지** 혹은 발생 시점이 늦은 경우에는 **종료 10일 전까지** 통보해야 한다.

이처럼 1년 미만 근로자의 경우에는 연차 발생 시점이 분산되어 있기 때문에, 각 월별 연차마다 개별적으로 촉구 및 통보 절차를 반복 수행해야 하며, 이를 전산 프로그램이나 엑셀 등을 통해 월 단위로 관리하는 것이 실무상 중요하다.

근로자가 지정된 연차휴가일에 출근하는 경우, 출근한 것으로 볼 수 있는지?

사용자가 근로기준법 제61조에 따른 일련의 연차유급휴가 사용촉진조치를 정상적으로 이행하였음에도 근로자가 해당 휴가일에 출근한 경우 사용자는 노무수령 거부의사를 명확히 표시해야 하며, 명확한 노무수령 거부의사에도 불구하고 근로를 제공한 경우에는 연차유급휴가 미사용수당을 지급할 의무가 없다고 사료됨(2010.3.22, 근로기준과-351).

노무수령 거부의 의사표시는 어떠한 수준까지 해야 하는지?

연차휴가일에 해당 근로자의 책상 위에 '노무수령 거부의사 통지서'를 올려놓거나, 컴퓨터를 켜면 '노무수령 거부의사 통지' 화면이 나타나도록 하여 해당 근로자가 사용자의 노무수령 거부의사를 인지할 수 있는 정도라면 달리 볼 사정이 없는 한 노무수령 거부의사를 표시한 것으로 볼 수 있다고 사료됨(2010.3.22, 근로기준과-351).

연차유급휴가의 대체

근로기준법 제62조(유급휴가의 대체)
사용자는 근로자대표와의 서면 합의에 따라 제60조에 따른 연차 유급휴가일을 갈음하여 특정한 근로일에 근로자를 휴무시킬 수 있다.

사업장에서는 특정일을 휴무일로 지정하고 이를 연차유급휴가로 처리하려는 경우가 많다. 예컨대 연말이나 광복절 다음 날을 전사 휴무일로 설정하고 연차로 처리하는 방식이 이에 해당한다. 이러한 연차의 대체는 사용자의 일방적 조치로는 인정되지 않으며, **반드시 근로자대표와의 서면 합의를 통해서만** 가능하다.

근로기준법 제62조는 연차 대체의 요건을 명확히 규정하고 있는데, "사용자는 근로자대표와의 서면 합의에 따라 연차유급휴가일을 갈음하여 특정 근로일에 근로자를 휴무시킬 수 있다."라고 되어 있다. 이때 말하는 '근로자대표'는 노동조합이 있는 경우에는 해당 노조, 없는 경우에는 근로자 과반수의 대표를 뜻한다.

실무상 자주 발생하는 쟁점은 서면 합의 없이 특정일을 임의로 연차로 지정해버리는 경우인데, 이는 추후 연차 수당의 이중지급 문제가 발생할 수 있어 주의가 필요하다. 사용자가 일방적으로 연차를 지정하는 경우, 근로자가 해당일을 실제로 쉬었더라도 연차 사용으로 인정되지 않을 수 있기 때문이다. 따라서 연차 대체를 시행할 경우에는 취업규칙 또는 근로자대표와의 합의서 등 명시적 근거를 확보해 두는 것이 필수적이다.

노동법의 시작, 사회복지 노동법

CHAPTER 07

산업재해

박정연 · 장연수

07

산업재해

1. 산업재해와 산업안전보건법의 이해

산업안전보건법의 목적과 기본 구조

산업안전보건법은 **근로자의 생명과 건강을 보호**하고 **산업재해를 예방**하기 위해 제정된 법이다. 이 법은 근로자가 작업 중 사망하거나 다치거나, 직업성 질병을 앓지 않도록 하기 위한 **예방 중심의 규범**이다.

사회복지시설도 예외가 아니다. 요양보호사, 생활지도원, 간호인력 등은 **정서적·신체적 돌봄 업무**를 수행하면서 다양한 위험에 노출되어 있다. 낙상사고, 근골격계 질환, 감정노동에 따른 정신적 질환, 감염성 질환 등은 모두 산업안전보건법의 보호 대상이다.

산업안전보건법의 주요 구조는 다음과 같다.

1) 사용자의 예방의무

사업주는 근로자가 안전하고 건강한 환경에서 일할 수 있도록 필요한 조치를 해야 한다. 위험요인 제거, 보호구 지급, 교육 실시, 안전보건관리체계 구축 등이 이에 포함된다.

2) 근로자의 협조의무

근로자는 작업 중 정해진 안전수칙을 지키고, 지급된 보호구를 착용하며, 정당한 지시나 교육에 성실히 응해야 한다.

3) 국가와 지방자치단체의 책무

정부는 산업재해 예방을 위한 정책을 수립하고, 감독기관은 정기적으로 점검을 하며 제도를 운영한다.

사회복지시설 운영자는 이러한 법의 적용 대상임을 명확히 인식하고, 소규모 사업장이라 하더라도 필요한 안전보건조치를 갖추어야 한다. 법령상 "산업재해가 발생했을 때 **대응**하는 것"**보다** "산업재해가 발생하지 않도록 **예방**하는 것"에 더 큰 무게가 실려 있다.

산업재해의 유형

산업재해란 근로자가 업무와 관련된 원인으로 인해 사망하거나 부상을 입거나 질병에 걸리는 경우를 말한다. 일반적으로 아래 세 가지로 구분된다.

〈산업재해 유형〉

구분	정의	예시
업무상 사고	갑작스럽고 외부적인 원인으로 발생한 부상	근무 중 낙상, 넘어짐, 기계에 끼임 등
업무상 질병	지속적·반복적 업무나 유해환경에 노출되어 발생한 질병	허리디스크, 직업성 난청, 정신질환 등
출퇴근 재해	통상적인 경로와 방법으로 출퇴근 중 발생한 사고	출퇴근 중 교통사고, 보행 중 사고 등

산업재해가 인정되기 위해서는 '**업무기인성**'과 '**업무관련성**'이 있어야 한다. 예컨대, 요양보호사가 침대에서 대상자를 부축하다 허리를 다친 경우는 업무 중 직접적 행위에 의해 발생한 사고이므로 업무상 사고로서 산재로 인정받을 수 있다.

출퇴근 재해는 2018년부터 산업재해로 인정되며, **통상적인 경로와 방법**으로 이동 중 발생한 사고여야 한다. 경로를 일탈하거나 중단하면 원칙적으로 재해로 보지 않지만, 일상생활에 필요한 행위 등 법령이 정한 예외 사유에 해당되면 재해로 인정될 수 있다.

특히 사회복지시설에서는 다음과 같은 유형의 재해가 자주 발생한다:

- 낙상 및 미끄러짐 사고
- 무거운 대상자 부축 시 근골격계 질환
- 반복 업무로 인한 요추염좌
- 감정노동에 따른 우울증, 불면증 등 정신적 질병
- 감염병 확산(예: 결핵, 코로나 등)

이러한 재해의 특성상, 사용자는 단순한 안전장비 지급만으로는 부족하며, 반복적인 교육과 업무 프로세스의 개선이 병행되어야 한다.

사업주의 산업재해 예방 의무

산업안전보건법은 사업주에게 재해 예방을 위한 구체적인 조치를 취할 의무를 부여하고 있다. 사회복지시설 역시 규모와 상관없이, 다음의 안전보건조치를 이행해야 한다.

1) 유해·위험요인 제거 및 관리

사업주는 근무 현장에 존재하는 유해물질, 미끄럼, 추락 위험 등 다양한 위험요인을 파악하고 이를 사전에 제거해야 한다. 예를 들어, 물기 있는 복도를 즉시 닦고 경고 표지판을 설치하거나, 낙상 위험이 있는 화장실에 손잡이를 부착하는 등의 조치가 이에 해당한다.

2) 보호구 지급과 사용지도

위험을 완전히 제거할 수 없는 경우, 개인 보호장비를 지급해야 한다. 예컨대 목욕지원 업무 시 미끄럼 방지 신발, 방수 앞치마, 일회용 장갑 등을 지급하는 것이 이에 해당한다. 단순히 지급만 하는 것이 아니라, **사용법을 안내하고 실제 사용을 독려하는 것까지 포함**된다.

3) 근로자에 대한 교육 실시

근로자에게는 정기적으로 안전보건교육을 실시해야 한다.

- 5인 이상 사업장은 연 2회의 정기교육이 법정 의무임.
- 신규 채용자 및 전직자 대상 교육도 별도로 시행해야 함.

4) 재해 발생 시 보고 의무

재해가 발생한 경우, 사업주는 산업재해조사표를 작성하여 1개월 이내에 고용노동부에 제출해야 한다. 특히 **사망사고**나 **3일 이상의 요양이 필요한 부상**은 의무 보고 대상이다.

〈사업주의 산업재해 예방 의무〉

의무 구분	구체적 내용	실무 적용 예시
위험요인 제거	유해·위험요소 사전 점검 및 개선조치	복도 미끄럼방지, 계단 난간 설치 등
보호구 지급·사용지도	업무별 적정 보호구 지급 및 사용 안내	방수 앞치마, 미끄럼방지 신발 등
안전보건교육	정기·수시 교육 실시, 신규 채용 시 별도 교육	요양보호사·조리원 대상 교육 운영 등
재해보고	산재 발생 시 조사표 작성 및 관계기관 보고	3일 이상 요양사고 발생 시 공단 보고

근로자의 준수 의무

산업안전보건법은 근로자에게도 일정한 의무를 부여하고 있다. 이는 단순한 형식이 아니라, 스스로의 생명과 안전을 지키기 위한 최소한의 책임이기도 하다.

1) 안전수칙 준수 및 보호구 착용

근로자는 작업 중 사업장이 정한 안전수칙을 준수하고, 지급된 보호구를 착용해야 한다. 예컨대, 미끄럼 방지 신발을 지급받았음에도 불구하고 사적으로 편한 신발을 착용하다 낙상사고가 발생하면, 과실비율 산정 시 불리하게 작용할 수 있다.

2) 무단 변경 금지 및 장비 훼손 금지

작업환경이나 기계 장비를 임의로 변경하거나 보호 장치를 해제하는 것은 법적으로 금지된다. 예를 들어, 엘리베이터 안전장치를 임의로 해제하거나, 병상 주변의 보조 난간을 제거하는 행위는 중대한 사고로 이어질 수 있다.

3) 안전보건교육 참여

법에서 정한 안전보건교육은 근로자의 권리이자 의무이다. 정당한 사유 없이 교육에 불참하거나, 교육 중 주의의무를 다하지 않으면, 향후 재해 발생 시 산재 인정에 불리하게 작용할 수도 있다.

사회복지시설에서의 주요 재해 유형

사회복지시설은 제조업처럼 기계적 위험이 많은 산업은 아니지만, 오히려 '**지속적·반복적 신체노동**'과 '**정서적 긴장 상태**'가 공존하는 환경이라는 점에서 고유의 산업재해 위험을 가지고 있다.

1) 낙상 및 충돌 사고

- 대상자의 돌발행동으로 인한 넘어짐
- 복도, 욕실, 복지차량 승하차 중 발생
- 위험요인: 물기, 장애물, 조명 불량

2) 근골격계 질환

- 반복적인 부축, 옮기기, 무리한 자세 유지 등
- 어깨, 허리, 무릎 통증 호소 빈발
- 관련된 직군: 요양보호사, 생활지도원, 간호사 등

3) 감정노동에 따른 정신적 재해

- 폭언, 폭력, 정서적 긴장 속에서 근무
- 우울증, 불면증, 외상 후 스트레스 장애 등
- 산재로 인정되는 사례 증가 추세

4) 감염병 노출

- 집단생활 특성상 감염병 확산 우려
- 코로나19, 결핵, 독감 등 반복적 위험
- 의료인력, 요양보호사 모두 해당

5) 화상·절창 등 간헐적 위험요인

- 조리실, 세탁실, 병실 등에서 뜨거운 물, 칼 등 사용
- 주의 부족 시 사고로 이어질 수 있음

사회복지시설의 경우, "소규모라서 괜찮다."라는 인식보다 오히려 **"사소한 사고도 반복되면 중대재해**로 이어질 수 있다."라는 인식이 필요하다. **예방이 곧 시설의 신뢰도**를 높이는 핵심 전략이 된다.

산업안전보건법령 주요 조항

11	제37조 [안전보건표지의 설치, 부착]	◆ 유해·위험한 장소, 시설, 물질에 대한 경고, 비상 시 대처등 안전·보건의식 고취를 위한 사항 등을 그림, 기호 및 글자 등으로 나타낸 표지의 설치 또는 부착(외국인 사용 시 외국인근로자의 모국어로 작성)	500만 원 이하의 과태료
12	제38조 [안전조치]	◆ 위험으로 인한 산업재해를 예방하기 위해 필요한 조치를 하여야 함 - 기계·기구 기타설비, 폭발성·발화성·인화성 물질 및 전기·열·기타 에너지 등에 의한 위험	근로자 사망 시 7년 이하의 징역 또는 1억 원 이하의 벌금

		- 굴착·채석·하역·벌목·운송·조작·운반·해체·중량물 취급 및 불량한 작업방법 등에 의한 위험 - 추락·붕괴·떨어지거나 날아올 위험 등의 장소 및 천재지변으로 인한 위험	
13	제39조 [보건조치]	◆ 건강장해를 예방하기 위하여 필요한 조치를 하여야 함. - 원재료·가스·증기·분진·흄·미스트·산소결핍·병원체·방사선·유해광선·고온·저온·초음파·소음·진동·이상기압 등에 의한 건강장해 - 사업장 배출 기체·액체 또는 찌꺼기, 계측감시, 정밀공작, 단순반복작업 등 작업에 의한 건강장해 등	근로자 사망 시 7년 이하의 징역 또는 1억 원 이하의 벌금
14	제42조 [유해위험방지 계획서의 작성·제출]	◆ 유해위험방지계획서 제출 대상 사업으로서 해당 제품의 생산공정과 직접적으로 관련된 건설물·기계·기구 및 설비 등 전부를 설치·이전·구조변경을 하려는 경우 작성하여 고용노동부 장관에게 제출하여 심사를 받아야 함.	미제출 등: 1,000만 원 이하의 과태료 공사중지명령위반: 5년 이하의 징역 또는 5,000만 원 이하의 벌금
15	제44조 [공정안전보고서의 작성·제출]	◆ 유해하거나 위험한 설비를 보유한 사업주는 중대산업사고 예방을 위해 공정안전보고서(PSM)를 작성하고 노용노동부 장관에게 제출하여 심사를 받아야 함. ※ 공정안전보고서의 적합통보 전 유해하거나 위험한 설비 가동 불가	적합 통보 전 가동: 3년 이하의 징역 또는 3,000만 원 이하의 벌금 미제출: 1,000만 원 이하의 과태료
16	제54조 [중대재해 발생 시 사업주의 조치]	◆ 사업주는 중대재해가 발생한 경우 즉시 해당 작업을 중지시키고 근로자를 작업장소에서 대피시키는 등 안전 및 조건에 관하여 필요한 조치를 하여야 함. ◆ 중대재해 발생 사실을 알게 된 경우 지체없이 관할 지방고용노동관서의 장에게 전화·팩스 또는 그 밖의 적절한 방법으로 보고	3,000만 원 이하의 과태료

17	제57조 [산업재해 발생 은폐 금지 및 보고 등]	◆ 산업재해발생 시 은폐해서는 아니 되며, 그 발생원인 등을 기록·보존하여야 함 ◆ 사망자 또는 3일 이상의 휴업이 필요한 부상을 입거나 질병에 걸린 사람이 발생한 경우 산업재해 조사표를 작성하여 1개월 이내에 관할 지방고용노동관서의 장에게 제출(전자문서로 제출하는 것을 포함)	은폐시 1년 이하의 징역 또는 1,000만 원 이하의 벌금 미보고 및 거짓보고 시 1,500만 원 이하의 과태료
18	제63조 [도급인의 안전조치 및 보건조치]	◆ 도급인은 관계수급인 근로자가 도급인 사업장에서 작업하는 경우 도급인 및 관계수급인 근로자의 산업재해를 예방하기 위하여 안전·보건 시설의 설치 등 필요한 조치를 하여야 함(보호구 착용 등 관계 수급인 근로자의 작업행동에 대한 직접지시 제외)	근로자 사망 시 7년 이하의 징역 또는 1억 원 이하의 벌금
19	제80조 [유해하거나 위험한 기계·기구에 대한 방호조치]	◆ 동력으로 작동하는 기계·기구로서 대통령령으로 정하는 것은 유해·위험 방지를 위한 방호조치를 하지 아니하고는 양도, 대여, 설치 또는 사용에 제공하거나 양도·대여의 목적으로 진열해서는 아니 됨. - 예초기, 원심기, 공기압축기, 금속절단기, 지게차, 포장기계(진공포장기, 래핑기 한정)	1년 이하의 징역 또는 1,000만원 이하의 벌금
20	제84조 [안전인증] 제87조 [안전인증대상기계등의 제조 등의 금지 등]	◆ 유해·위험기계등 근로자의 안전 및 보건에 위해를 미칠 수 있다고 인정된 대상기계등을 제조·수입하는 자는 안전인증을 받아야 함(유해·위험 기계·기구·설비 및 방호장치, 보호구 등) ◆ 안전인증을 받지 않거나 기준에 맞지 아니한 경우 등은 사용하여서는 아니 됨	3년 이하의 징역 또는 3,000만 원 이하의 벌금
21	제93조 [안전검사]	◆ 유해하거나 위험한 기계·기구·설비를 사용하는 경우 정기적 안전검사 실시	1,000만 원 이하의 과태료
22	제114조 [물질안전보건자료의 게시 및 교육]	◆ 물질안전보건자료는 대상 물질을 취급하는 작업장 내에 이를 취급하는 근로자가 쉽게 볼 수 있는 장소에 게시하거나 갖추어 두어야 하며, 취급하는 작업공정별로 관리 요령 게시 및 해당 근로자 교육하여야 함.	미게시: 500만 원 이하의 과태료 (1개소 당) 교육 미실시: 300만 원 이하의 과태료 (대상자 1명당)

23	제115조 [물질안전보건자료대상 물질 용기 등의 경고표시]	◆ 물질안전보건자료대상물질을 담은 용기에 경고표시(명칭, 그림문자, 신호어, 유해위험문구, 예방조치문구, 공급자 정보)	300만 원 이하의 과태료
24	제118조 [유해·위험물질의 제조 등 허가]	◆ 허가대상 유해물질을 제조 또는 사용시 고용노동부장관의 허가를 받아야 함. - α-나프탈아민 및 그 염, 디아니시딘 및 그 염, 베릴륨, 벤조트리클로라이드, 비소 및 그 무기화합물, 콜타르피치 휘발물, 크롬광 가공, 크롬산 아연, *O*-나톨리딘, 황화니켈류 등	5년 이하의 징역 또는 5,000만 원 이하의 벌금
25	제125조 [작업환경측정]	◆ 시행규칙 [별표 21]의 유해인자에 노출되는 근로자가 있는 작업장 대상 실시(6개월에 1회 이상 정기적 실시) - 유기화합물 등 화학적 유해인자, 소음(80dB 이상) 및 고열의 물리적 유해인자, 분진의 유해인자	1,000만 원 이하의 과태료
26	제129조 [일반건강진단]	◆ 상시 근로자 대상: 사무직(2년 1회 이상), 그 밖의 근로자(1년 1회 이상)	1,000만 원 이하의 과태료
27	제130조 [특수건강진단 등]	◆ 시행규칙 [별표 22]의 유해인자 노출 업무 종사 근로자 대상 실시 - 유기화합물 등 화학적 인자, 분진, 소음과 진동 및 방사선 등 물리적 인자, 야간작업 ◆ 특수건강진단 해당 작업 배치 시 또는 작업 전환 시 작업 전 배치 전 건강진단 실시	1,000만 원 이하의 과태료
28	제164조 [서류의 보존]	◆ 사업주는 다음의 서류를 보존기한을 준수하여 관리하여야 함 - 3년 보관: 안전보건관리책임자·안전관리자·보건관리자·안전보건관리담당자 및 산업보건의의 선임에 관한 서류, 안전조치 및 보건조치에 관한 사항, 산업재해의 발생원인 등 기록, 화학물질 유해성·위험성 조사에 관한 서류, 안전인증대상기계 등에 대하여 기록한 서류 등 - 산업안전보건위원회 및 노사협의체 회의록(2년), 작업환경측정 및 건강진단에 관한 서류/결과(5년/30년)	

2. 중대재해처벌법

사회복지시설은 규모가 작고 위험도가 낮다고 인식되는 경우가 많지만, 중대한 인명피해로 이어질 수 있는 낙상사고, 감염병 집단발생, 정신질환 유발 등의 위험이 상존한다. 이러한 상황에서 종사자가 사망하거나 중대한 상해를 입는 사고가 발생하면, 산업안전보건법 위반을 넘어 경영책임자에게 형사책임을 부과하는 중대재해처벌법의 적용이 문제될 수 있다. 이 장에서는 중대재해처벌법의 기본 구조와 사회복지시설과의 관련성, 실무자가 유의해야 할 사항들을 중심으로 정리한다.

중대재해처벌법의 제정 배경과 취지

중대재해처벌법은 **반복적으로 발생하는 중대한 산업사고에도 불구하고** 실질적인 책임자인 **경영진이 처벌되지 않는 현실을 개선**하기 위해 제정되었다. 그간 산업안전보건법은 사업주에게 일정한 예방조치를 요구하긴 했지만, 사고가 발생한 이후에도 형식적인 문서나 조직만 갖춰져 있으면 실질적인 처벌로 이어지지 않는 경우가 많았다. 특히 **하청, 위탁 구조**가 많은 현장에서는 안전관리 책임이 계속해서 하위 단위로 전가되어, 구조적인 사각지대가 형성되기도 했다.

중대재해처벌법은 이러한 문제를 해결하고자 대표이사, 이사장, 시설장 등 **경영책임자에게 직접적 형사책임을 묻는 구조**를 도입하였다. 종사자가 사망하거나 중대한 상해를 입은 경우, 단순히 산업재해로서 보상을 넘어 경영자가 예방의무를 다했는지를 따져 **금고 이상의 형사처벌**까지 가능하게 한 것이다.

중대재해의 유형

중대재해처벌법은 '중대산업재해'와 '중대시민재해'로 구분되며, 사회복지시설은 일반적으로 중대산업재해의 대상이 된다. 중대산업재해에 해당하는 유형은 크게 세 가지다. 첫째, 근로자 **1명 이상이 사망**한 경우이고, 둘째는 동일한 사고로 **6개월 이상 치료가 필요한 부상자가 2명 이상** 발생한 경우이다. 셋째는 **직업성 질병으로 진단받은 자가 1년 이내에 3명 이상** 발생한 경우다. 이 중 어느 하나라도 충족하면 중대재해에 해당하고, 경영책임자는 법 적용 대상이 된다.

사회복지시설에서도 이러한 중대재해가 발생할 수 있다. 예를 들어 낙상사고로 인한 사망, 생활실 화재로 인한 인명피해, 대상자 폭력에 의한 중상해, 반복된 감정노동으로 인한 정신질환 다수 발생 등이 그 예다. 특히 감염병 확산과 관련한 사고는 사회복지시설 특성상 집단 발생으로 이어지기 쉬워 직업성 질병의 다수 발생 유형에 해당할 수 있다.

〈중대재해의 유형〉

중대산업재해	중대시민재해
산업안전보건법 제2조 제1호에 따른 산업재해 중 아래의 어느 하나에 해당하는 결과를 야기한 재해를 말한다. ▶ 사망자가 1명 이상 발생 ▶ 동일한 사고로 6개월 이상 치료가 필요한 부상자가 2명 이상 발생 ▶ 동일한 유해요인으로 급성중독 등 대통령령으로 정하는 직업성 질병자가 1년 이내에 3명 이상 발생	특정 원료 또는 제조물, 공중이용시설 또는 공중교통수단의 설계, 제조, 설치, 관리상의 결함을 원인으로 하여 발생한 재해(다만, 중대산업재해에 해당하는 재해는 제외)로서 아래의 어느 하나에 해당하는 결과를 야기한 재해를 말한다. ▶ 사망자가 1명 이상 발생 ▶ 동일한 사고로 2개월 이상 치료가 필요한 부상자가 10명 이상 발생 ▶ 동일한 원인으로 3개월 이상 치료가 필요한 질병자가 10명 이상 발생

적용 범위: 사회복지시설도 예외 아님

중대재해처벌법은 2022년 1월 27일부터 상시근로자 50인 이상 사업장에 먼저 적용되었고, 이어 2024년 1월 27일부터는 5인 이상 50인 미만 사업장까지 확대 적용되었다. 따라서 2025년 7월 현재, **상시근로자 5인 이상**을 고용하고 있는 대부분의 사회복지시설은 이미 **중대재해처벌법의 적용 대상**에 해당한다.

그럼에도 불구하고 일부 시설에서는 법 적용이 아직 시작되지 않았다고 오해하거나, 소규모 시설이라서 예외에 해당한다고 판단하는 경우가 있다. 하지만 이는 명백한 착오이며, 사회복지시설은 업종 특성상 일정 규모 이상의 상시근로자를 지속적으로 고용하고 있으므로 법 적용 가능성이 높다. 특히 노인요양시설, 장애인거주시설,

정신요양시설, 아동양육시설 등 상시 돌봄이 요구되는 시설은 구조적으로 5인 이상 근로자를 확보할 수밖에 없는 환경에 놓여 있다.

또한, 적용 여부를 판단할 때는 **개별 시설 단위가 아닌 법인 단위의 총 근로자 수를 기준**으로 판단하는 경우도 있다. 예컨대, 동일 사회복지법인이 요양시설 3개를 운영하고 있고, 각 시설마다 20명씩 근로자가 근무하고 있다면, 총 60명의 상시근로자를 고용하는 것으로 간주되어 법 적용 대상이 된다.

아울러 시설 단독으로는 5인 미만일지라도, 동일 법인이 병설기관, 위탁사업, 부설의료기관 등과 함께 통합적으로 인력을 운용하는 구조라면 통합 산정 시 적용 기준을 초과할 수 있으므로 각별한 주의가 필요하다.

따라서 사회복지시설은 규모에 관계없이, 중대재해처벌법의 적용을 받는다는 전제하에 운영되어야 하며, 시설 운영자는 스스로 적용 여부를 유예되었거나 면제되었다고 단정해서는 안 된다. 법 적용이 확정된 현 시점에서는 사고 발생 시 예방조치 이행 여부를 입증할 수 있는 사전 체계를 갖추는 것이 가장 중요한 대응 방식이다.

의무 주체와 보호대상

▶ 의무주체는 해당 사업 또는 사업장의 사업주 또는 경영책임자등을 말하며 구체적인 적용대상은 아래와 같다.

구분	적용대상
법인 또는 기관의 경영책임자	▶ 법인 대표이사 등 사업을 대표하고 총괄하는 권한과 책임이 있는 사람 ▶ 대표이사 등에 준하는 책임자로서 사업 또는 사업장 전반의 안전·보건 관련 조직, 인력, 예산을 결정하고 총괄 관리하는 사람 * 안전·보건에 관한 최종결정권을 가질 정도의 책임이 있는 사람이어야 함 ▶ 중앙행정기관·지방자치단체·지방공기업·공공기관의 장
사업주	▶자신의 사업을 영위하는 자, 타인의 노무를 제공받아 사업을 하는 자

▶ 보호대상은 사업 또는 사업장의 종사자로 규정하고 있으며, 종사자의 구체적인 범위는 아래와 같다.

- 근로기준법상 근로자
- 도급, 용역, 위탁 등 계약의 형식에 관계없이 그 사업의 수행을 위해 대가를 목적으로 노무를 제공하는 자
- 사업을 여러 차례 도급한 경우 각 단계의 수급인과 수급인의 근로자·노무 제공자

적용시기

22.1.27. 시행	24.1.27. 확대 시행
- 상시 근로자 50명 이상 사업 또는 사업장 - 상시 근로자 수 관계없이 공사대금 50억 원 이상 공사	- 상시 근로자 5명 이상 사업 또는 사업장 - 개인사업주 - 모든 공사

경영책임자의 의무: 형식이 아니라 실질로

중대재해처벌법의 핵심은 단지 사고 발생 자체에 책임을 묻는 것이 아니라, 사고 이전에 경영책임자가 실질적으로 예방 조치를 취했는지를 따지는 데 있다. 이 법은 경영책임자에게 단순한 서류상의 조치나 형식적 구비만으로는 책임을 면할 수 없도록 요구하며, 조직 내에서 안전보건관리체계가 실제로 작동하고 있었는지를 기준으로 판단한다.

여기서 말하는 경영책임자란 사회복지시설의 대표이사, 이사장, 시설장 등 조직 내에서 실질적으로 인사권·예산권 등을 행사하며 안전보건관리 의무를 수행해야 하는 지위에 있는 자를 의미한다. 사회복지시설의 경우에는 법인 대표자뿐 아니라 각 시설장의 실질적 관리책임이 문제될 수 있다.

경영책임자에게 요구되는 첫 번째 의무는 **위험요인을 식별하고 이를 제거하거나 최소화하는 체계**를 갖추는 것이다. 단순히 안전관리자라는 직책을 명목상 임명하거나 안전수칙을 만들어두는 것으로는 부족하며, 실제 현장에서 위험요인이 발견되었을 때 이를 개선할 수 있는 의사결정 구조와 실질적 실행 체계가 존재해야 한다. 예컨대 낙상이 반복되는 특정 위치에 대해 미끄럼 방지 매트 설치, 조도 개선, 손잡이 보완 등 구체적 조치가 이루어졌는지 여부가 판단 기준이 된다.

두 번째로는 사고 발생 시 그 원인을 분석하고, 유사 **사고의 재발을 방지하기 위한 제도적 보완조치**를 이행하는 것이 요구된다. 만약 이전에도 유사한 사고가 있었고, 그에 대한 실질적인 개선이 이루어지지 않았다면, 법은 이를 중대한 의무 위반으로 판단할 수 있다. 특히 사회복지시설은 반복적인 신체활동과 감정노동이 필수인 만큼, 축적된 위험 정보를 반영한 시스템 개편이 있었는지가 핵심이 된다.

셋째, 근로자와의 정기적인 의견 교환 절차가 마련되어 있었는지 여부도 중요하다. 이는 형식적인 회의록 작성에 그치는 것이 아니라, **현장의 안전 관련 제안을 수렴하고 조치 여부를 피드백하는 과정**을 포함한다. 감정노동 관련한 고충 제도나 스트레스 관리 상담 체계의 구축 여부, 직무배치 전 전환 교육 등이 해당된다. 이러한 활동이 있었는지는 객관적인 문서와 실행 내역으로 입증되어야 한다.

마지막으로, 안전 관련 **예산과 인력을 실제로 확보하고 이를 집행했는지**도 주요 평가 항목이다. 예산계획서에만 안전관리비용 항목이 존재하고 실제 집행이 이루어지지 않은 경우 또는 보호구를 일괄 구비해놓았으나 근로자가 실제 사용할 수 있도록 안내하거나 지급하지 않은 경우, 모두 예방조치 미이행으로 간주될 수 있다. 안전보건관리 체계의 구축과 운영은 계획만으로는 부족하며, 반드시 실행 실적이 동반되어야 한다.

결국 경영책임자의 의무는 "위험을 인식하고 이를 줄이기 위한 체계를 갖췄는가", "그 체계가 실제로 작동했는가"라는 두 가지 관점에서 평가된다. 사회복지시설의 특성상 인력 구조가 복잡하거나 고정 근무인력이 아닌 경우가 많기 때문에, 더욱 세심한 관리와 반복적 교육, 기록 관리가 필수적이다. 명목상의 제도나 계획만으로는 책임을 면할 수 없으며, **현실적인 이행**과 **그 이행의 결과가 입증 가능해야** 한다.

사업주와 경영책임자 등의 안전 및 보건 확보의무

▶ 사업주와 경영책임자등의 안전 및 보건 확보의무〈중대재해처벌법 제4조〉

사업주 또는 경영책임자등은 사업주나 법인 또는 기관이 실질적으로 지배·운영·관리하는 사업 또는 사업장에서 종사자의 안전·보건상 유해 또는 위험을 방지하기 위하여 그 사업 또는 사업장의 특성 및 규모 등을 고려하여 다음 각 호에 따른 조치를 하여야 한다.

- 재해예방에 필요한 인력 및 예산 등 안전보건관리체계의 구축 및 그 이행에 관한 조치
- 재해 발생 시 재발방지 대책의 수립 및 그 이행에 관한 조치
- 중앙행정기관·지방자치단체가 관련 법령에 따라 개선, 시정 등을 명한 사항의 이행에 관한 조치
- 안전·보건 관계 법령에 따른 의무이행에 필요한 관리상의 조치

▶ **도급, 용역, 위탁 등 관계에서의 안전 및 보건 확보의무〈중대재해처벌법 제5조〉**
사업주나 법인 또는 기관이 제3자에게 도급, 용역, 위탁 등을 행한 경우에는 제3자의 종사자에게 중대산업재해가 발생하지 않도록 조치한다.
다만, 사업주나 법인 또는 기관이 그 시설, 장비, 장소 등에 대하여 실질적으로 지배·운영·관리하는 책임이 있는 경우에 한정한다.

실무자가 주의해야 할 점

중대재해처벌법은 사고 발생 그 자체를 형사처벌의 기준으로 삼기보다, **사고 발생 이전에 경영책임자가 예방조치를 성실히 이행했는지 여부를 핵심 판단 기준**으로 삼는다. 따라서 시설 내에서 단 한 건의 사고가 발생했더라도, 사전 관리체계가 미비했다면 법 위반으로 간주될 수 있으며, 이 경우 형사책임까지 이어질 수 있다.

특히 사회복지시설은 근로자와 이용자가 함께 생활하고, 물리적·정서적 돌봄이 동시에 이루어지는 특수한 환경에 있다. 이러한 특성으로 인해 사고 발생 가능성은 항시 존재하며, 낙상사고, 화재, 감염병 확산, 근골격계 질환, 정신질환 등 다양한 유형의 재해가 종사자에게 중대한 손해로 이어질 수 있다. 문제는 이러한 사고가 발생했을 때, 단순한 관리 소홀이라는 평가를 넘어 경영책임자의 예방조치 미이행에 대한 법적 평가로 전환될 수 있다는 점이다.

실무자는 우선 **시설 내 위험요인을 체계적으로 파악**하고, 이를 **정기적으로 점검·기록하는 시스템**을 갖추어야 한다. 점검기록은 단순히 점검표를 만들어 놓는 것에 그쳐서는 안 되고, **실질적인 위험 식별과 개선 조치의 이행 여부**가 드러나야 한다. 예를 들어, 특정 욕실 구역에서 반복적으로 미끄러짐 사고가 발생했다면, 해당 위치의 바닥 상태를 확인하고, 조명·손잡이·미끄럼 방지 시설 등 개선 여부를 판단한 후 조치 내용을 기록으로 남겨두는 방식이 필요하다.

또한 산재 예방 교육, 보호구 지급, 종사자 의견 청취 등 **모든 예방활동의 실행 여부는 구체적인 문서로 관리되어야** 한다. 교육 이수 명단, 지급 확인서, 회의록, 고충 접수 및 조치 내역 등은 향후 법적 분쟁 시 가장 중요한 입증 자료가 된다. 단지 규정에 "교육을 실시한다."라고 명시되어 있다는 이유만으로 교육이 실제로 이루어졌다고 볼 수 없기 때문에, **교육자료, 출석부, 피교육자 서명 등이 확보되어야** 한다.

사고 발생 이후 작성하는 경위서나 내부 보고서도 법적 분쟁 시 핵심 증거로 작용할 수 있다. 예컨대 사고 후 원인 분석 내용이 추상적이거나, 재발 방지를 위한 구체적 조치가 누락되어 있다면, 경영책임자의 의무 이행을 인정받기 어렵다. 이에 따라 사고 조사 시에는 객관적 사실에 근거해 **사고 원인과 시설 관리의 미비점을 정확히 정리하고, 후속 조치가 구체적으로 기재되어야** 한다.

마지막으로 실무자는 시설 규모와 상관없이 중대재해처벌법의 적용을 받는다는 전제 하에 업무를 운영해야 한다. 실제로 법 위반 여부를 가르는 것은 사업장 규모가 아니라, "사고 이전에 무엇을 했는가", 즉 예방체계의 유무와 그 실질적인 작동 여부이다. 따라서 '**법 적용 예외 대상일 것이다**', '지금까지 사고가 없었다'는 **이유로 관리체계를 등한시해서는 안 된다.** 현장 상황을 가장 가까이에서 파악하는 실무자의 역할은, 단순한 행정절차 이행을 넘어, 조직 전체가 법적 책임을 회피할 수 있는 방어 기제를 사전에 구축하는 일과 직결된다.

중대재해처벌법령 주요 조항

벌칙규정

▶ 중대재해처벌법은 사업주 또는 경영책임자등이 법 제4조(사업주와 경영책임자등의 안전 및 보건 확보의무) 또는 제5조(도급, 용역, 위탁 등 관계에서의 안전 및 보건 확보의무)에 따른 안전 및 보건 확보의무를 위반한 경우에 바로 처벌하는 것은 아니다. 다만, 사업주 또는 경영책임자등의 법 제4조 또는 제5조의 안전 및 보건 확보의무를 위반하여 중대산업재해에 이르게 한 경우에 처벌하게 된다.

▶ 경영책임자가 안전 및 보건 확보에 필요한 의무들을 이행했다면 중대산업재해가 발생하더라도 처벌되지 않는다.

구분	적용대상
종사자의 사망 시	1년 이상의 징역 또는 10억 원 이하의 벌금 (징역과 벌금을 병과할 수 있음)
종사자의 부상 또는 직업성 질병 재해 시	7년 이하의 징역 또는 1억 원 이하의 벌금
가중처벌	중대산업재해로 선고받은 형이 확정된 후 5년 이내에 다시 위 죄를 저지른 경우 각 형의 2분의 1까지 가중처벌

양벌규정

▶ 양벌규정의 적용대상은 법인 또는 기관이며 법인 또는 기관의 경영책임자등이 그 법인 또는 기관의 업무에 있어 안전·보건 확보 의무를 위반하여 중대산업재해에 이르게 한 경우, 해당 경영책임자등을 벌하는 외에 그 법인 또는 기관 그 자체를 벌금형의 형사벌로 처벌한다. 다만, 법인 또는 기관이 그 위반행위를 방지하기 위해 해당 업무에 관하여 상당한 주의와 감독을 게을리한 경우에 한하여 적용한다.

구분	적용대상
종사자의 사망 시	50억 원 이하의 벌금(행위자 처벌 외)
종사자의 부상 또는 직업성 질병 재해 시	10억 원 이하의 벌금(행위자 처벌 외)

손해배상

▶ 사업주 또는 경영책임자등이 고의 또는 중대한 과실로 안전 및 보건 확보의무를 위반하여 중대재해를 발생하게 한 경우 사업주나 법인, 기관은 손해를 입은 사람에 대하여 그 손해액의 5배를 넘지 아니하는 범위에서 배상책임을 진다. 다만, 법인 또는 기관이 해당업무에 관하여 상당한 주의와 감독을 게을리하지 않은 경우에는 그러하지 아니한다.

안전보건교육의 수강

▶ 교육대상: 중대산업재해가 발생한 '법인 또는 기관'의 경영책임자등은 안전보건교육을 이수해야 한다.

(※ 개인사업주는 교육 이수 대상에 해당하지 않음)

▶ 교육시간 및 내용: 총 20시간의 범위에서 이수해야 하며 다음 사항의 교육내용이 포함되어야 한다.

- 안전보건관리체계의 구축 등 안전·보건에 관한 경영 방안
- 중대산업재해의 원인분석과 재발방지 방안

안전보건관리체계의 구축 및 이행 조치(시행령 제4조)

안전보건관리체계의 구축·이행이란, 일하는 사람의 안전과 건강을 보호하기 위해 사업장 스스로 위험요인을 파악하여 제거·대체 및 통제방안을 마련·이행하며, 이를 지속적으로 개선하는 일련의 활동을 말한다.

사업장에 따라 보유한 기계·기구, 공정과 작업방법 등이 다르므로 사업장 여건에 맞게 구축하고 주기적인 점검·조치를 통해 안전보건관리체계를 만들어야 한다.

◆ 안전보건관리체계 7가지 핵심요소

핵심요소		실행전략
1	경영자 리더십	• 안전보건에 대한 의지를 밝히고, 목표를 정합니다. • 안전보건에 필요한 자원(인력·시설·장비)을 배정합니다. • 구성원의 권한과 책임을 정하고, 참여를 독려합니다.
2	근로자 참여	• 안전보건관리 전반에 관한 정보를 공개합니다. • 모든 구성원이 참여할 수 있는 절차를 마련합니다. • 자유롭게 의견을 제시할 수 있는 문화를 조성합니다.
3	위험요인 파악	• 위험요인에 대한 정보를 수집하고 정리합니다. • 산업재해 및 아차사고를 조사합니다. • 위험 기계, 기구, 설비 등을 파악합니다. • 유해인자를 파악합니다. • 위험장소 및 작업형태별 위험요인을 파악합니다.
4	위험요인 제거, 대체 및 통제	• 위험요인별 위험성을 평가합니다. • 위험요인별 제거, 대체 및 통제방안을 검토합니다. • 종합적인 대책을 수립하고 이행합니다. • 교육훈련을 실시합니다.
5	비상조치 계획 수립	• 위험요인을 바탕으로 '시나리오'를 작성합니다. • '재해 발생 시나리오'별 조치계획을 수립합니다. • 조치계획에 따라 주기적으로 훈련합니다.
6	도급용역 위탁 시 안전보건 확보	• 산업재해 예방 능력을 갖춘 사업주를 선정합니다. • 안전보건관리체계 구축 및 운영 시 사업장 내 모든 구성원이 참여하고 보고받을 수 있도록 합니다.
7	평가 및 개선	• 안전보건 목표를 설정하고 관리합니다. • '안전보건관리체계'가 제대로 운영되는지 점검합니다. • 발굴된 문제점을 주기적으로 검토하고 개선합니다.

(1) 안전·보건 목표와 경영방침의 설정(시행령 제4조 제1호)

사업 또는 사업장의 안전·보건에 관한 지속적인 개선 및 실행 방향을 의미하며 안전·보건에 관한 목표와 경영방침을 수립하여야 한다.

효과적인 안전보건관리체계를 구축하고 이행하기 위해서는 경영자가 확고한 '리더십'으로 비전을 제시하고, 인력·시설·장비 등 자원을 제공해야 합니다.			
자가진단 항목	**네**	**아니오**	**비고**
1. 사업주가 '근로자의 생명 보호'와 '안전한 작업환경 조성'을 기업경영의 우선되는 가치로 삼고 있다.			
2. 사업주의 안전보건 목표와 개선의지를 담은 안전보건 경영방침을 수립하고 그 적정성을 주기적으로 검토한다.			
3. 안전보건 경영방침을 인트라넷·게시판·작업현장 등에 게시하여 대부분의 근로자가 알고 있다.			
4. 안전보건 경영방침을 하청업체, 파견업체, 공급·판매업체도 알고 있다.			
5. 안전보건에 관한 목표를 설정하고, 목표 달성을 위한 실행계획을 수립한다.			
6. 주기적으로 사업주(CEO) 주재의 안전보건관련 회의를 진행하여 위험요인의 제거·대체 및 통제에 필요한 자원을 확인 등 안전보건관리체계의 정상적인 작동 여부를 확인한다.			
7. 위험요인의 제거·대체 및 통제를 위한 구체적인 계획을 수립하고, 이행에 필요한 예산을 배정한다.			
8. 안전보건 관리를 위한 인력을 법정 최소요건 이상으로 충분히 확보한다.			
9. 안전보건 확보를 위한 안전보건 조직의 제안이 원활하게 이행될 수 있도록 권한을 부여한다.			

(2) 안전·보건 업무를 총괄·관리하는 전담 조직 설치(시행령 제4조 제2호)

전담조직은 사업 또는 사업장의 안전보건관리체계를 관리·감독하는 등 사업주 또는 경영책임자등을 보좌하고, 사업주나 법인 또는 기관의 안전·보건에 관한 컨트롤타워로서의 역할을 하는 조직을 설치하여야 한다.

◆ 전담조직 설치기준

「산업안전보건법」에 따른 전문인력(안전관리자, 보건관리자, 안전보건관리담당자, 산업조건의)이 총 3명 이상이고, 다음 어느 하나에 해당하는 사업 또는 사업장인 경우

① 상시근로자 수가 500명 이상인 사업 또는 사업장

②「건설산업기본법」 제8조 및 같은 법 시행령 별표 1에 따른 토목건축공사업에 대해 같은 법 제23조에 따라 평가하여 공시된 시공능력의 순위가 상위 200위 이내인 건설사업자

(3) 유해·위험요인 확인 개선 절차 마련, 점검 및 필요한 조치(시행령 제4조 제3호)

사업 또는 사업장의 특성에 따른 유해·위험요인이 확인·개선되고 있는지를 반기 1회 이상 점검한 수 점검 결과에 따라 필요한 조치를 하여야 한다.

다만, 산업안전보건법 제36조에 따른 위험성평가를 하는 절차를 마련하고, 그 절차에 따라 위험성평가를 실시하도록 하고 그 결과를 보고 받은 경우에는 위의 업무절차에 따른 유해·위험요인의 확인 및 개선에 대한 점검을 한 것으로 본다.

유해·위험요인의 확인 및 개선은 기계·기구, 설비, 원재료 등의 신규 도입 또는 변경, 건설물·기계·기구·설비 등의 정비·보수 시 및 작업방법·절차의 변경 등이 실행되기 전에 실시하여 위험성을 제거한 후 작업할 수 있도록 하여야 하며, 정기적으로 확인하여 현재 관리되고 있는 위험성 감소대책의 실효성을 지속적으로 확보할 수 있도록 하여야 한다.

◆ 위험요인 파악

산업재해 예방은 위험요인 파악에서 시작합니다. 위험요인과 위험의 정도를 제대로 알고만 있어도, 경각심을 가지고 작업할 수 있습니다.			
자가진단 항목	**네**	**아니오**	**비고**
1. 경영자·관리자, 현장 작업자의 참여를 바탕으로 위험요인을 주기적으로 파악한다.			
2. 근로자뿐만 아니라 파견업체, 공급·판매업체, 고객 등 모든 구성원이 위험요인을 신고·제보할 수 있는 절차를 운영한다.			
3. 산업재해 및 아차사고를 조사하여 위험요인을 파악한다.			
4. 동종업체의 산업재해를 조사 및 참고하여 위험요인을 파악한다.			

5. 파악한 위험요인을 유형별로 정리한다.			
6. 보유하고 있는 위험기계·기구·설비, 유해·위험 화학물질 현황을 관리대장 등을 통해 관리한다.			
7. 새로운 기계·기구·설비 또는 화학물질 도입 시 사전에 위험요인을 파악하는 절차를 두고 관리한다.			
8. 위험장소에 안전보건표지를 부착하고, 출입 및 작업 시 별도로 관리하는 절차가 있다.			
9. 작업방법을 고려한 위험요인을 파악한다.			
10. 새로운 작업의 경우 작업위험성평가 등을 실시하여 작업위험을 파악한다.			

◆ **위험요인 제거·대체 및 통제**

위험요인을 제거·대체하거나 통제할 수 있는 방안을 마련할 때 '사람은 실수하고 기계는 고장날 수 있다는 점'을 특히 유의해야 합니다.

자가진단 항목	네	아니오	비고
1. 각각의 위험요소에 대해 사고발생 가능성(빈도)과 중대성(강도)을 예측하여 위험의 정도를 평가한다.			
2. 위험요인 우선순위를 정하고, 감소대책을 수립한다.			
3. 위험요인별 개선방안 마련 시 현장작업자가 참여하고, 사업주의 검토가 이루어진다.			
4. 위험요인별 개선방안 마련 시 제거→대체→통제→보호구 순으로 검토한다.			
5. 위험요인별 개선방안 마련 시 가능한 공학적 통제방안 이상으로 복수의 방안을 마련한다.			
6. 위험요인별 개선방안이 결정되면, 개선시기, 예산→인력 배정방안, 담당자 지정을 포함한 종합적인 대책을 마련한다.			
7. 위험요인 제거·대체 및 통제를 위한 종합적인 대책을 모든 구성원에게 공유·교육하고 이행한다.			
8. 보유하고 있는 기계·기구 및 설비 등에 대한 점검·정비 절차가 있다.			

(4) 재해예방에 필요한 예산 편성 및 집행(시행령 제4조 제4호)

재해예방을 위해 필요한 안전·보건에 관한 인력·시설·장비의 구비와 유해·위험요인의 개선 등에 필요한 예산을 편성하고 그 편성된 용도에 맞게 집행하도록 하여야 한다. 예산의 편성 시에는 예산 규모가 얼마인지가 중요한 것이 아니라, 유해·위험요인을 어떻게 분석하고 평가했는지 여부가 중요하다.

(5) 안전보건관리책임자등의 충실한 업무수행 지원(시행령 제4조 제5호)

사업주 또는 경영책임자등은 각 사업장의 안전보건관리책임자, 관리감독자 및 안전보건총괄책임자가 산업안전보건법에 정해진 각각의 업무를 충실히 수행할 수 있도록 업무수행에 필요한 권한과 예산을 부여하고 해당 업무를 충실하게 수행하는지를 평가하는 기준을 마련하여 그 기준에 따라 반기 1회 이상 평가·관리하여야 한다.

◆ **평가 및 개선**

안전보건관리체계 이행 현황을 정기적으로 확인하고, 문제점을 파악·개선하여 안전보건관리체계를 지속적으로 개선합니다.			
자가진단 항목	네	아니오	비고
1. 전 부서 및 구성원을 대상으로 안전보건에 관한 성과를 평가한다.			
2. 안전보건에 관한 평가 시 근로자 의견 검토 및 반영, 도급·용역·위탁 시 안전·보건 관리에 관한 사항을 포함한다.			
3. 안전보건에 관한 성과평가 결과를 다음 연도 목표설정 및 실행계획 수립에 반영한다.			
4. 안전보건관리체계가 계획 및 내부규정에 따라 운영되는지 주기적으로 확인한다.			
5. 산업재해 발생 시 사고의 원인을 찾기 위해 조사팀을 구성하여 현장의 문제점을 조사한다.			
6. 산업재해 발생 시 사고의 근원적인 원인을 찾기 위해 업무 절차 및 자원배정의 적정성 등 안전보건관리체계 전반을 점검한다.			
7. 안전보건관리체계 점검팀 구성, 점검 종류, 점검 주기, 점검 방법 등을 내부규정으로 정하여 운영한다.			

8. 점검 결과 발견된 문제 및 개선방안은 사업주에게 보고하고, 근로자에게 교육 등을 통해 파악한다.			
9. 도출된 문제 및 개선방안 마련 시 근원적인 문제점이 개선되도록 충분한 자원을 배정한다.			
10. 점검 결과 마련된 개선방안은 개선시기, 담당, 예산·인력 배정방안을 포함하여 조치계획을 수립한다.			
11. 중대재해처벌법상에 규정된 정기적인 안전보건관리체계 관련 점검·평가 의무를 이행한다. (유해·위험요인 개선, 안전보건관리 책임자 등의 업무 수행, 근로자 의견 청취, 비상조치 매뉴얼, 도급·용역·위탁)			

(6) 안전관리자, 보건관리자 등 전문인력 배치(시행령 제4조 제6호)

산업안전보건법에 따라 정해진 수 이상의 안전관리자, 보건관리자, 안전보건관리담당자 및 산업보건의를 배치한다. 다만, 다른 법령에서 해당 인력의 배치에 대해 달리 정하고 있는 경우에는 그에 따르고, 배치해야 할 인력인 다른 업무를 겸직하는 경우에는 고용노동부장관이 정하여 고시하는 기준에 따라 안전·보건에 관한 업무 수행시간을 보장해야 한다.

(7) 종사자 의견 청취 절차 마련, 청취 및 개선방안 마련·이행 여부 점검(시행령 제4조 제7호)

사업 또는 사업장의 안전·보건에 관한 종사자의 의견 청취 절차를 마련하고, 그 절차에 따라 종사자의 의견을 들어 재해예방이 필요한 경우에 개선 방안을 마련하여 이행하는지를 반기 1회 이상 점검한 후 필요한 조치를 한다.

다만, 산업안전보건법 제24조에 따른 산업안전보건위원회 및 같은 법 제64조(도급에 따른 산업재해 예방조치), 제75조(안전 및 보건에 관한 협의체 등의 구성·운영에 관한 특례)에 따른 안전 및 보건에 관한 협의체에서 사업 또는 사업장의 안전·보건에 관하여 논의하거나 심의·의결한 경우에는 해당 종사자의 의견을 들은 것으로 본다.

◆ 근로자의 참여

성공적인 안전보건관리체계 구축·이행을 위해서는 잠재된 위험에 대해 가장 잘 알고 있는 현장 작업자의 참여가 반드시 필요합니다.			
자가진단 항목	**네**	**아니오**	**비고**
1. 안전보건 경영방침과 목표, 산업안전보건법령의 주요 내용, 안전보건관리규정, 산업안전보건위원회 의결사항 등을 홈페이지, 게시판에 게시한다.			

2. 사업장 내 유해·위험기계·기구 및 물질, 위험장소 등을 대부분의 근로자가 알고 있다.			
3. 산업재해 및 아차사고 발생 현황 등을 공개하여 대부분의 근로자가 알고 있다.			
4. 안전보건 확보와 관련 사업장 내 구성원들이 참여할 수 있는 공식적인 절차를 적극적으로 알린다.			
5. 산업안전보건위원회, 도급인·수급인 안전보건 협의체 등을 통해 구성원의 의견을 적극적으로 수렴한다.			
6. 작업 전 안전미팅(TBM), 안전제안활동, 안전보건 신고함 등 법적 절차 외 구성원의 의견을 수렴하는 절차를 운영한다.			
7. 위험요인 파악 및 제거·대체·통제방안 마련 시 해당 작업과 연계된 근로자를 참여시킨다.			
8. 위험요인별 재해 발생 시나리오 및 조치계획 수립 시 해당작업과 연계된 근로자를 참여시킨다.			
9. 위험요인 신고, 제도개선 제안 시 인센티브를 부여한다.			
10. 위험요인 신고·제안자에게 불이익이 없도록 하여 자유롭게 의견을 제기할 수 있도록 한다.			
11. 신고 및 제안에 대한 조치결과를 정기적으로 공개한다.			

(8) 중대산업재해 발생 시 등 조치 매뉴얼 마련 및 조치 여부 점검(시행령 제4조 제8호)

중대산업재해가 발생하거나 발생할 급박한 위험이 있을 경우를 대비하여 작업중지, 근로자 대피, 위험요인 제거 등 대응조치와 중대산업재해를 입은 사람에 대한 구호조치, 추가 피해방지를 위한 조치에 관한 매뉴얼을 마련하고, 해당 매뉴얼에 따라 조치하는지를 반기 1회 이상 점검하여야 한다.

◆ 비상조치계획 수립

중대재해 발생에 대처할 수 있는 비상조치계획을 수립하고 준비함으로써 피해를 최소화할 수 있습니다.			
자가진단 항목	네	아니오	비고
1 위험요인별로 어떤 재해가 발생할 수 있는지를 검토하여 중대재해로 이어질 수 있는 재해요인을 파악한다.			
2. 발생 가능한 사고의 유형 및 형태, 사고 발생 시 초래될 결과 등을 확인·예측한다.			
3. 공장별·현장별 위험성의 높은 위험요인에 대해 재해 발생 시나리오를 작성한다.			
4. 재해 발생 시나리오별 조치계획을 작성하여 관계 부서, 공정, 유해·위험물질, 재해유형, 원인, 피해범위 등을 목록화하여 관리한다.			
5. 비상조치계획에는 필요한 인력 및 시설·장비(인적·물적자원)가 적절히 포함되어 있다.			
6. 비상조치계획에 작업중지·근로자 대피·위험요인 제거 등 대응조치, 재해자 구조조치, 추가피해 방지를 위한 조치가 포함되어 있다.			
7. 비상조치계획의 상황보고 및 전파체계, 조치별 대응 조직 및 담당자의 역할이 적절히 구분되어 있다.			
8. 비상 시 즉각 탈출할 수 있는 비상구가 충분히 마련되었고, 즉각 알아볼 수 있는 형태로 표시되어 있다.			
9. 비상상황에 대비한 병원, 소방서 등 유관기관과의 협조체계가 마련되어 있다.			
10. 비상조치계획에 따라 주기적으로 훈련하고 적정성을 검토한다(반기 1회 이상).			
11. 훈련과정에서 발견된 문제점을 검토하여 조치계획을 개선한다.			

(9) 도급, 용역, 위탁 등의 경우 종사자의 안전 및 보건 확보를 위한 조치(시행령 제4조 제9호)

제3자에게 업무의 도급, 용역, 위탁 등을 하는 경우에는 종사자의 안전·보건을 확보하기 위한 기준과 절차를 마련하고, 그 기준과 절차에 따라 도급, 용역, 위탁 등이 이루어지는지를 반기 1회 이상 점검하여야 한다.

◆ 도급·용역·위탁 시 안전보건 확보

안전보건관리체계는 소속 근로자뿐만 아니라, 사업장 내 모든 구성원을 대상으로 구축하고 이행해야 합니다.			
자가진단 항목	네	아니오	비고
1. 도급·용역·위탁 시 안전보건 수준을 평가하는 절차가 있고, 이에 따라 선정이 이루어진다.			
2. 도급·용역·위탁 시 안전보건 수준 평가 기준이 적절하여, 그 결과 안전보건 능력을 갖춘 자가 선정된다.			
3. 도급·용역·위탁 시 도급·용역·위탁 등을 받는 자의 안전·보건을 위한 관리비용, 공사기간 등에 대한 검토 기준이 있다.			
4. 도급·용역·위탁 시 도급·용역·위탁 등을 받는 자의 산재예방 능력 평가 기준에 따라 평가·선정이 이루어지는지를 주기적으로 점검한다(반기 1회 이상).			
5. 도급·용역·위탁 시 도급·용역·위탁 등을 받는 자의 적정 안전·보건 관리비용 검토 후 비용이 지급되는지를 주기적으로 점검한다(반기 1회 이상).			
6. 도급·용역·위탁 시 도급·용역·위탁 등을 받는 자의 적정 공사기간 검토 후 해당 사업이 이루어지는지를 주기적으로 점검한다(반기 1회 이상).			
7. 도급·용역·위탁 시 사전에 유해·위해물질의 유해성·위험성, 유해·위험작업에 대한 주의사항 등을 안전보건에 관한 정보를 제공한다.			
8. 도급·용역·위탁받은 자가 안전보건에 관한 의견을 전달하는 절차가 있고, 그에 대한 검토 및 처리결과를 근로자에게 공유한다.			
9. 도급·용역·위탁 업무 시 유해·위험한 작업의 경우 안전작업 허가제를 통해 관리하고, 점검반을 구성하여 수시로 안전보건 점검을 실시한다.			
10. 도급·용역·위탁받은 자가 실시하는 위험성평가, 안전보건 교육 등 안전보건활동의 적정성을 검토·확인한다.			
11. 도급·용역·위탁 업무 완료시 안전보건 업무 평가를 실시하여 이를 활용한다.			

3. 산업재해보상과 산재청구 실무

산업재해가 발생하면, 근로자는 단순히 사고에 대한 치료만 받는 것이 아니라, **산업재해보상보험법에 따라 국가로부터 일정한 보상과 급여를 받을 권리**를 가진다. 사회복지시설 종사자도 예외가 아니며, 오히려 감정노동, 반복작업, 신체적 돌봄 등 다양한 위험에 지속적으로 노출되어 있는 만큼 산재 청구가 실무상 자주 발생할 수 있다. 이 장에서는 산재보상의 기본 개념과 요건, 신청 절차, 시설별 자주 발생하는 재해 유형, 그리고 실무자가 주의할 점을 차례로 살펴본다.

산재보상의 개념과 적용 요건

산재보상이란, 근로자가 업무와 관련하여 부상을 입거나 질병에 걸리거나 사망한 경우, 국가가 운영하는 산재보험을 통해 **치료비, 소득보상, 장해보상, 유족보상 등을 제공하는 사회보장 제도**이다. 이는 **민사상 손해배상청구와는 별도**로, 근로자의 생활을 신속히 안정시키기 위한 **공적 급여 체계**이다.

산재보상의 전제 조건은 '산업재해'에 해당하는가이다. 산업재해로 인정되기 위해서는 기본적으로 **업무기인성과 업무관련성이 모두 충족되어야** 한다. 업무기인성이란, 재해의 원인이 근로자의 업무 그 자체에서 비롯되었음을 의미하며, 업무관련성은 그 사고 또는 질병이 업무수행 과정과 시간·장소적으로 밀접하게 연결되어 있는지를 판단하는 기준이다.

예컨대 요양보호사가 근무 중 어르신을 침대에서 휠체어로 옮기다 허리를 다친 경우, 이는 업무기인성과 업무관련성이 모두 명백하여 산재로 인정받기 쉽다. 반면에 휴게시간 중 개인 용무로 외부에서 발생한 사고 혹은 개인 건강상 문제로 인한 질병은 산재로 인정받기 어렵다.

2018년부터는 **출퇴근 중 발생한 사고**도 일정 요건을 갖추면 산업재해로 인정된다. 출퇴근 경로가 통상적이고 합리적인 경로이며, 그 방법이 사적 용무로부터 벗어나지 않은 경우에는 업무상 재해로 인정된다. 예를 들어 자가용 또는 대중교통을 이용하던 중의 교통사고는 대부분 출퇴근재해로 산재보상이 가능하지만, 출근 중 마트에 들러 장을 보다 발생한 사고는 예외로 처리될 수 있다.

사회복지시설 종사자의 경우, **업무 특성상 정신적·육체적 부담이 크고, 감정노동과 신체활동이 결합된 근로 형태**가 일반적이다. 이러한 근무환경은 직무상 질병, 반복적 손상, 스트레스성 질환으로 이어질 수 있으며, 이러한 특수성을 반영한 업무기인성 판단이 필요하다.

산재청구 절차 개요

> **산업재해보상보험 시행령 제21조(보험급여의 청구, 결정 통지 등)**
> ① 법 제36조 제2항에 따라 다음 각 호의 어느 하나에 해당하는 보험급여를 받으려는 사람은 공단에 각각의 보험급여에 대해 신청하거나 청구해야 한다.

산업재해보상보험제도는 **신청주의**를 원칙으로 한다(산업재해보상보험법 시행령 제21조 제1항). 다시 말해, 근로자가 업무상 사고나 질병을 당했다고 하더라도, 본인이 직접 요양급여신청서를 제출하지 않으면 산재 보상을 받을 수 없다. 사업주나 병원이 신청을 대신해주는 것이 아니라, **원칙적으로 근로자 본인이 근로복지공단에 청구서를 제출해야만** 절차가 개시된다.

이와 관련하여 2018년 1월 1일부터 제도상 중요한 변화가 있었다. 바로 그 이전까지는 **요양급여신청서에 사업주의 확인 및 날인란이 필수로 존재했으나**, 2018년부터는 **이 확인란이 폐지되어 근로자 단독 신청이 가능**해졌다. 현재는 신청인이 직접 요양급여신청서를 작성하여 공단에 제출하면, 공단이 필요에 따라 사업주에게 사실확인을 요청하는 구조로 운영된다. 즉, 사업주의 확인은 산재청구 요건이 아니라 **공단의 사실조사 단계에서 다루어지는 행정 절차로 변경**된 것이다.

이에 따라, 실무자는 근로자의 산재신청을 이유로 **협조를 거부하거나 신청을 방해해서는 안 된다.** 사업주가 명시적으로 신청서 작성을 막거나 서류를 받지 않겠다고 하더라도, 근로자는 단독으로 공단에 신청서를 접수할 수 있으며, 이를 이유로 징계·전보·해고 등 불이익을 주는 행위는 「산재보험법」 및 「근로기준법」상 위법한 처우에 해당할 수 있다.

산재청구의 절차는 일반적으로 다음과 같이 진행된다. 먼저 근로자가 의료기관을 방문해 '**초진 진단서(진단명과 최초진료일 포함)**'를 발급받고, **요양급여신청서를 작성하여**

공단에 제출한다. 공단은 제출된 서류와 필요 시 현장조사 또는 사업주 의견 조회 등을 통해 업무상 재해 여부를 심사하고, 요양승인 여부를 결정한다.

요양승인이 이루어지면 근로자는 공단의 지정을 받은 의료기관에서 치료를 받을 수 있으며, 이와 별개로 **휴업급여**(치료로 인해 일을 쉬는 동안 지급), **장해급여**(치료 후 장해가 남은 경우), **유족급여**(사망한 경우 유족에게 지급) 등을 추가로 신청할 수 있다. 각 보상 항목은 요건과 절차가 다르기 때문에, **사고의 성격과 치료 경과에 따라 필요한 급여를 구분하여 신청**해야 한다.

한편, 산재신청은 종이서류로 공단에 직접 제출할 수도 있고, 전자민원서비스(근로복지공단 홈페이지)를 통해 온라인으로 신청하는 것도 가능하다. 다만 전자신청은 공동인증서 및 진단서 PDF 파일 등을 필요로 하므로, 근로자가 이에 익숙하지 않은 경우 실무자가 신청서식 안내나 자료 스캔 등 실무적 지원을 제공할 필요가 있다.

실무자가 반드시 유의해야 할 점은, **산재청구의 핵심은 '사고와 업무의 관련성' 입증**이라는 점이다. 따라서 요양급여신청서, 재해경위서, 진단서 등은 모두 사고 당시의 상황과 시간, 장소, 수행업무 등을 구체적이고 일관되게 기재해야 하며, **병원 초진 기록과 진술 내용 간의 불일치가 없도록** 조율하는 것이 중요하다.

예컨대, 근로자가 사고 당시 복도에서 넘어졌다고 진술했는데, 병원 진료기록에는 '업무 중이 아닌 자택에서 넘어짐'으로 기록된 경우, 산재가 불승인될 가능성이 높다.

또한 사고 직후에는 근로자도 정확한 판단이 어렵거나, 최초 진술이 혼동될 수 있으므로, 사실관계를 정리한 **재해경위서를 조속히 작성**하고, 필요시 동료나 CCTV 기록 등 보조자료를 확보해두는 것이 심사에 매우 중요하다. 특히 '서서히 발생한 증상'이나 '지속적 반복 작업에 따른 질환'의 경우에는 **근무환경, 업무형태, 작업시간 등이 기재된 문서**(예: 근무표, 직무기술서, 교육기록 등)가 유력한 입증자료가 된다.

요양급여 신청 관련 서식 예시

[별지 제2호 서식] <개정 2019. 8. 12.>

산 업 재 해 보 상 보 험

요 양 급 여 신 청 서

※ **굵은 선 안은 필수 기재사항이므로 반드시 기재**해 주시기 바랍니다. (앞 면)

접수일자		접수번호		처리기간	7일

재해자

성 명(외국인은 외국인등록증상 영문명 대문자)		**주민등록번호**(외국인등록번호) □□□□□□-□□□□□□□
주 소		휴대전화: 전화번호:
재해발생 일 시	□□□□년 □□월 □□일 □□시 □□분	**채용일자:** 년 월 일
출근시간:	**퇴근시간:**	**직 종:**

보험가입자 (사업주)와의 관계	**사업주여부**	[ ] 해당없음 [ ] 실제사업주(동업자포함) [ ] 하수급사업주
	친인척여부	[ ] 해당 없음 [ ] 배우자 [ ] 부모 [ ] 자녀 [ ] 형제자매 [ ] 기타 친인척( )

사업장 및 재해 관련 내용

신청 구분: [ ] 업무상 사고 [ ] 업무상 질병(진폐 · CS2 포함) [ ] 출퇴근 재해

사업장명		**사업주명**		**연락처(☎)**	
사업장관리번호	□□□-□□-□□□□□□-□ (사업개시번호:)				
사업장 주소					

재해 발생 경위(별지사용 가능)

※ 작성방식: 어디에서(구체적 장소), 무엇을 하기 위해(작업내용, 목적), 무엇을 사용하여(작업도구, 취급물질), 어떻게 하다가(경위, 동작, 움직임), 어떤 이유 때문에 어떻게 재해를 당하였는지 작성하여 주시기 바랍니다.

① 위 재해와 관련하여 교통사고, 음주, 폭행 등의 사유로 경찰서에 신고(접수)된 사실이 있습니까?	[ ]예	[ ]아니오
② 위 재해와 관련하여 119 또는 소방서에 구조구급 · 재난 신고(접수)된 사실이 있습니까?	[ ]예	[ ]아니오
③ 위 재해와 관련하여 자동차 보험사에 사고를 신고한 사실이 있습니까?	[ ]예	[ ]아니오

목격자가 있는 경우: 성명( ), 연락처( ), 재해자와의 관계( )

재해 발생 후 현재 요양 중인 의료기관 전에 진료(치료) 받은 의료기관

의료기관명: 소재지:

의료기관명: 소재지:

< 요양급여신청 의료기관 대행 제출 위임(동의)장 >

본인은 요양급여 신청서를 아래 의료기관이 대행하여 근로복지공단[고용 · 산재보험토탈서비스(total.kcomwel.or.kr) 포함]에 제출하는 것을 위임·동의합니다.

위임하는 자(신청인)	**위임받는 자(의료기관)**
(서명 또는 인)	(서명 또는 인)

※ 첨부서류: : 산업재해보상보험 요양급여신청 소견서(별지 제3호 서식)

위와 같이 업무상재해 인정 및 요양급여를 신청합니다.

년 월 일

신청인 (서명 또는 인)

대 리 인 (서명 또는 인)

(뒷 면)

<table>
<tr><td rowspan="4">다른보상</td><td colspan="4">① 본 재해와 동일한 사유로 민법, 기타 법령에 따라 보상 또는 배상금을 수령한 사실이 있습니까?
1. [ ]예 2. [ ]아니오</td></tr>
<tr><td colspan="4">② 보상 또는 배상금을 수령한 경우 내역(①에서 "예"라고 체크한 경우에만 작성합니다.)</td></tr>
<tr><td>수령일자</td><td>수령금액</td><td>지급한 자(기관) 또는 지급처</td><td>첨부서류</td></tr>
<tr><td></td><td></td><td></td><td>①합의서②판결문(또는 결정문)③영수증④기타</td></tr>
<tr><td>안내사항</td><td colspan="4">① 산업재해보상보험법 시행규칙 제20조 제2항에 따라 요양급여신청서가 접수되면 보험가입자(사업주)에게 알리고 보험가입자 의견을 확인하여 신청서를 처리합니다.
② 재해경위 등 주요 사항을 사실과 달리 기재하여 보험급여를 지급받은 경우에는 「산업재해보상보험법」 제84조에 따라 부당이득 징수 등의 불이익 처분을 받게 되오니 사실대로 구체적으로 기재하셔야 합니다.
③ 사업장관리번호는 근로복지공단 홈페이지(http://www.kcomwel.or.kr)에서 사업장명 등으로 검색할 수 있으며, 확인이 어려운 경우 가까운 공단 또는 콜센터(1588-0075)에 문의(전화, 방문)하여 도움을 받을 수 있습니다.
④ 요양급여신청서의 진행 상황은 고용·산재보험 토탈서비스(http://total.kcomwel.or.kr)에서 회원가입 또는 휴대폰 인증 후 직접 조회할 수 있습니다.
⑤ 개인정보 수집·이용·조회는 「산업재해보상보험법」 및 같은 법 시행령에 따라 별도의 동의 절차가 필요 없으며, 「산업재해보상보험법」 제36조 및 같은 법 시행령 제21조에 따른 보험급여 결정에 관한 통지는 개인정보 수집·이용 및 제3자 제공 동의와 무관하게 통지됨을 알려드립니다.
⑥ 신청인이 대리인을 선임한 경우 대리인은 「대리인 선임 신고서」, 가해자가 있는 경우 「제3자의 행위에 따른 재해발생신고서」를 제출하여야 합니다.</td></tr>
</table>

개인정보 수집·이용 및 제3자 제공 동의

□ **공단의 부가서비스 홍보와 고객만족 향상을 위한 안내 및 조사 목적**으로 귀하의 소중한 개인정보를 이용하고자 하니 아래의 내용을 자세히 읽고 동의 여부를 결정하여 주시기 바랍니다.

<table>
<tr><td colspan="2">[선택] 부가서비스 제공을 위한 개인정보 수집·이용 동의</td><td>□ 동의함
□ 동의하지 않음</td></tr>
<tr><td colspan="3">※ 귀하는 개인정보 이용에 대한 동의를 거부할 권리가 있습니다. 위 동의에 거부하더라도 산재보험 요양급여 신청 및 보험급여 청구에 대한 불이익은 발생하지 않으나, 동의 거부 시 홍보자료 및 홍보물품 수령에 제한을 받으실 수 있습니다.</td></tr>
<tr><td>이용 목적</td><td>이용 항목</td><td>이용기간</td></tr>
<tr><td>공단서비스 안내 및 홍보
(문자, 전자우편, 감시편지)</td><td>성명, 연락처(일반전화, 휴대전화, 전자우편, 주소)</td><td>5년</td></tr>
<tr><td colspan="3">성명 (서명 또는 인)</td></tr>
</table>

□ **공단 및 공단과 계약된 민간위탁기관의 심리재활 및 직업재활서비스 제공을 목적**으로 귀하의 소중한 개인정보를 이용 및 제공하고자 하니 아래의 내용을 자세히 읽고 동의 여부를 결정하여 주시기 바랍니다.

<table>
<tr><td colspan="2">[선택] 재활서비스 제공을 위한 개인정보 수집·이용·제공 동의</td><td>□ 동의함
□ 동의하지 않음</td></tr>
<tr><td colspan="3">※ 귀하는 개인정보 이용 및 제공에 대한 동의를 거부할 권리가 있습니다. 그러나 동의하지 않을 경우 공단 또는 공단과 계약된 민간위탁기관의 심리재활 및 직업재활서비스에 대한 안내 및 서비스를 제공받지 못할 수 있습니다.</td></tr>
<tr><td>이용 및 제공 목적</td><td>이용 및 제공 항목</td><td>이용 및 제공 기간</td></tr>
<tr><td>- 심리재활(희망찾기, 심리상담, 재활스포츠)
- 직업재활(원직복귀지원, 직업훈련, 재취업)</td><td>성명, 연락처(일반전화, 휴대전화, 전자우편, 주소)</td><td>3년</td></tr>
<tr><td colspan="3">성명 (서명 또는 인)</td></tr>
</table>

근로복지공단 지역본부(지사)장 귀하

(210mm×297mm, 일반용지 60g/㎡)

[별지 제3호 서식] <개정 2019. 8. 12.>

※ 해당란에 [✓] 하고 기재하십시오. (앞 면)

산업재해보상보험 요양급여신청 소견서

① 성명(외국인은 영문명)	② 주민등록번호(외국인등록번호)	③ 재해일자
	□□□□□□-□□□□□□□	□□□□년□□월□□일

④ 재해 후 최초 진료개시	년 월 일 (:) [ ]본원 [ ]타 의료기관( )
⑤ 본원에 최초 도착일시	년 월 일 (:)
⑥ 내원방법	[ ]도보 [ ]구급차 [ ]구급차외 차량 [ ]기타( )
⑦ 재해자가 의료기관에 진술한 재해경위	
⑧ 재해로 인한 최초 증상 (환자가 진술하는 대로)	년 월 일 (:) 최초 발생 / ⑨ 재해 당시 의식소실 ([ ]유 [ ]무)
	증상의 내용
⑩ 현재 환자가 호소하는 증상 (환자의 표현대로)	
⑪ 상병상태에 대한 종합소견 (주요 이학적·도수 검사 등) ※ 상세 소견은 별지 사용 가능	

⑫ 주요검사

[ ]X-Ray [ ]CT [ ]MRI [ ]MRA [ ]심장혈관조영술 [ ]Bone scan [ ]PET

[ ]초음파 [ ]내시경 [ ]관절경 [ ]근(신경)전도 [ ]폐기능 [ ]조직 [ ]적외선체열

[ ]정신상태 [ ]심리학적 [ ]기타·특이사항( )

※ 주요소견 기재 또는 결과지 첨부

⑬ 기존(기초)질환

고혈압([ ]유[ ]무) **혈압약**([ ]미복용[ ]부정기복용[ ]정기복용) **고지혈증**([ ]유[ ]무) **상병관련 가족력**([ ]유[ ]무)

당뇨([ ]유[ ]무) **당뇨치료**([ ]미복용[ ]약물복용 [ ]인슐린) **결핵**([ ]유[ ]무) **간염**([ ]유[ ]무)

[ ]기타·특이사항( )

재해 전 본원에서 유사상병으로 치료를 받은 사실 여부	[ ]유 [ ]무
기타·특이사항(일시 · 시술명 · 부위 · 의료기관)	

⑭ 상병명과 상병코드

상해코드	주/부/파생	상병코드(KCD기준)	세부상병명(확정진단 병명)

(상해코드) 두부(뇌/두개골/두피), 눈, 귀(내/외부), 안면부, 목, 팔, 손/손가락, 가슴/등, 허리, 엉덩이, 다리, 발/발가락, 복합부위, 순환기관, 호흡기관, 소화기관, 비뇨/생식기관, 신경계통, 복부, 전신, 기타 중에서 상병코드별 하나씩 기재

(주/부/파생) 주상병은 한국표준질병사인분류 지침서에 따라 주된 병태에 해당하는 하나의 상병코드에 대해서만 가능

(상병코드) 확진(최종) 진단명이 한국표준질병사인분류표상 속하는 최하위 코드로 코딩하여야 하고, 병태의 외인을 설명하는 부연코드(대분류 코드가 V, Y, Z인 것)는 산재보험에서는 사용하지 않으므로 상병의 병태에 해당하는 코드로 코딩

(오류예시) 하나의 상병으로 코딩할 수 없는 여러 상병을 하나로 표시하는 것, 질병 또는 손상에 의한 상병인지를 확인하지 않고 한국표준질병사인분류상 대분류 M코드를 손상으로(또는 S코드를 질병으로) 코딩

(210mm×297mm, 일반용지 60g/㎡)

(뒷 면)

⑮ 입원	예상기간	년 월 일 ~ 년 월 일 (주)
	사 유	[ ]수술 [ ]의식장애 [ ]외·기기고정 [ ]석고붕대고정 [ ]절대안정 [ ]안정 및 보호 [ ]이동불가 [ ]기타
⑯ 통원	예상기간	년 월 일 ~ 년 월 일 (주)
	사 유	
	취업치료 여부(근무 병행치료)	※ 취업치료(근무 병행치료)는 치료받으면서 근무가 가능한 상태를 말함(의학적 판단) [ ] 취업치료가능 [ ] 취업치료 불가능 : 향후 ( )개월 후 가능성 재판단

⑰ 수술	수술여부	[ ]없음 [ ]있음	수술명	
	수술(예정)일	년 월 일	수술의료기관	[ ]본원 [ ]타원( )

⑱ 계속 동반 치료가 필요한 기존질환명	
⑲ 집중재활치료의 필요 구분	(※**재활인증의료기관에서 제공하는 전문재활치료**로서 발병일 또는 수술일로부터 ㉮6개월 이내의 뇌혈관, ㉯3개월 이내의 척추·견관절·고관절·슬관절·**완관절·수부** 질환자, ㉰해당기간 도과했으나 재활치료 효과가 기대되는 사람에게 제공, 단, 염좌, 타박상 등 경미한 상병은 제외) [ ]일정기간 집중재활치료 곤란 [ ]3개월 이내 치유 또는 13급 이하의 장해 예상 [ ]집중재활치료 필요(또는 예정) [ ]집중재활치료 질환자 아님 [ ]상태 악화 또는 수술 예정 [ ]집중재활치료 불필요( )

협진, 병행진료가 필요한 진료과목		**심리상담 필요** (개인별 심리상담 지원)	[ ]필요

전원	전원할 의료기관명: 소재지: 전원사유: ※전원이란 생활근거지 또는 전문적 치료 등을 위해 현재 요양 중인 의료기관에서 다른 의료기관으로 변경하는 것을 말합니다.	
	전원(예정)일자	년 월 일

<첨부서류>	1. 신청 상병을 확인할 수 있는 각종 검사자료 및 결과지 각1부. 2. 절단, 화상, 좌열창, 욕창은 환부 칼라사진 3. 정신질환의 경우 진단의 근거를 의학적으로 입증할 수 있는 응급진료 또는 초진기록지 등 의무기록 및 각종 검사 결과지 각1부.(뇌영상 검사, 뇌파 검사, 심전도 검사, 정신상태 검사, 심리학적 검사, 갑상선 기능검사 등)

위에 기재한 내용이 사실임을 확인합니다.

년 월 일

의료기관 주소:
전화번호:
팩스번호:
의료기관명: (서명 또는 인)

■ **산재관리의사 여부: [ ]산재관리의사 [ ]해당없음**
의사면허번호: 호
전문과목: (전문의: 호)
성 명: (서명 또는 인)

근로복지공단 지역본부(지사)장 귀하

자문의사 소견

사회복지시설에서 자주 발생하는 산재 유형

사회복지시설은 **육체적 돌봄과 감정노동**이 동시에 요구되는 업무환경이기 때문에, 일반적인 제조업이나 건설업과는 또 다른 유형의 산업재해가 자주 발생한다. 특히 낙상사고, 근골격계 질환, 감정노동으로 인한 정신질환, 감염병 등의 질환은 사회복지 업무에 종사하는 이들의 주요 재해 유형으로 반복적으로 나타나고 있다.

가장 빈번하게 발생하는 재해는 **낙상사고**다. 어르신의 이동을 보조하거나 휠체어에서 침대로 옮기는 과정, 욕실에서 씻기는 중, 바닥을 정리하거나 무거운 물건을 옮기다 미끄러져 넘어지는 사고가 대표적이다. 이때 종사자가 몸을 틀어 보호하거나 체중을 지탱하려다 무릎, 허리, 어깨에 손상을 입는 경우가 많다. 사고 발생 장소와 시간, 상황이 명확하고, 업무 수행 중 발생한 사고임이 확인되면 산재로 인정될 가능성이 높다.

다음으로 많이 발생하는 것은 **근골격계 질환**이다. 침대에서 휠체어로 옮기기, 체위 변경, 세척, 목욕, 옷 갈아입히기 등 반복되는 신체 활동은 척추, 어깨, 손목, 무릎 등에 부담을 주게 되며, 지속적인 누적 손상으로 이어진다. 허리디스크, 회전근개파열, 족저근막염, 손목터널증후군 등의 질환은 이러한 작업환경에서 흔히 발생하는 업무상 질병이다. 이러한 질환은 급성 사고와 달리 서서히 진행되는 특성이 있기 때문에, 장기간 동일한 업무를 반복해왔다는 점, 근무환경의 물리적 특성, 작업 방식, 근무일지 등이 입증자료로 매우 중요하다.

정신질환도 주요한 산재 유형이다. 사회복지시설은 반복적인 감정노동, 폭언·폭행 경험, 스트레스가 누적되는 근무환경을 가지고 있으며, 특히 치매나 정신질환이 있는 이용자를 돌보는 업무는 심리적 소진을 가중시킨다. 이로 인해 우울증, 불면증, 불안장애, 외상 후 스트레스장애(PTSD) 등이 발생할 수 있다. 예를 들어 종사자가 갑작스러운 자살 시도나 극단적 행동을 경험한 이후 불면과 불안, 감정불안정 등을 호소하며 정신과 치료를 받은 경우, 사건 발생 및 이후 증상의 인과관계, 근무 환경의 특수성, 스트레스 수준을 입증하는 자료가 있다면 산재로 인정될 수 있다.

최근에는 **감염병**도 중요한 재해 유형이 되었다. 특히 코로나19, 결핵, 수족구, 인플루엔자 등 호흡기 전염병은 집단생활시설의 특성상 한 명의 감염이 전체 근로자에게 노출 위험으로 이어질 수 있다. 감염병의 경우, 근무 중 다수 감염자와 접촉했는지, 개인보호장구 착용 여부, 직후 감염경로 및 시기 등이 종합적으로 평가된다. 같은 시기 시설 내부에서 유사한 증상을 가진 종사자들이 다수 발생한 경우에는 업무상 감염으로 인한 재해로 인정될 가능성이 높다.

이처럼 사회복지시설은 단순한 안전사고뿐 아니라, 신체적 반복작업, 심리적 소진, 감염 등 다양한 복합위험에 노출된 사업장이다. 실무자는 유형별로 산재 인정 사례를 숙지하고, **사고 발생 즉시 진단·기록·보고 체계**를 작동시키는 훈련을 갖추는 것이 중요하다.

산재 인정 여부 판단 기준과 실무 유의점

산재 인정 여부는 근로복지공단이 판단하며, 단순히 근무 중 발생한 사고라는 이유만으로 자동으로 인정되는 것은 아니다. 근로자는 신청 시 **업무와 사고 또는 질병 간의 관련성을 입증**할 수 있는 자료를 함께 제출해야 하며, 이때 실무자는 다음 사항을 유의해야 한다.

첫째, **재해경위서와 진단서의 사실관계**가 불일치하지 않도록 주의해야 한다. 사고 시간이나 장소, 경위에 대한 진술이 병원 진단서, 초진기록 등과 다르면 산재 심사 과정에서 불이익을 받을 수 있다.

둘째, 산재 인정을 받기 어려울 것이라고 판단되더라도, 근로자에게 **신청 자체를 막거나 포기하도록 강요하는 행위는 금지**된다. 고용노동부는 이를 불이익처우로 간주하며, 산업재해보상보험법 제111조의2 위반에 해당할 수 있다.

산업재해보상보험 제111조의2(불이익 처우의 금지)
사업주는 근로자가 보험급여를 신청한 것을 이유로 근로자를 해고하거나 그 밖에 근로자에게 불이익한 처우를 하여서는 아니 된다.

셋째, 사회복지시설 특성상 일상적 근무 중 누적되는 질환(예: 허리디스크, 우울증 등)의 경우, 사고일자가 명확하지 않더라도 **장기간의 업무기록과 업무환경 자료**를 통해 업무기인성을 인정받을 수 있으므로, 관련 자료를 꾸준히 보존하는 것이 중요하다.

노동법의 시작, 사회복지 노동법

CHAPTER 08

취업규칙

박정연 · 장연수

08

취업규칙

근로자와 사용자가 함께 일하는 사업장에는 서로의 권리와 의무가 일관되게 적용되도록 정해진 기준이 필요하다. 모든 사항을 **근로계약서 하나로 정리하기에는 한계**가 있으며, 특히 구성원이 많아지거나 여러 부서에서 다양한 방식으로 근무하게 될 경우, 통일된 기준 없이 조직을 운영하는 것은 매우 어렵다. 이러한 이유로 법에서는 일정 규모 이상의 사업장에 취업규칙을 반드시 마련하도록 하고 있다.

1. 취업규칙의 작성 및 신고

취업규칙이란 무엇인가

취업규칙은 사업장 내에서 근로자에게 적용되는 근로조건과 복무규율 등을 규정한 문서이다. 근로계약서가 개별 근로자와 사용자 간의 약속이라면, 취업규칙은 다수의 근로자에게 일괄적으로 적용되는 '**집단적 기준**'이다.

취업규칙은 명칭에 관계없이 그 내용이 근로조건이나 복무에 관한 사항이라면 **법적으로 취업규칙으로 간주**된다. 예컨대 '근무규칙', '인사관리규정'이라는 제목을 사용하더라도 그 안에 출퇴근, 근태, 징계, 휴가 등의 내용이 포함되어 있다면 취업규칙으로 보아야 한다.

취업규칙은 법령의 범위 내에서 작성되어야 하며, 근로자에게 불이익한 내용을 정할 수는 없다. 또한 그 내용은 일방적인 회사 규정에 불과한 것이 아니라, 일정 요건을 갖춘 경우 '근로계약의 내용'으로 간주되기도 한다. 이처럼 취업규칙은 단순한 사내 규정 이상의 법적 효력을 지닌다.

규정 변경 시 규정의 성격판단

명칭이나 형식에 관계없이 내용이 근로조건이나 복무규율에 관한 것이면 취업규칙에 해당
따라서 변경한 규정이 취업규칙의 성격을 가지고 있다면 법정 변경절차를 거쳐야 함.

근로 조건	복무 규율
근로관계에서 임금·근로시간·해고·그 밖에 근로자의 대우에 관하여 정한 조건	근로자가 근로를 제공하는 과정에서 지켜야 할 작업질서에 관한 규칙과 이를 위반한 경우에 대한 제재

누가 작성해야 하고, 누구에게 적용되는가

취업규칙은 '상시 10명 이상의 근로자를 사용하는 사용자'가 반드시 작성해야 한다. 이때 '상시'란 일시적인 변동을 제외하고 평균적으로 10인 이상인 경우를 의미한다.

작성 의무는 사용자에게 있으며, 근로자에게 그 작성 책임이 있는 것은 아니다. 만약 작성 의무가 있음에도 이를 이행하지 않으면, 과태료 부과 대상이 된다.

또한 하나의 사업장 안에 여러 직군, 여러 근로형태가 있을 수 있는데, 이럴 경우 **복수의 취업규칙**을 둘 수도 있다. 다만 이는 어디까지나 근로자 집단의 성질이 확연히 다를 때에만 허용되며, 자의적으로 불이익한 규칙을 적용하기 위한 분리는 허용되지 않는다.

어떤 내용을 반드시 넣어야 하는가

취업규칙에는 반드시 기재해야 할 사항(**필수기재사항**)과, 사용자가 필요에 따라 포함할 수 있는 사항(**임의기재사항**)이 있다.

필수기재사항에는 다음과 같은 것들이 포함된다.

- 근로시간, 휴게시간, 휴일, 연차휴가
- 임금의 결정·계산·지급방법, 지급시기, 승급 등

- 퇴직에 관한 사항(퇴직금 포함)
- **징계의 사유 및 절차**

이 외에도 직장 내 성희롱 예방, 육아휴직 관련 사항 등 개별 법률에서 별도로 규정한 경우, 해당 항목이 기재되어야 한다.

취업규칙의 기재사항

구체적으로 명시해야 할 사항 예시

- 복무규율에 관한 사항: 사업장 특성을 고려한 복무사항(복장, 금품수수, 고객응대 등)
- 해외연수비 반환약정에 관한 사항
- 외출, 지각, 조퇴에 관한 사항 및 사용횟수제한, 휴가사용절차에 관한 사항(00일 전 신청서 제출 등)
- 시간외근로의 시행 및 승인에 관한 사항
- 인사이동에 관한 사항: 순환보직에 관한 사항
- 임금조정에 관한 사항: 연봉조정에 관한 사항
- 임금항목에 관한 사항, 포괄임금제도 적용에 관한 사항, 상여금 등의 지급기준에 관한사항
- 대기발령에 관한 사항
- 징계사유에 관한 사항, 징계위원회 구성에 관한 사항(정직 이상 징계의 경우에만 소집 등), 징계의 종류
- 징계의 가중, 감경사유
- 병가와 휴직의 구분, 사유, 기간, 처우, 절차에 관한 사항, 복직절차에 관한 사항(당연면직에 관한 사항)
- 사직절차에 관한 사항: 인수인계 기간 확보
- 휴일 대체에 관한 사항
- 연차휴가 대체에 관한 사항, 사용촉진제도 시행에 관한 사항, 회계연도 기준 적용에 관한 사항
- 경조휴가(약정휴가) 사용 시 사유발생일, 휴일 포함 여부에 관한 사항
- 업무상 재해와 업무 외 재해의 구분 및 업무상 재해에 대한 보상

취업규칙의 기재사항

사업주(사업장) 재량으로 할 사항 예시

- 수습기간: 수습기간여부, 경력직원 적용 여부, 단, 적용하고자 하는 경우에는 근로계약서 명시
- 포상에 관한 사항
- 성과급 지급에 관한 사항
- 교육훈련
- "기타 사회통념상 전 각 호의 사항에 준하는 비위행위를 한 경우", "사업주가 경영상 필요하다고 판단하는 경우" 등과 같은 포괄규정

반면, 포상 제도나 복리후생 등은 반드시 포함할 의무는 없지만, 이를 포함하는 경우 해당 조항은 법적으로 유효한 취업규칙 내용이 된다.

주의할 점은 내용이 포함되어 있지 않다고 해서 해당 제도가 없는 것은 아니라는 점이다. 예컨대 퇴직금 항목을 누락하더라도, 근로자에게 퇴직금 지급의무는 법에 따라 여전히 존재한다.

취업규칙은 어떻게 신고하고 게시해야 할까

근로기준법 제94조(규칙의 작성, 변경 절차)

① 사용자는 취업규칙의 작성 또는 변경에 관하여 해당 사업 또는 사업장에 근로자의 과반수로 조직된 노동조합이 있는 경우에는 그 노동조합, 근로자의 과반수로 조직된 노동조합이 없는 경우에는 근로자의 과반수의 의견을 들어야 한다. 다만, 취업규칙을 근로자에게 불리하게 변경하는 경우에는 그 동의를 받아야 한다.

작성된 취업규칙은 관할 지방고용노동관서에 신고해야 하며, 변경하는 경우에도 마찬가지다. 신고 시에는 취업규칙 원본, 변경대비표, 근로자 대표의 의견서 등을 첨부해야 한다.

사용자는 취업규칙을 근로자가 언제든지 열람할 수 있도록 게시하거나 비치해야 하며, 이는 **전자적 형태**(사내 인트라넷 등)로도 가능하다.

신고하지 않았더라도, 그 내용이 법령에 부합하고 근로자에게 불이익하지 않으면 효력 자체는 부정되지 않지만, 노동청으로부터 **과태료(300만 원 이하)**가 부과될 수 있으며, 추후 변경 시 노동위원회 등에서의 입증 책임에 불리하게 작용할 수 있다.

취업규칙 작성 및 신고

- 절차

Step1 취업규칙 변경(개정)
- 근로기준법 및 관련 법령에 따른 기재사항 및 법 개정사항 반영하여 작성

Step2 불리하지 않게 변경하는 경우 — 근로자 집단적 의견 청취
- 근로기준법 제94조 제1항에 따른 근로자의 집단적 의견청취 절차 작성

Step2 불리하게 변경하는 경우 — 근로자 집단적 동의
- 근로기준법 제94조 제2항에 따른 근로자의 집단적 동의를 얻는 절차

Step3 취업규칙 신고·심사
- 관할 고용노동부 신고

Step4 사업장 내 주지의무
- 근로기준법 제14조에 따라 사업장 내 근로자 자유롭게 열람할 수 있도록 게시, 비치

실무자가 유의할 점

취업규칙은 단순히 형식적으로 갖추는 문서가 아니라, 실제로 근로관계에 적용되는 준법 기준이자 조직 운영의 기준선이다. 따라서 이를 작성하고 운영하는 실무자는 몇 가지 핵심사항을 유념할 필요가 있다.

우선, 자신이 속한 사업장이 취업규칙 작성의무 대상에 해당하는지부터 확인해야 한다. 작성의무는 '상시 10명 이상의 근로자를 사용하는 사업장'에 부과되는데, 이때 상시 인원은 정규직뿐 아니라 시간제, 단시간, 계약직 등을 모두 포함하여 계산한다. 간혹 정규직 기준으로만 파악하고 작성의무를 놓치는 경우가 있는데, 이는 과태료 부과뿐 아니라 이후 노동청 지적이나 분쟁 발생 시 불리한 근거가 될 수 있다.

상시 근로자 수 판단의 방법

- 취업규칙 작성, 신고 의무 적용 여부를 판단해야 하는 사유발생일 전 1개월 동안 사용한 근로자의 연인원을 가동일수로 나누어 계산
- 산정 기준이 되는 근로자는 고용형태와 관계없이 당해 사업(장)에 근무하는 근로자(일용직, 임시직, 상용직 등) 모두를 포함하되, 파견직은 제외하여 산정

상시 근로자 수: 사업장에서 일하는 1일 평균 근로자 수

또한 취업규칙은 일회성 문서가 아니라, 법령 개정이나 회사 제도 변경에 따라 수시로 점검하고 수정해야 할 규정이라는 점도 중요하다. 예를 들어, 육아휴직 관련 법령이 개정되었음에도 기존 규정에 반영하지 않으면, 결과적으로 '법령을 위반하는 취업규칙'을 운영하게 되는 셈이 된다.

현장에서 자주 마주치는 문제 중 하나는, 취업규칙과 별도로 존재하는 '인사규정', '복무규정', '성과관리지침' 등과의 충돌이다. 명칭은 다르더라도 그 내용이 근로조건에 해당하면 법적으로는 모두 취업규칙으로 간주될 수 있기 때문에, 이들 규정 간의 정합성을 점검하고 상호 충돌이 없도록 체계를 정리해야 한다.

마지막으로, 작성된 취업규칙은 단순히 신고만으로 끝나지 않는다. 근로자가 언제든지 열람할 수 있도록 적절한 방법으로 게시하거나 비치해야 하며, 최근에는 사내 인트라넷이나 전자문서함을 활용하는 사례도 많아지고 있다. 근로자와의 정보 비대칭을 줄이고 규정의 실질 적용력을 높이기 위해서는 '**열람 가능성 확보**'가 중요한 관리 포인트가 된다.

2. 취업규칙의 변경

취업규칙 변경의 법적 절차

취업규칙은 고정된 문서가 아니다. 사업장의 운영방식이 변화하거나, 법령 개정, 단체협약 체결, 조직 구조 조정 등 내부·외부 여건이 달라지는 경우 그에 맞게 규칙도 조정되어야 한다. 이러한 점에서 취업규칙은 일정한 절차를 통해 탄력적으로 변경될 수 있도록 되어 있다.

다만 사용자가 일방적으로 내용을 바꾸게 되면 근로자의 권익이 침해될 수 있으므로, 법은 **취업규칙 변경 시 일정한 절차를 거치도록** 하고 있다.

우선, 변경하고자 하는 내용이 근로자에게 유리한 경우와 불리한 경우를 구별할 필요가 있다. **유리한 변경**의 경우에는 근로자의 동의까지는 필요 없고, 의견청취만으로 충분하다.

그러나 **불리한 변경**은 의견청취만으로는 부족하며, **명시적인 집단적 동의**가 있어야 효력이 발생한다. 이와 같이 '의견청취'와 '동의'는 법적 성질이 완전히 다르므로 구체적인 변경 내용에 따라 요건을 구분하여 적용해야 한다.

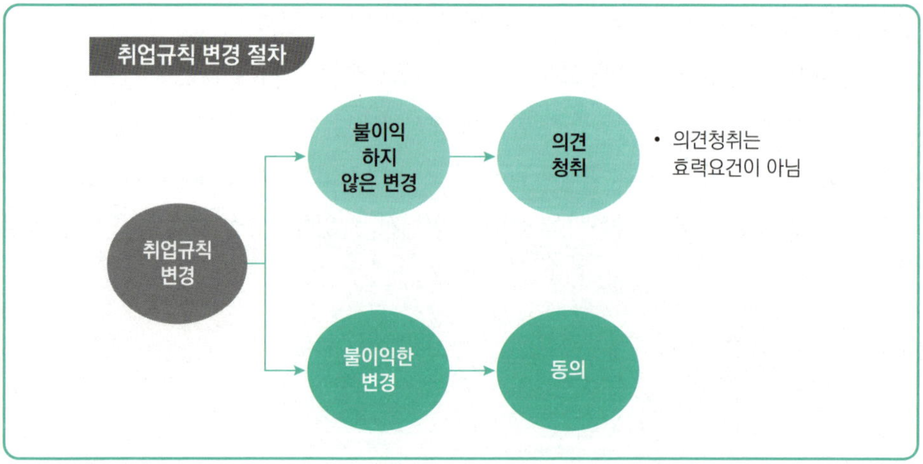

의견청취는 근로기준법 제94조 제1항에서 정한 절차로, 상시 근로자 과반수가 가입한 노동조합이 있으면 그 노동조합의 의견을, 없을 경우에는 전체 근로자의 과반수 의견을 들어야 한다.

다만 의견을 반드시 수용할 필요는 없다. 사용자는 의견 수렴의 형식을 갖추되, 최종 결정은 자율적으로 할 수 있다.

반면 불이익변경의 경우에는 동의가 없으면 효력 자체가 발생하지 않는다. 이는 단순한 설명회나 설문조사와는 구별되는 것으로, 근로자 과반수의 '명시적 찬성'이 있어야 하며, 이를 서면으로 증빙할 수 있어야 한다. 따라서 의견청취만으로 변경을 강행하면, 그 내용이 유리한 경우를 제외하고는 효력이 부정될 수 있다.

불이익변경과 그 판단기준

'**불이익한 변경**'이란, 취업규칙 개정 후 근로조건이 종전보다 후퇴되는 경우를 의미한다. 이에는 임금 삭감, 복리후생 축소, 정년 단축, 징계 기준 강화 등이 대표적이다.

그러나 어떤 변경이 실제로 근로자에게 불리한지 여부는 사안에 따라 다르게 평가될 수 있으므로, 단순한 직관보다는 법적 기준에 따른 정밀한 분석이 필요하다.

가장 먼저, 변경의 **'형식'보다 '실질'**을 기준으로 판단해야 한다. 즉, 겉으로는 보상조치가 포함되어 있어 유리해 보이더라도, 그 보상이 실질적이지 않거나 소수에게만 적용되는 경우라면, 전체적으로는 불이익으로 평가될 수 있다.

또한, 단일 조항이 아니라 취업규칙 전체의 내용이 기존 대비 어떤 효과를 가지는지를 비교해야 한다.

예를 들어, 고정급을 줄이고 성과급 비중을 높인 경우, 성과 평가 기준이 명확하지 않거나 실적에 따라 급여 편차가 크다면 실질적 불이익으로 볼 수 있다. 복리후생 항목이 축소되었지만 동시에 연차휴가 사용 규정이 완화되었다면, 각 항목이 근로자에게 실제 적용되는 정도와 중요도에 따라 유불리를 판단하게 된다.

취업규칙의 유불리 판단

취업규칙을 변경하여
근로자가 원래 가지고 있던 권리나 이익이 없어지는 등
근로조건이 낮아지거나 복무규율이 강화되는 경우
취업규칙이 불리하게 변경되었다고 판단함

- 취업규칙의 변경을 통해 일부 직원은 유리해지는 반면 일부 직원은 불리해지는 경우에는 근로자 집단에 불리하게 변경된 것으로 봄.
- 일부 내용이 근로자 전체에게 유리한 반면, 일부 내용이 불리한 경우 개별적인 근로조건을 기준으로 불리해지는 내용이 있다면 불리한 변경임.
다만 개별적인 근로조건이 서로 연계되어 있다면 종합적으로 판단함.
(대법원 1984.11.13. 선고 84다카414 판결)

실무에서는 '**전체적으로 유리**'하다는 사용자의 주장과 '**핵심 조항이 불리**'하다는 근로자의 주장이 충돌할 수 있으므로, 가능하면 사전 비교표를 작성하고, 설명자료와 함께 동의 절차를 병행하는 것이 바람직하다.

불이익변경의 효력 요건

근로기준법은 불이익한 취업규칙 변경에 대해 '**동의 없는 변경은 무효**'라는 원칙을 분명히 하고 있다. 이는 단순히 절차상의 흠결이 아니라, 내용 자체에 효력이 발생하지 않는 것을 의미한다.

근로기준법 제94조(규칙의 작성, 변경 절차)
① 사용자는 취업규칙의 작성 또는 변경에 관하여 해당 사업 또는 사업장에 근로자의 과반수로 조직된 노동조합이 있는 경우에는 그 노동조합, 근로자의 과반수로 조직된 노동조합이 없는 경우에는 근로자의 과반수의 의견을 들어야 한다. 다만, 취업규칙을 근로자에게 불리하게 변경하는 경우에는 그 동의를 받아야 한다.

이와 관련된 대표적인 조문은 근로기준법 제94조 제1항 단서이다. 실제로 취업규칙을 변경한 뒤 이를 근거로 근로자에게 불리한 인사조치를 했더라도, 동의 요건이 충족되지 않았다면 그 조치는 무효로 판단될 수 있다.

예컨대, 변경된 취업규칙에 따라 감봉 징계를 내렸더라도, 동의 없는 불이익변경이었던 경우에는 그 징계 자체가 무효로 판단될 수 있다.

실무에서는 이러한 효력 문제가 자주 쟁점이 된다. 특히 성과연봉제 도입, 수당 제도의 일원화, 휴가제도 변경 등 급여나 복무제도와 밀접한 변경일수록 근로자에게 실질적 불이익이 발생하기 쉬우므로, 변경 이전에 반드시 동의 여부를 서면으로 확보해 두는 것이 중요하다.

불이익 변경 판단 시 '사회통념상 합리성' 법리

동의받지 못한 취업규칙 불이익 변경의 효력

원칙	예외
무효	**사회통념상 합리성이 있는 경우**
취업규칙의 변경에 의하여 기존 근로조건의 내용을 일방적으로 근로자에게 불이익하게 변경하려면 종전 취업규칙의 적용을 받고있던 근로자 집단의 집단의사결정 방법에 의한 동의를 요한다고 할 것이며 근로자들의 회의 방식에 의한 과반수의 동의가 없는 한 취업규칙의 변경으로서의 효력을 가질 수 없고 따라서 그러한 취업규칙변경에 대하여 개인적으로 동의한 근로자에 대하여도 효력이 없는 것이다.	당해 취업규칙의 작성 또는 변경이 그 필요성 및 내용의 양면에서 보아 그에 의하여 근로자가 입게 될 불이익의 정도를 고려하더라도 여전히 당해 조항의 법적 규범성을 시인할 수 있을 정도로 **사회통념상 합리성**이 있다고 인정되는 경우에는 종전 근로조건 또는 취업규칙의 적용을 받고 있던 근로자의 집단적 의사결정방법에 의한 동의가 없다는 이유만으로 그 적용을 부정할 수는 없다.
대법원 1977.7.26. 선고 77다355 판결	대법원 2001.1.5. 선고 99다70846 판결

「사회통념상 합리성」 법리 폐기(대법원 2023.5.11. 선고 2017다35588, 35595 전원합의체 판결)

사회통념상 합리성 법리의 폐기

과거에는 근로자의 동의 없이도 취업규칙을 변경할 수 있는 예외적인 길이 있었다. 바로 '**사회통념상 합리성**'이라는 법리를 통해서였다.

이는 사용자 측이 절차를 모두 지키지 않았더라도, 변경된 취업규칙의 내용이 객관적으로 합리적이라면 예외적으로 유효로 인정될 수 있다는 입장이었다. 대법원은 이 법리를 수십 년간 유지해 왔으며, 그동안 사용자는 '변경 필요성'과 '조정 노력'을 앞세워 실질적인 동의 없이도 불이익변경을 시도할 수 있었다.

실제로 사용자는 다음과 같은 논리를 주로 내세워왔다.

- 기존 제도는 시대에 뒤떨어져 개정이 불가피하다.
- 업계 평균과 비교하면 오히려 유리한 조건이다.
- 근로자의 설명회 참여나 암묵적 수용이 있었으므로 동의로 간주할 수 있다.

이러한 주장은 '사회통념상 합리성'이라는 개념 아래 어느 정도 받아들여졌던 것이 현실이었다.

불이익변경 판단 시 '사회통념상 합리성' 법리

불이익변경 시 사회통념상 합리성 법리 폐기

(대법원 2023.5.11. 선고 2017다35588, 35595 전원합의체 판결)

"사용자가 취업규칙을 근로자에게 불리하게 작성 · 변경하면서 근로자의 집단적 동의를 받지 않은 경우 그 작성·변경에 있어 사회통념상 합리성이 있음을 이유로 유효성을 인정할 수는 없다."

"근로기준법이 명문으로 **집단적 동의절차**를 규정하고 있음에도 사회통념상 합리성이 있다는 이유만으로 근로자의 동의를 받지 않아도 된다고 보는 것은 **취업규칙의 본질적 기능과 변경 과정에서 필수적으로 확보돼야 하는 절차적 정당성을 도외시하는 것**"이라며

"**근로조건의 유연한 조정**은 사용자에 의한 일방적 취업규칙 변경을 승인함으로써가 아니라 **단체교섭이나 근로자의 이해를 구하는 사용자의 설득과 노력을 통해 이뤄져야 한다**."

[집단적 동의권 남용법리]

다만, 대법원은 종전 판례의 입장을 변경한다고 하면서도,

노동조합이나 근로자가 집단적 동의권을 남용(관계 법령이나 근로관계를 둘러싼 사회 환경의 변화로 취업규칙을 변경할 필요성이 객관적으로 명백히 인정되고, 근로자의 집단적 동의를 구하고자 하는 사용자의 진지한 설득이나 노력이 있었음에도 불구하고 근로자측이 합리적 근거나 이유를 제시하지 아니하고, 취업규칙의 변경에 반대했다는 등의 사정이 있는 경우)**하였을 경우**에는 예외적으로 동의를 받지 않은 취업규칙 변경도 유효하다고 볼 수 있다고 하여 기존과 다른 예외적 해석의 가능성을 열어둠.

그러나 이러한 법리는 **2023년 대법원 전원합의체 판결**(2017다35588 전원합의체 판결)을 계기로 폐기되었다. 이 사건은 공공기관에서 고정급 일부를 성과연봉제로 전환하는 과정에서, 근로자 과반수의 동의 없이 취업규칙이 변경된 사안이었다.

이 사건에서 대법원은 기존 법리를 전면적으로 재검토한 끝에, "불이익변경은 반드시 근로자의 집단적 동의가 있어야 하며, 사회통념상 합리성이 있다는 이유만으로

효력을 인정할 수 없다."라고 판단하였다.

이 판결은 단순히 기존 해석을 수정한 정도가 아니라 동의 없는 불이익변경은 무효라는 원칙을 재확인하고, 이제는 사회통념상 합리성이라는 예외 법리가 더 이상 작동하지 않는다는 것을 명확히 선언한 것이라는 점에서 의미가 크다.

실무적으로는 이 판결 이후 다음과 같은 변화가 요구된다.

첫째, 동의 절차의 중요성이 극대화되었다. 설명회, 회람, 게시판 공지 등은 더 이상 동의로 간주될 수 없으며, 과반수 노동조합 또는 근로자 과반수의 명시적 찬성 의사를 서면으로 확보해야 한다.

특히 찬성한 근로자가 누구인지 구체적으로 특정되지 않은 경우, 동의 요건을 충족했다고 보기 어렵다.

둘째, 동의가 없더라도 정당화될 수 있는 '예외적 인정 요건'은 더욱 엄격해졌다. 이전에는 어느 정도 근거만 갖추면 인정되던 범위가, 전합 판결 이후에는 '신의칙 위반'이라는 특별한 사정이 있는 경우로 한정되었다.

예를 들어, 근로자 측이 협의를 거부하며 무조건적인 반대를 고수하거나, 실제 동의 절차가 있었음에도 형식적 하자가 있는 정도라면 예외적으로 변경의 효력을 인정할 수 있다는 여지는 남겨두고 있다.

그러나 이러한 경우도 최소한 사용자가 동의 확보를 위해 어떤 시도를 했는지 명확히 입증해야만 가능하다.

결국 이 판결 이후의 실무 방향은 명확하다. '내용이 합리적이니까 괜찮다."라는 사고는 이제 통하지 않으며, 절차적 정당성과 **집단적 동의 확보**가 취업규칙 변경의 필수 요건이 되었다는 점을 인사·노무 담당자는 반드시 기억해야 한다.

3. 법령 및 단체협약의 준수

취업규칙은 사업장에서 정한 내부 규범이지만 그 자체로 법률의 위에 있을 수는 없다. 취업규칙이 근로기준법이나 노동 관련 법령에 위반되거나 노동조합과 체결한 단체협약과 상충될 경우에는 그 위에 있는 규범인 법령과 단체협약의 내용이 우선하여 적용된다.

이처럼 취업규칙은 상위 법질서의 테두리 안에서만 유효한 근로조건 기준이라는 점을 실무자는 명확히 이해할 필요가 있다.

법령 우선의 원칙

근로기준법 제96조(단체협약의 준수)

① 취업규칙은 법령이나 해당 사업 또는 사업장에 대하여 적용되는 단체협약과 어긋나서는 아니 된다.

② 고용노동부장관은 법령이나 단체협약에 어긋나는 취업규칙의 변경을 명할 수 있다.

근로기준법 제15조(이 법을 위반한 근로계약)

① 이 법에서 정하는 기준에 미치지 못하는 근로조건을 정한 근로계약은 그 부분에 한정하여 무효로 한다.

② 제1항에 따라 무효로 된 부분은 이 법에서 정한 기준에 따른다.

근로기준법 제96조는 "**취업규칙은 법령 또는 단체협약에 어긋나서는 아니 된다.**"라고 규정하고 있다. 이 조항은 단지 선언적 규정이 아니라, 취업규칙이 법에 위반되는 경우 그 위반되는 부분은 **무효**가 된다는 의미를 갖는다. 이는 근로기준법 제15조 제1항에서 "이 법에서 정하는 기준에 미치지 못하는 근로조건을 정한 근로계약은 그 부분에 한하여 무효로 한다."라고 규정한 원칙이 취업규칙에도 동일하게 적용되는 것이다.

예를 들어 다음과 같은 경우가 이에 해당한다.

- 법정 연차휴가일수보다 적은 연차를 부여한 취업규칙
- 통상임금의 범위를 축소한 취업규칙
- 근로기준법상 정해진 해고예고제도를 배제한 규정
- 최저임금 이하의 임금액을 기준으로 정한 급여표

이러한 조항은 작성되었더라도 무효이며, 근로자에게는 법령에서 정한 기준이 당연히 적용된다. 사용자는 취업규칙을 마련할 때 반드시 관련 노동관계법령의 기준을 검토하고, 상위 규범과의 충돌 여부를 점검한 뒤 작성 및 변경 절차에 들어가야 한다.

단체협약 우선의 원칙

단체협약은 노동조합과 사용자 간의 교섭을 통해 체결되는 것으로, **단체협약의 규범적 부분**(임금, 근로시간, 휴가 등)은 해당 사업장 내 모든 근로자에게 적용된다.

취업규칙이 단체협약보다 불리한 내용을 담고 있다면, 그 내용은 역시 무효가 되고, 단체협약의 내용이 우선하게 된다(노조법 제33조 제1항). 단체협약이 적용되는 근로자는 **조합원에 국한되지 않는다**.

노동조합 및 노동관계조정법 제33조(기준의 효력)
① 단체협약에 정한 근로조건 기타 근로자의 대우에 관한 기준에 위반하는 취업규칙 또는 근로계약의 부분은 무효로 한다.
② 근로계약에 규정되지 아니한 사항 또는 제1항의 규정에 의하여 무효로 된 부분은 단체협약에 정한 기준에 의한다.

노동조합이 상시 근로자의 과반수를 조직하고 있을 경우에는 노조법 제35조에 따라 단체협약의 효력이 비조합원에게도 확장된다. 이처럼 단체협약은 집단적 합의를 통해 형성된 규범으로서 강한 구속력을 가지므로, 취업규칙과 단체협약이 병존할 경우 보다 유리한 기준을 근로자에게 적용하는 방식으로 해석되어야 한다.

노동조합 및 노동관계조정법 제35조(일반적 구속력)
하나의 사업 또는 사업장에 상시 사용되는 동종의 근로자 반수 이상이 하나의 단체협약의 적용을 받게 된 때에는 당해 사업 또는 사업장에 사용되는 다른 동종의 근로자에 대하여도 당해 단체협약이 적용된다.

실무에서는 다음과 같은 사례가 문제된다.

- 단체협약에는 2년 이상 근속 시 퇴직금 추가 지급이 있는데, 취업규칙에는 법정 기준만 명시되어 있는 경우
- 단체협약상 연차사용촉진 절차가 명확히 규정되어 있으나, 취업규칙에는 이에 미치지 못하는 간략한 절차만 담긴 경우
- 단체협약에 정한 휴게시간이 90분인데, 취업규칙에는 60분으로 기재된 경우

이러한 경우 모두, 근로자에게 유리한 단체협약의 내용이 우선 적용된다. 취업규칙 작성 및 변경 시, **유효한 단체협약**의 존재 여부와 그 내용을 반드시 검토해야 한다.

단체협약과 취업규칙의 적용 범위

단체협약과 취업규칙의 적용범위

단체협약

단체협약을 체결한 노동조합의 조합원에게 적용

다만, 하나의 사업(장)에서 상시 사용되는 동종의 근로자 반수 이상이 하나의 단체협약의 적용을 받게 된 때
→ 다른 동종의 근로자에 대해서도 단체협약 적용

취업규칙

조합원이 아닌 자에게도 적용

고용노동부 장관의 변경 명령

- 법령이나 단체협약에 어긋나는 취업규칙의 규정은 효력이 없음
- 효력이 없는 취업규칙을 그대로 방치할 경우, 사정을 잘 모르는 근로자들에게 그대로 적용될 위험성이 있으므로 이를 방지하기 위해 고용노동부 장관은 사용자에게 취업규칙 변경을 명령할 수 있음

병존 시 해석 원칙과 실무 적용

취업규칙, 법령, 단체협약이 병존할 경우, 해당 근로자에게는 가장 유리한 규범이 우선 적용된다. 이를 두고 '**유리한 조건 우선의 원칙**'이라고 하며, 실제 분쟁에서도 이 원칙은 판단 기준으로 자주 적용된다.

다만 어떤 규범이 유리한지를 판단하는 것은 단순하지 않다. 예를 들어 근로시간은 짧을수록 유리하지만, 급여는 높을수록 유리하다. 따라서 복합적인 규정에서는 **전체적으로 유불리를 비교 판단해야** 한다.

실무에서는 취업규칙과 단체협약의 적용 기준, 그리고 법령 기준과의 차이를 표 형식으로 정리해두고, 항목별로 어떤 규범이 우선 적용되는지를 근거와 함께 제시하는 방식이 바람직하다.

노동법의 시작, 사회복지 노동법

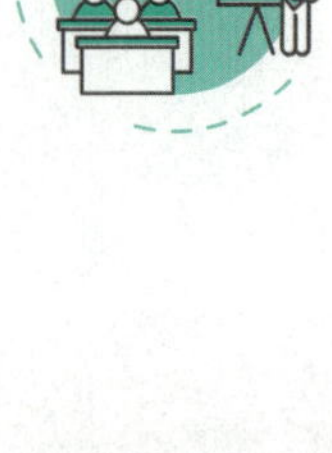

CHAPTER 09

퇴직과 해고를 둘러싼 법률문제

박정연 · 장연수

09

퇴직과 해고를 둘러싼 법률문제

1. 근로관계의 종료 및 퇴직의 발생 시기

근로관계가 종료된다는 것은 근로계약이 끝남에 따라 사용자의 지휘·명령권과 근로자의 근로제공 의무가 모두 사라지는 상태를 의미한다. 이 종료 시점을 기준으로 사용자는 더 이상 임금을 지급할 의무가 없으며, 근로자 역시 퇴직금, 연차휴가 미사용 수당 등 각종 퇴직 관련 권리를 청구할 수 있게 된다. 따라서 근로관계의 종료 사유와 그 발생 시점은 실무상 중요한 쟁점이 된다.

근로관계 종료의 유형

1) 근로자의 의사에 의한 종료

가장 일반적인 형태는 근로자의 자발적 퇴직, 즉 사직이다. 사직은 다시 사용자의 승낙을 전제로 하는 합의퇴직과, 근로자가 일방적으로 사직의사를 밝히고 퇴사를 단행하는 임의퇴직으로 구분된다.

합의퇴직의 경우, 근로자가 사직서를 제출하고 사용자가 이를 수락함으로써 즉시 근로관계는 종료된다. 반면 임의퇴직의 경우, 사용자가 사직서를 수리하지 않은 상태에서는 일정한 법적 요건을 충족해야 퇴직의 효력이 발생한다. 이 경우 근로자는 사직서 제출 이후에도 정해진 절차에 따라 퇴직일까지 출근하고 인수인계를 해야 하며, 무단 결근 시 손해배상의 책임을 질 수 있다.

퇴직 절차는 사임원 제출, 퇴직일 협의, 업무 인수인계 등의 순서로 이루어지며, 사직의 효력 발생 시점에 따라 퇴직금이나 연차 수당 등의 권리관계가 달라질 수 있으므로 유의가 필요하다.

2) 사용자의 의사에 의한 종료

사용자의 일방적 의사에 따라 근로계약이 종료되는 경우의 대표적인 예는 해고이다. 징계해고, 통상해고, 경영상 이유에 의한 정리해고 등이 있으며, 이들은 모두 근로기준법 제23조에 따라 정당한 이유가 있어야 한다. 해고는 노동위원회에의 구제신청, 손해배상청구 등으로 이어질 가능성이 높기 때문에 실무상 특히 신중한 판단이 요구된다.

참고: 해고의 유형

① **징계해고:** 근로자의 귀책사유로 인하여 근로자의 의사와 관계없이 사용자의 일방적 의사표시로 근로관계를 종료시키는 법률행위

② **통상해고:** 직무수행에 반드시 필요한 자격 결여 등과 같이 근로자의 일신상 사유로 근로자의 의사와 관계없이 사용자의 일방적 의사표시로 근로관계를 종료시키는 법률행위

③ **경영상 이유에 의한 해고:** 사용자가 긴박한 경영상의 필요로 인하여 근로자와의 근로관계 존속이 불가능한 것을 이유로 하는 해고

통상해고의 의사표시 방법은?

- 통상해고도 사용자의 일방적인 의사표시에 의해 근로관계가 종료되는 해고에 포함.
- 사용자의 통상해고 의사표시가 근로자에게 도달하여야 하고, 근로기준법 제26조에 따른 해고예고를 하거나 해고수당을 지급하여야 함.

또한, 채용내정의 취소나 수습기간 종료 후 본채용을 거부하는 행위도 그 실질에 따라 해고로 간주될 수 있으므로 주의가 필요하다.

3) 쌍방의 합의 또는 기타 사유에 의한 종료

이 유형에는 권고사직, 계약기간의 만료, 정년 도래, 근로자의 사망 등과 같이 근로자와 사용자 간 명시적 또는 묵시적 합의에 의한 경우나, 일반적으로 예정된 사유

가 발생함에 따라 근로관계가 종료되는 경우가 포함된다.

예를 들어 권고사직은 사용자가 퇴직을 권유하고 근로자가 이를 수용하여 근로계약을 종료하는 방식이다. 형식상으로는 합의에 따른 종료지만, 실질적으로는 해고와 유사한 성격을 지닐 수 있다. 특히 근로자의 사직 의사가 진정하지 않거나, 동의가 자발적이지 않았던 경우에는 분쟁으로 이어질 가능성이 있으며, 경우에 따라 부당해고로 판단되기도 한다.

정년 도래, 계약기간 만료, 근로자의 사망 등은 당사자의 의사표시 없이도 일정한 사유의 발생만으로 근로계약이 종료되는 '자동소멸 사유'로 분류된다. 다만, 정년제는 기간의 정함이 없는 근로자에 대한 당연퇴직 또는 면직사유에 해당하므로, '기간의 정함이 있는' 근로계약을 체결하는 기간제근로자의 경우에는 60세 정년제의 적용대상이 되지 않음에 유의해야 한다. 또한 사용자가 퇴직 사유를 당연퇴직이나 직권면직 등으로 규정하고, 이를 일반 해고와 다른 절차로 처리하더라도, 해당 사유가 자동소멸 사유(예: 사망, 정년, 계약기간 만료)에 해당하지 않는 이상, **근로기준법 제23조에서 정한 '정당한 이유'의 요건을 충족해야** 한다는 점도 간과해서는 안 된다.

판례 **대법원 2009.2.12. 선고 2007다62840 판결**

사용자가 어떤 사유의 발생을 당연퇴직 또는 면직 사유로 규정하고 그 절차를 통상의 해고나 징계해고와 달리한 경우에, 그 당연퇴직사유가 근로자의 사망이나 정년, 근로계약기간의 만료 등 근로관계의 자동소멸사유로 보이는 경우를 제외하고는 이에 따른 당연퇴직처분은 구 근로기준법(2007. 4. 11. 법률 제8372호로 전문 개정되기 전의 것) 제30조(현행 근로기준법 제23조)의 제한을 받는 해고이다.

퇴직의 효력 발생 시기

1) 문제의 소재

퇴직 시기를 둘러싼 분쟁은 실무 현장에서 빈번하게 발생한다. 예를 들어, 한 회사에서는 근로자가 퇴직원을 제출하며 퇴직 의사만을 통보하고, 인수인계 없이 무단으로 퇴사해 업무 공백이 발생하는 문제가 있었다. 반대로 핵심 인력이 경쟁 회사로 이직하면서 일방적으로 퇴사해버리는 경우도 있어, 업무 인수인계 미비나 조직 운용상 혼란이 초래되기도 한다.

이와 같은 고민은 근로자에게도 존재한다. 근로자가 퇴직 의사를 분명히 밝혔음에도 불구하고, 회사가 취업규칙상 "사직하고자 하는 날의 30일 전까지 사직서를 제출해야 한다."라는 규정을 이유로 사직서를 수리하지 않거나 효력을 인정하지 않아 분쟁으로 이어지는 경우도 있다.

결국, 퇴직 시점은 단순한 절차상의 문제가 아니다. 근로계약이 종료되는 시점은 사용자의 지휘·명령권이 소멸하고, 퇴직금, 연차수당 등 각종 권리가 발생하는 시점과 맞물려 있기 때문이다. 따라서 퇴직의 효력 발생 시기를 명확히 판단하는 것은 실무적으로 매우 중요하다.

2) 퇴직의 효력 발생 시기

이러한 혼란을 줄이기 위해 고용노동부는 퇴직의 효력 발생 시점을 예규를 통해 명확히 정하고 있다. 특히 이 예규(고용노동부예규 제2015-100호)는, 2016년 1월 1일을 기준으로 3년마다 그 타당성을 검토하여 개선 등의 조치를 취하도록 하고 있다.

2015.11.6. 고용노동부 예규 제2015-100호, 퇴직의 효력발생시기

I. 퇴직의 효력발생시기

예규기간의 정함이 없는 근로계약 관계에 있는 근로자가 사용자에 대하여 해당 근로계약의 해지(퇴직)의 의사표시를 한 경우 근로계약 관계의 종료시기(퇴직의 효력발생시기)는 향후 아래 기준에 따라 처리하시기 바람.

1. 근로자가 사용자에게 퇴직의 의사표시(사표 제출)를 한 경우 사용자가 이를 수리하였거나 또는 당사자 사이에 계약 종료시기에 관한 특약(단체협약, 취업규칙 및 근로계약)이 있다면 각각 그 시기(사표를 수리한 시기 또는 특약에 따라 정한 시기)에 계약해지의 효력이 발생한 것임. 다만, 이 경우 해당 특약 내용이 관계 법규에 저촉되어서는 아니 됨.
2. 근로자가 사용자에게 퇴직의 의사표시(사표 제출)를 하였음에도 불구하고 사용자가 근로자의 퇴직의 의사표시를 수리하지 아니하거나 또는 계약 종료시기에 관한 특약이 없다면 사용자가 해당 퇴직의 의사표시를 통고받은 날부터 1개월이 지날 때까지는 계약해지의 효력이 발생치 않으므로 고용종속관계는 존속되는 것으로 취급하여야 할 것임(「민법」 제660조 제2항 참조).

3. 제1항 및 제2항의 경우 사용자가 근로자에게 지급하는 임금을 일정한 기간급으로 정하여 정기지급하고 있다면 사용자가 근로자의 퇴직의 의사표시를 통고 받은 당기(當期) 후의 1 임금 지급기가 지난 때에 계약해지의 효력이 발생하는 것으로 취급하여야 할 것임(「민법」 제660조 제3항 참조).

민법 제660조(기간의 약정이 없는 고용의 해지통고)

① 고용기간의 약정이 없는 때에는 당사자는 언제든지 계약해지의 통고를 할 수 있다.
② 전항의 경우에는 상대방이 해지의 통고를 받은 날로부터 1월이 경과하면 해지의 효력이 생긴다.
③ 기간으로 보수를 정한 때에는 상대방이 해지의 통고를 받은 당기후의 일기를 경과함으로써 해지의 효력이 생긴다.

민법 제661조(부득이한 사유와 해지권)

고용기간의 약정이 있는 경우에도 부득이한 사유있는 때에는 각 당사자는 계약을 해지할 수 있다. 그러나 그 사유가 당사자 일방의 과실로 인하여 생긴 때에는 상대방에 대하여 손해를 배상하여야 한다.

이 예규는 사용자의 수리 여부, 퇴직 시점에 대한 특약의 존재 여부, 임금 지급 방식 등에 따라 퇴직의 효력이 발생하는 시점을 구체적으로 구분하고 있다. 예를 들어, 사용자가 사표를 수리하거나 단체협약·취업규칙 등에서 퇴직 시점이 미리 정해져 있는 경우에는 그에 따라 효력이 발생한다. 반면, 사용자가 사표를 수리하지 않거나 특약이 존재하지 않는 경우에는 민법 제660조의 해지통고 규정이 적용된다.

특히 임금이 월급제 등 기간급으로 정해져 있는 경우와 그렇지 않은 경우에 따라, 퇴직 효력이 발생하는 시점은 달라진다. 이와 관련한 내용을 요약하면 아래와 같다.

〈고용노동부 예규상, 퇴직의 효력 발생 시기〉

퇴직의사	발생시기
근로자가 퇴직의 의사표시(사표제출)를 행하여 사용자가 이를 승낙(사표수리)한 경우	수리한 때

<table>
<tr><th>단체협약·취업규칙 등에
특약이 있는 경우</th><th colspan="2">특약의 시기</th></tr>
<tr><td rowspan="2">근로자의 사표를 회사가
수리하지 않는 경우</td><td>임금을 월급제 등
기간급으로 정한 경우
(민법 제660조 제3항)</td><td>사표를 제출한 당기(월급제인
경우 그달)후의 1임금 지급기
(그다음 달)가 경과하면
효력 발생</td></tr>
<tr><td>임금을 기간급으로 정하지
않은 경우(동조 제2항)</td><td>사용자가 근로자의 의사
표시를 통고 받은 날로부터
1개월이 경과될 때까지
효력이 발생하지 않음</td></tr>
</table>

실무에서는 이러한 기준을 놓치고 사직서를 제출한 날에 바로 근로계약이 종료되는 것으로 오해하는 경우가 많다. 특히 회사가 사표를 수리하지 않거나, 퇴직일에 대해 명확한 합의가 이루어지지 않았을 경우, 근로자의 출근의무 존속 여부, 퇴직금 계산 기준일 등에서 권리관계가 불분명해지거나 실무상 혼선이 초래될 수 있다.

보다 쉽게 이해하기 위해 아래 사례를 통해 정리해 보자.

근로자가 5월 24일에 사직서를 냈다. 수리를 곧바로 해주지 않은 경우 언제부터 퇴직의 효력이 발생하는가?

민법 제660조는 사용자가 수리를 하지 않더라도 사직서 제출일로부터 1개월이 지나면 법적으로 사직 효력이 발생하는 것으로 규정하고 있으며, 임금을 월급제 등 기간으로 정한 경우에는 사직서를 제출한 당기 후의 1임금 지급기가 경과하면 사직의 효력이 발생하게 된다. 즉, 월급제 근로자이고 임금 산정기간이 매월 1일부터 말일까지라면 근로계약 해지의 효력은 당기, 즉 5월이 지나고 다시 1임금 지급기인 6월이 지난 7월1일에 발생한다.

2. 징계권 행사의 절차 및 정당성

징계권의 개념 및 종류

1) 징계권의 개념

징계권이란 사용자가 기업 내 질서를 유지하기 위해 근로자의 비위 행위나 성실의무 위반 등에 대하여 불이익 조치를 취할 수 있는 권한을 말한다. 이는 근로자의 기업질서 문란 행위나 불성실한 근로제공으로 인해 경영상의 장애가 발생한 경우, 이를 시정하거나 제재하기 위한 인사조치로서, 일정 기간 동안 근로계약의 내용을 변경하거나 계약 자체를 종료시키는 방식으로 이루어진다. 징계권은 사용자의 인사권 중 하나로, 본질적으로 인사경영권의 일환으로 이해된다.

이와 관련하여 **근로기준법 제23조**는 해고 등 징계처분이 정당한 이유 없이 이루어져서는 안 된다는 원칙을 규정하고 있으며, 감급에 대한 제재 기준 또한 같은 법 제95조에서 명확히 제한하고 있다.

근로기준법 제95조(제재 규정의 제한)
취업규칙에서 근로자에 대하여 감급(減給)의 제재를 정할 경우에 그 감액은 1회의 금액이 평균임금의 1일분의 2분의 1을, 총액이 1임금 지급기의 임금 총액의 10분의 1을 초과하지 못한다.

2) 징계의 종류

징계는 그 수위와 효과에 따라 경징계와 중징계로 나뉜다. 일반적으로 경고, 견책, 감봉(감급)은 경징계로, 정직, 해고는 중징계로 분류된다. 각각의 내용은 다음과 같다.

① 경고

근로자의 과실이나 태도 문제 등에 대하여 구두 또는 서면으로 그 잘못을 지적하고, 이후 성실한 근무를 권고하는 지도 조치이다. 공식적인 징계로 간주하지 않는 사업장도 있으나, 인사기록에 징계 이력으로 남는 경우가 일반적이다.

② 견책

근로자의 비위 행위에 대해 주의를 주는 공식적인 징계처분으로, 경고보다 수위가 높은 경징계에 해당한다. 실무에서는 이와 함께 시말서나 경위서 제출을 요구하는 경우가 많으며, 시말서(始末書)는 말 그대로 사건의 처음과 끝, 경위와 반성을 기술하는 문서로 이해할 수 있다. 다만, 시말서 제출은 징계 그 자체가 아니라 그 사유나 경위를 문서로 확인하기 위한 수단이다.

③ 감봉·감급

근로자의 규율 위반에 대해 임금의 일부를 감액하는 처분이다. 근로기준법 제95조에 따라 1회 감급액은 평균임금 1일분의 1/2을 초과할 수 없고, 총액은 1임금 지급기의 총임금액의 1/10을 넘을 수 없다.

월급으로 임금을 지급하고 있는 회사에서 월급이 3,000,000이고 1일 평균임금이 100,000원인 근로자가 1회 사안에 대하여 감급 6개월 제재를 받았을 경우, 감급액의 총액은?

감급 1회의 액은 1일 평균임금 100,000원의 반액인 50,000원을 초과할 수 없으며, 6월간에 걸쳐 수회 감급할 수 있으나 그 감급 총액은 1임금 지급기 임금총액의 10분의 1인 300,000원을 초과할 수 없다.

④ 정직

근로자에게 일정 기간 출근을 금지하고, 해당 기간 동안 노무 수령을 거부함으로써 임금을 지급하지 않는 처분이다. 근로자의 신분은 유지되나, 사실상 업무에서 배제되는 조치로, 사용자의 징계권이 실질적으로 작용하는 중징계에 해당한다.

⑤ 징계해고

근로계약을 해지함으로써 근로자와의 법적 관계를 종료시키는 가장 중한 형태의 징계다. 정당한 사유와 절차를 갖추지 않으면 부당해고로 판단될 수 있으므로, 근로기준법 제23조의 요건을 반드시 충족해야 한다.

징계의 정당성 요건

사용자가 징계(특히 해고)를 행할 경우에는 단순히 징계 사유가 존재한다고 하여 곧바로 정당성이 인정되는 것은 아니다. 징계가 유효하기 위해서는 ▲ 징계 사유의 정당성, ▲ 징계 절차의 적법성, ▲ 징계 양정의 비례성과 균형성이라는 세 가지 요소가 모두 충족되어야 한다.

1) 징계 사유의 정당성

회사는 업무명령 위반, 근로자 간 불화, 경력 사칭, 복무규정 위반, 사생활상의 비행 등 근로자의 기업질서 위반 행위에 대하여 징계를 부과할 수 있다.

다만, 징계의 사유는 근로기준법 등 **관련 법령에 위반되지 않는 범위 내에서 취업규칙이나 단체협약 등에 명시된 규정에 따라야** 하며, 규정이 없는 사유로 임의의 징계를 부과할 수는 없다. 실제로 취업규칙이나 단체협약 등에서 해고사유를 열거주의로 한정하고 있는 경우, 해당 열거 외의 사유, 즉 '그 밖의 사유'만으로는 해고의 정당성이 인정되지 않는다는 것이 판례의 입장이다(대법원 2002.5.28. 선고 2001두10455 판결).

또한 징계해고와 같은 중징계는, 단순히 징계사유에 해당된다고 하여 정당성이 인정되는 것이 아니라, 그 위반행위가 사회통념상 더 이상 근로관계를 지속하기 어려울 정도의 중대성이 있어야 한다. 다시 말해, 근로자의 책임이 중하고, 기업질서를 본질적으로 훼손한 경우에만 해고의 정당성이 인정된다(대법원 2017.3.15. 선고 2013두26750 판결).

근로자의 사생활의 비위행위(음주운전·도박·불륜·부동산 투기 등)를 근거로 징계를 해도 되나?

- 근로자의 사적 영역에서 이루어지는 비위행위에 대해서도 사업에 직접적인 관련이 있거나 기업의 사회적 평가를 훼손할 염려가 있다면 징계 사유가 됨.
- 기업의 사회적 평가를 훼손할 염려가 있다'고 하기 위해서는 반드시 구체적인 업무저해의 결과나 거래상의 불이익이 발생해야 하는 것은 아니고 당해 행위의 성질과 정상, 기업의 목적과 경영방침, 사업의 종류와 규모 및 그 근로자의 기업에 있어서의 지위와 담당업무 등 제반 사정을 종합적으로 고려하여 그 비위행위가 사회적 평가에 미친 악영향이 상당히 중대하다고 객관적으로 평가될 수 있어야 함.

2) 징계 절차의 정당성

근로기준법은 징계 절차에 대해 별도의 규정을 두고 있지 않다. 따라서 취업규칙이나 단체협약 등에서 징계절차를 명시하고 있지 않은 경우, 절차 없이 징계를 부과하더라도 그 효력 자체는 부인되지 않는다(대법원 1991.7.9. 선고 90다8077 판결).

그러나 취업규칙이나 단체협약 등에서 징계절차를 정해 놓은 경우에는, 해당 절차를 반드시 준수해야 하며, 이를 위반할 경우에는 절차상 하자로 인해 징계의 정당성이 부정될 수 있다.

한편, 해고의 경우에는 근로기준법 제27조에 따라 반드시 해고사유와 해고시기를 기재한 서면을 교부해야 하며, 이를 위반한 경우에는 절차적 위법으로 인해 부당해고 판단을 받을 수 있다.

3) 징계 양정의 정당성

징계 사유가 존재하고, 절차 역시 적법하게 진행되었다 하더라도, 징계의 수위가 과도하거나 불균형한 경우 징계의 정당성이 부인될 수 있다.

징계의 종류와 수준은 사용자에게 재량이 인정되나, 이 재량은 자의적이고 일방적인 판단이 아닌, **사회통념상 합리적인 균형을 갖춘 결정이어야** 한다. 즉, 징계 사유와 징계의 종류 사이에는 비례성과 균형성이 요구되며, 동일한 사안에 대해 근로자별로 다른 처분을 한 경우에는 특별한 사정이 없는 한 형평성의 원칙에 어긋난 징계로 간주될 수 있다(대법원 2014.11.27. 선고 2011다41420 판결).

징계양정을 선택할 때 어떤 기준을 고려해야 하나?

- 징계 사유에 대해 어떤 징계처분을 할 것인지와 관련하여 비위행위의 내용과 성질, 징계의 목적, 피징계자의 평소의 소행, 근로자의 지위와 담당업무의 내용, 사업의 목적과 성격 등 다양한 기준을 고려해야 함.
- 피징계자의 평소의 소행과 과거 포상경력을 참작 가능
  - 과거 근로자의 소행이 성실하고, 징계를 받은 사례가 전혀 없고, 재직 기간 중 사업주에 의한 표창을 받았다면 감경 가능
- '근로자의 직위와 담당업무의 내용'을 고려 가능
  - 동일한 회계부정행위라도 회계책임자가 저지른 행위에 대해서는 중한 징계가 내려져야 할 것임.
  - 음주운전을 이유로 징계처분을 할 때에 피징계자가 운전업무를 담당하는지 유무도 중요한 판단 요소

근로기준법상 해고의 제한

근로기준법은 해고의 정당성을 갖추는 것 외에도, 일정한 경우에는 해고 자체를 제한하거나 특별한 방식으로 해야 한다고 규정하고 있다. 이는 해고의 남용을 방지하고, 근로자의 생계와 법적 안정성을 보호하기 위한 최소한의 장치다.

1) 해고 금지 기간

근로기준법 제23조(해고 등의 제한)

② 사용자는 근로자가 업무상 부상 또는 질병의 요양을 위하여 휴업한 기간과 그 후 30일 동안 또는 산전(産前)·산후(産後)의 여성이 이 법에 따라 휴업한 기간과 그 후 30일 동안은 해고하지 못한다. 다만, 사용자가 제84조에 따라 일시보상을 하였을 경우 또는 사업을 계속할 수 없게 된 경우에는 그러하지 아니하다.

사용자가 정당한 해고 사유를 갖고 있더라도, 법이 정한 보호기간 중인 근로자에 대해서는 해고가 금지된다.

근로기준법 제23조 제2항에 따르면, 사용자는 근로자가 **업무상 부상 또는 질병으로 인한 요양으로 휴업 중인 기간과 그 후 30일** 동안, 또는 **출산 전후 휴가 중인 여성 근로자에 대하여 해당 휴업 기간과 그 후 30일** 동안은 해고할 수 없다. 이는 정당한 해고 사유가

있더라도 무효로 간주되며, 위반 시 형사처벌(5년 이하 징역 또는 5천만 원 이하 벌금) 대상이 된다.

다만, 예외적으로 ▲ 사용자가 근로기준법 제84조에 따라 일시보상을 한 경우나, ▲ 사업을 계속할 수 없는 불가피한 사정이 있는 경우에는 해고가 허용된다.

이와 같은 해고 금지 기간은 해당 보호 기간이 끝난 이후에야 해고가 가능하며, 그 이전의 해고는 효력을 인정받지 못한다.

2) 해고 예고

근로기준법 제26조(해고의 예고)

사용자는 근로자를 해고(경영상 이유에 의한 해고를 포함한다)하려면 적어도 30일 전에 예고를 하여야 하고, 30일 전에 예고를 하지 아니하였을 때에는 30일분 이상의 통상임금을 지급하여야 한다. 다만, 다음 각 호의 어느 하나에 해당하는 경우에는 그러하지 아니하다.

1. 근로자가 계속 근로한 기간이 3개월 미만인 경우
2. 천재·사변, 그 밖의 부득이한 사유로 사업을 계속하는 것이 불가능한 경우
3. 근로자가 고의로 사업에 막대한 지장을 초래하거나 재산상 손해를 끼친 경우로서 고용노동부령으로 정하는 사유에 해당하는 경우

근로기준법 시행규칙 제4조(해고 예고의 예외가 되는 근로자의 귀책사유)

법 제26조 제3호에서 "고용노동부령으로 정하는 사유"란 별표 1과 같다.

1. 납품업체로부터 금품이나 향응을 제공받고 불량품을 납품받아 생산에 차질을 가져온 경우
2. 영업용 차량을 임의로 타인에게 대리운전하게 하여 교통사고를 일으킨 경우
3. 사업의 기밀이나 그 밖의 정보를 경쟁관계에 있는 다른 사업자 등에게 제공하여 사업에 지장을 가져온 경우
4. 허위 사실을 날조하여 유포하거나 불법 집단행동을 주도하여 사업에 막대한 지장을 가져온 경우
5. 영업용 차량 운송 수입금을 부당하게 착복하는 등 직책을 이용하여 공금을 착복, 장기유용, 횡령 또는 배임한 경우
6. 제품 또는 원료 등을 몰래 훔치거나 불법 반출한 경우
7. 인사·경리·회계담당 직원이 근로자의 근무상황 실적을 조작하거나 허위 서류 등을 작성하여 사업에 손해를 끼친 경우
8. 사업장의 기물을 고의로 파손하여 생산에 막대한 지장을 가져온 경우
9. 그 밖에 사회통념상 고의로 사업에 막대한 지장을 가져오거나 재산상 손해를 끼쳤다고 인정되는 경우

해고는 예고 없이 즉시 통보하는 방식으로 이루어질 수 없다. 근로기준법 제26조는 사용자가 근로자를 해고하려면 적어도 **30일 전에 예고**를 하거나, **30일분 이상의 통상임금을 지급**하도록 규정하고 있다. 이는 해고로 인한 생계 단절을 방지하고, 근로자가 새로운 일자리를 모색할 수 있도록 준비기간을 보장하려는 취지다.

예고를 하지 않았고, 수당도 지급하지 않은 해고는 위법이며, 통상임금 상당액의 금전 보상이 필요하다.

다만, 해고예고를 했다고 해서 해고의 정당성까지 자동으로 확보되는 것은 아니다. **해고 자체의 사유와 절차가 법적 요건을 갖추지 못한 경우, 예고 여부와 관계없이 부당해고로 판단될 수 있다.**

해고예고는 반드시 서면일 필요는 없고, 구두 통보도 효력을 인정받을 수 있다. 그러나 해고 대상자, 해고사유, 해고 시점이 구체적이고 명확하게 특정되어야 하며, 불확정하거나 조건부로 해고를 예고하는 방식은 무효로 본다.

근로기준법은 다음과 같은 경우에는 해고예고의무를 면제하고 있다.

① 근로자가 계속 근무한 기간이 3개월 미만인 경우

② 천재지변 등 부득이한 사정으로 인해 사업을 지속할 수 없는 경우

③ 근로자가 고의로 사업에 중대한 손해를 끼친 경우(고용노동부령에서 정한 사유 포함)

3) 해고 서면 통지의무

근로기준법 제27조(해고사유 등의 서면통지)

① 사용자는 근로자를 해고하려면 해고사유와 해고시기를 서면으로 통지하여야 한다.

② 근로자에 대한 해고는 제1항에 따라 서면으로 통지하여야 효력이 있다.

③ 사용자가 제26조에 따른 해고의 예고를 해고사유와 해고시기를 명시하여 서면으로 한 경우에는 제1항에 따른 통지를 한 것으로 본다.

해고는 그 **사유와 시기를 명확히 하여 서면으로 통지해야만** 효력이 발생한다. 근로기준법 제27조에 따르면, 해고는 서면 통지가 있어야만 법적으로 유효하며, 구두로 해고를 통보한 경우 그 효력은 인정되지 않는다.

따라서 실무에서는 해고 통보 시 해고통지서를 직접 교부하고 수령 확인 서명을 받는 것이 바람직하다. 수령이 어려운 경우에는 내용증명 우편으로 발송하여 다툼의 여지를 없애는 방식이 권장된다.

특히 징계해고의 경우, 단순히 단체협약이나 취업규칙의 위반 조항만을 나열하는 것으로는 부족하며, **근로자가 위반한 구체적 사실관계와 징계 사유에 해당하는 행위의 내용을 명확하게 기재해야** 한다. 이는 해고의 정당성을 둘러싼 분쟁을 줄이고, 근로자가 해고 사유를 명확히 인지하여 대응할 수 있도록 하려는 입법 취지를 반영한 것이다.

서면의 의미와 관련하여 전자문서로 통지할 수 있는지?

…서면에 의한 해고 통지를 규정… 사용자로 하여금 근로자를 해고하는 데 신중을 기하게 함과 아울러 해고의 존부 및 시기와 그 사유를 명확하게 하여 사후에 이를 둘러싼 분쟁이 적정하고 용이하게 해결될 수 있도록 하고, 근로자에게도 해고에 적절히 대응할 수 …이와 같은 취지 등에 비추어 보면,
근로기준법 제27조 제2항의 '서면'이란 종이로 된 문서뿐만 아니라 회사가 전자결재체계를 완비하여 전자문서로 모든 업무의 기안, 결재, 시행 과정을 관리하는 등 특별한 사정이 있는 경우의 전자문서도 포함된다고 봄이 타당하다(서울행정법원 2014.3.16. 선고 2013구합79 판결).

해고서면 통지의 방법은?
(어떠한 행위가 사규 위반에 해당하여 징계해고사유가 되는지에 관한 내용이 기재되어 있지는 않고, 근로자가 위반한 단체협약과 취업규칙의 조문을 명시한 경우)

- 근로기준법 제27조는 해고사유 등의 서면통지를 통해 사용자로 하여금 근로자를 해고하는데 신중을 기하게 함과 아울러, 해고의 존부 및 시기와 그 사유를 명확하게 하여 사후에 이를 둘러싼 분쟁이 적정하고 용이하게 해결될 수 있도록 하고, 근로자에게도 해고에 적절히 대응할 수 있게 하기 위한 취지
- 사용자가 해고사유 등을 서면으로 통지할 때는 근로자의 처지에서 해고의 사유가 무엇인지를 구체적으로 알 수 있어야 하고, 특히 징계해고의 경우에는 해고의 실질적 사유가 되는 구체적 사실 또는 비위내용을 기재하여야 하며 징계대상자가 위반한 단체협약이나 취업규칙의 조문만 나열하는 것으로는 충분하다고 볼 수 없다(대법원 2011.10.27. 선고 2011다 42324 판결).

3. 부당해고 등의 구제절차

노동위원회를 통한 부당징계 등 구제절차

근로기준법 제28조(부당해고등의 구제신청)

① 사용자가 근로자에게 부당해고등을 하면 근로자는 노동위원회에 구제를 신청할 수 있다.

② 제1항에 따른 구제신청은 부당해고등이 있었던 날부터 3개월 이내에 하여야 한다.

근로자가 해고, 감봉 등 징계처분을 받았을 때 해당 처분이 부당하다고 판단된다면 노동위원회를 통해 구제를 신청할 수 있다. 이는 근로기준법 제28조 제1항에 명시된 권리로, 근로자는 사용자의 부당해고나 부당한 징계에 대해 직접 노동위원회에 구제신청을 제기할 수 있다. 이 권리는 근로자 개인에게만 인정되므로, 노동조합은 원칙적으로 부당해고 등의 구제신청을 대신할 수 없다. 다만 노동조합은 부당노동행위에 해당하는 경우에는 노동조합 및 노동관계조정법에 따라 별도로 구제절차를 진행할 수 있다.

구제신청에는 엄격한 제척기간이 존재한다. 법에 따라 **징계처분이 있었던 날로부터 3개월 이내**에 노동위원회에 구제신청을 해야 하며, 이 기한을 넘길 경우 원칙적으로 권리를 행사할 수 없게 된다.

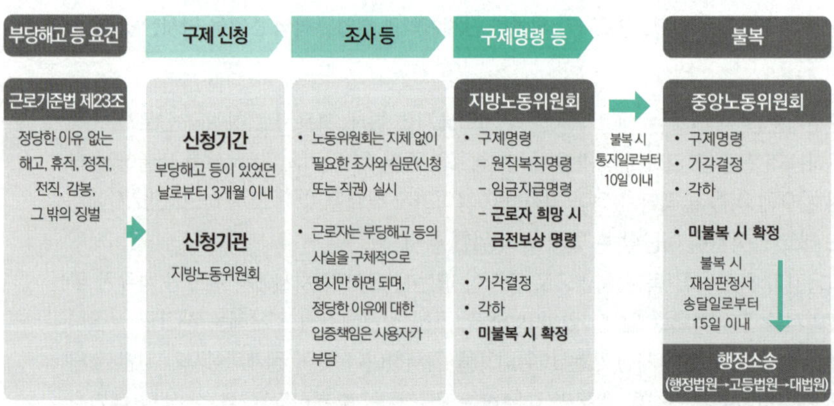

| 부당해고 등 구제절차 개요 |

제척기간의 기산점은 징계의 종류에 따라 달라질 수 있다. 예를 들어 감봉처분의 경우 실제로 급여에서 금액이 공제된 날이 아니라, **감봉 징계처분이 근로자에게 통보된 날을 기준**으로 3개월이 산정된다(서울행정법원 2011.3.25. 선고 2010구합3925 판결). 반면, 해고의 경우에는 해고통지서를 받은 날이 아닌, **실제로 해고의 효력이 발생한 날, 즉 근로관계가 종료되는 날을 기준**으로 3개월이 기산된다(대법원 2002.6.14. 선고 2001두11076 판결).

또한 징계에 대해 재심절차를 두고 있는 경우에도 주의가 필요하다. 일반적으로는 **초심에서 징계처분이 내려진 날로부터** 3개월 이내에 구제신청을 해야 한다. 다만, 재심에서 징계의 종류가 변경된 경우에는 그 재심처분일을 기준으로 제척기간이 새로 기산된다(대법원 2012.2.23. 선고 2011두31050 판결).

이처럼 구제신청 기한은 징계의 종류와 절차에 따라 달라질 수 있으므로, 정확한 기산점을 확인하고 신속하게 대응하는 것이 중요하다. 아래 예시는 각 징계유형별 제척기간 산정방식을 도식화한 것이다.

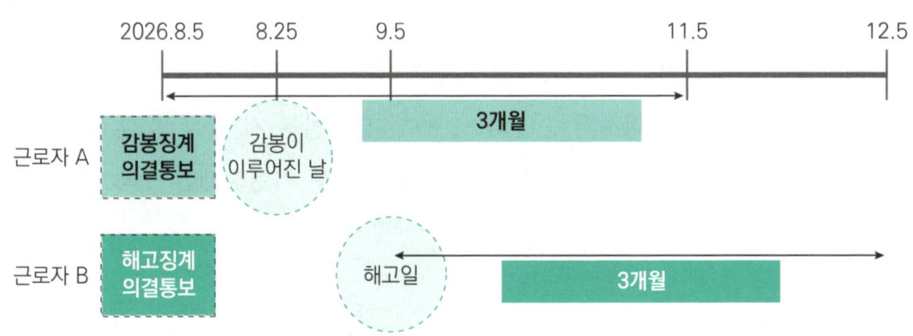

| 징계종류별 구제신청 기간 예시 |

부당해고 등 사건 처리 흐름도

부당해고 등 근로자가 제기하는 구제신청은 일정한 절차를 통해 노동위원회에서 심문되고, 경우에 따라 중앙노동위원회 재심과 행정소송으로 이어질 수 있다. 다음 도식은 지방노동위원회를 통한 구제 절차의 흐름을 시각적으로 정리한 것이다.

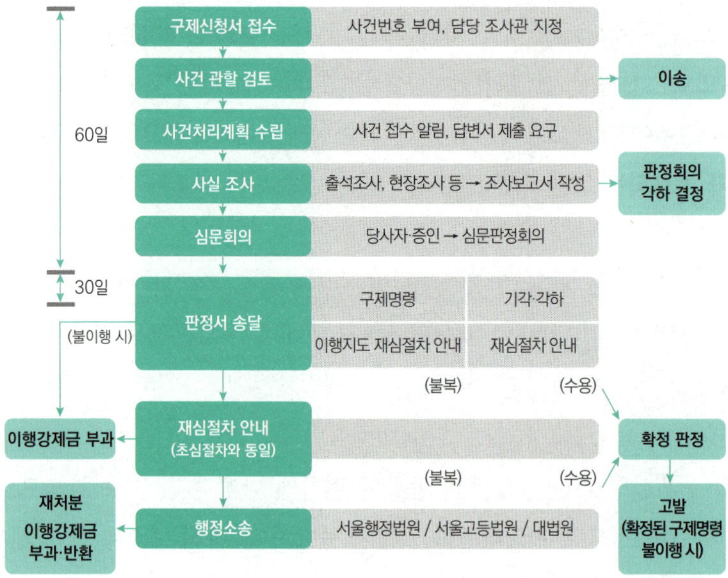

| 부당해고 등 사건처리 흐름도 |

구제신청이 접수되면, 관할 검토 및 사건처리계획 수립을 거쳐 사실조사와 심문회의가 진행된다. 이후 판정서가 송달되며, 이에 대한 불복 시 재심 및 행정소송 절차가 가능하다. 사용자가 구제명령을 이행하지 않는 경우 이행강제금 부과 및 형사 고발까지 이어질 수 있다.

구제명령의 효력

노동위원회의 구제명령이 확정되면, 이는 강제력 있는 행정명령으로서 즉시 효력을 갖는다. 사용자가 구제명령에 따라 이행 조치를 취할 경우, 그 효력은 지방노동위원회가 구제명령을 내린 시점까지 소급된다. 예컨대 부당해고 구제 신청이 인용된 경우, 해당 해고는 무효가 되며 해고일 다음 날부터 계속 근무한 것으로 간주되어 소급된 임금 상당액이 지급되어야 한다.

반면 사용자가 구제명령을 이행하지 않는 경우, 법은 두 가지 제재 수단을 병행 또는 순차적으로 허용하고 있다. 첫째는 **이행강제금 부과 제도**이다. 사용자에게 구제명령이 송달된 날부터 30일 이내에 이행하지 않으면, 노동위원회는 30일간의 부과 예고 기간을 거쳐 이행강제금을 부과할 수 있으며, 납부기한은 15일이다. 이 기한 내에도 납부하지 않을 경우 10일간 독촉 후 강제 징수가 이뤄진다. 이행강제금은 1인당 3천만 원 한도로 연간 2회, 2년간 최대 4회까지 반복 부과될 수 있어, 총 1억 2천만 원까지 부과 가능하다. 이 제도는 2021년 11월 19일 이후 발생한 부당해고 사건부터 적용되며, 그 이전에는 부과 상한이 1인당 2천만 원이었다.

둘째는 **형사처벌**이다. 사용자가 구제명령을 장기간 이행하지 않을 경우, 노동위원회는 검찰에 고발할 수 있으며, 이에 따라 1년 이하의 징역 또는 1천만 원 이하의 벌금이 부과될 수 있다(근로기준법 제111조). 특히 반복적·고의적인 불이행의 경우, 민사상 손해배상청구와 병행하여 형사 책임이 강조되는 경향이 뚜렷하다.

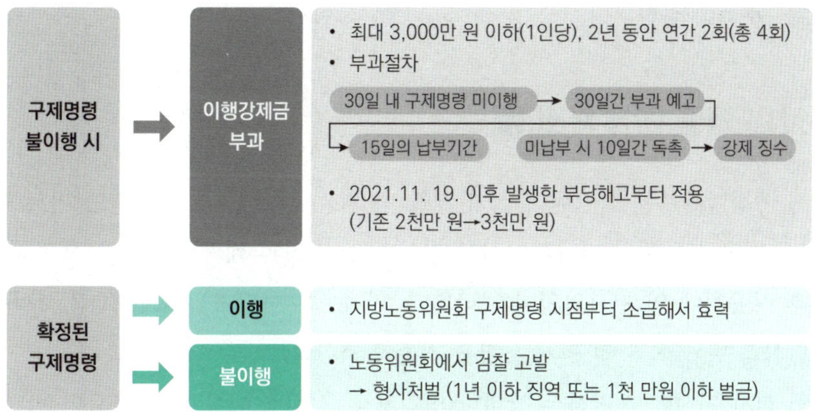

| 구제명령의 효력 |

4. 퇴직 절차

퇴직이 확정되면 사용자는 퇴직자에게 법령에 따라 금품을 청산하고, 회사 자산의 반납 등 사후 절차를 신속히 마무리해야 한다. 이 과정에서의 실수나 누락은 민원 제기 또는 법적 분쟁으로 이어질 수 있으므로, 표준화된 절차와 체크리스트를 활용하는 것이 바람직하다.

퇴직 시 금품 청산

사용자는 **퇴직일로부터 14일 이내**에 퇴직자에게 다음 각 항목에 해당하는 금품을 정산·지급해야 한다. 퇴직금, 마지막 근무 월의 임금, 직책수당 및 연장·야간근로수당 등 각종 수당, 연차유급휴가 미사용 수당 등이 이에 포함된다.

부득이한 사정으로 지급기일을 초과할 필요가 있는 경우에는 퇴직자의 사전 동의를 받아야 하며, 단순한 행정 지연(예: 계좌 확인 지연, 주민등록초본 미제출 등)은 정당한 사유로 보기 어렵다.

정산 시에는 퇴직금 산정 내역서 및 급여명세서를 함께 제공하고, 퇴직자로부터 수령 확인서를 받아 두는 것이 추후 분쟁 예방에 도움이 된다. 또한, 퇴직금 산정 전에는 해당자가 중간정산을 받은 이력이 있는지를 반드시 확인해야 하며, 연차유급휴가 수당의 경우 발생일수와 사용일수를 정확히 산정한 뒤, 최종 통상임금을 기준으로 계산·지급하여야 한다.

퇴직자의 물품 반납처리 등

퇴직 예정자에게는 사임원 양식과 더불어, 피복·작업도구·노무 관련 자료 등 사업장에서 제공한 물품의 반납확인서를 전달하고, 이와 함께 업무 인계사항도 안내한다. 이후 사용자에 의해 사임원이 수리되면, 인사노무 담당자는 퇴직 확정 사실을 통보하고, 물품 반납 여부 및 인계 사항을 최종 확인한다.

특히 회사 자산에 해당하는 장비나 영업자료, 서비스 이용자 정보 등이 반납되지 않을 경우, 부정경쟁방지 및 영업비밀보호에 관한 법률, 개인정보보호법 등 관련 법령에 따라 법적 책임이 발생할 수 있다. 이에 따라 퇴직 시에는 인수·인계 사항과 반납 대상 물품을 서면으로 명확히 고지하고, 이를 확인하는 절차를 반드시 거치는 것이 중요하다.

노동법의 시작, 사회복지 노동법

CHAPTER 10

비정규직 근로자 보호

박정연 · 장연수

10

비정규직 근로자 보호

1. 비정규직은 왜 문제인가

비정규직 고용의 확산 배경

오늘날 비정규직 고용은 특정 업종이나 한정된 용도에 국한되지 않고, 민간과 공공을 가리지 않고 광범위하게 확산되어 있다. 과거에는 일시적·한정적 수요에 따른 한시적 고용 형태로 운영되었지만, 외환위기 이후 구조조정과 노동시장 유연화 정책이 본격화되면서 '**필요한 만큼만 고용하는 방식**'이 제도적으로 정착되었다.

사회복지기관에서는 이러한 경향이 더욱 뚜렷하다. 기관 인건비의 대부분이 지자체 보조금이나 국고지원 예산에 의존하고 있기 때문에, 안정적인 정규직 충원은 제한적일 수밖에 없다. 특정 회계연도 안에서만 사용 가능한 사업예산의 구조는, 그에 종속된 인력운영을 낳는다. 예컨대 지역복지사업이나 돌봄지원사업 등에 투입되는 인력은 해당 사업이 지속되는 동안만 근무할 수 있다는 조건으로 계약된다.

문제는, 이와 같은 계약이 '**1년 계약 종료 → 신규 재계약**'의 형식을 반복하면서도 실제로는 **동일한 업무를 상시적으로 수행**하는 구조로 운영된다는 점이다. 이는 근로자에게는 고용불안을, 기관에는 **숙련도 저하 및 인력 이탈**의 문제를 낳는다. **공공성을 기반으로 한 사회서비스**의 질을 장기적으로 담보하기 어렵게 되는 구조적 원인이 되기도 한다.

정규직과의 근로조건 격차

비정규직 근로자는 단지 계약기간이 짧다는 이유로, **동일 업무를 수행함에도** 불구하고 다양한 근로조건에서 차별을 겪는다. 그 격차는 다음과 같은 항목에서 뚜렷하게 드러난다.

1) 임금의 격차

동일한 시간 동안 일하더라도, 비정규직은 **정규직보다 낮은 시간당 임금**을 받는 일이 많다. 특히 사회복지관, 아동센터 등에서 행정지원, 상담, 프로그램 운영을 담당하는 비정규직은 '**운영비 예산**'이라는 틀 내에서 임금이 제한되며, 정규직에게 적용되는 경력 가산이나 정기수당이 반영되지 않는다. 일부 기관은 포괄임금제처럼 시간급만 지급하고 각종 수당을 배제하기도 한다.

2) 복리후생의 배제

명절상여금, 복지포인트, 건강검진, 장기근속휴가 등은 정규직에게만 제공되는 경우가 많다. 내규상 '정규직에 한함', '근속 1년 이상'이라는 제한이 붙거나, 명시적인 기준 없이 **관행적으로 정규직에게만 제공되는 복지제도**가 존재한다. 같은 조직, 같은 장소에서 일하고 있음에도, 비정규직은 소속감과 조직 내 구성원으로서의 인정을 받기 어려운 구조다.

3) 승진 및 교육기회의 제한

인사평가나 승진대상에서 배제되거나, 평가가 이루어지더라도 실질적인 보상으로 연결되지 않는 경우가 많다. 예를 들어 내부 승진, 포상추천, 외부연수 기회 등은 정규직을 우선으로 고려하는 경우가 많고, 비정규직은 '단기계약자'라는 이유로 교육비 지원에서도 제외되곤 한다. 이로 인해 비정규직은 전문성 개발의 기회를 갖기 어려우며, 장기적인 경력경로 설계가 어렵다.

4) 고용불안과 계약종료의 불투명성

계약기간이 종료되면 해고사유가 없어도 근로관계가 종료될 수 있기 때문에, 사용자는 인사상 갈등이나 조직 내 문제 발생 시 계약갱신을 거부하는 방식으로 인사통제를 시도하기도 한다. 특히 **계약이 수차례 갱신되다가** 특정 시점에서 일방적으로 종료될 경우, 근로자는 부당하다는 문제의식을 갖더라도 법적 대응이 쉽지 않다. 사회복지 현장에서는 이처럼 **사실상 상시근로자임에도 비정규직**으로 남는 구조가 고착화되어 있다.

사회복지 현장에서의 주요 쟁점

사회복지 현장은 단순히 고용형태의 문제를 넘어서, 조직의 운영방식 전체가 비정규직 고용을 전제로 설계되어 있는 경우가 많다. 대표적인 특성으로는 다음과 같은 것이 있다.

첫째, **계약기간 중심의 인력운영**이다. 예산 교부방식이 회계연도 단위로 설계되어 있어, 해당 연도 안에서만 채용이 가능하고, 사업이 연장되더라도 형식상 재계약 절차를 반복하게 된다. 동일한 인력이 수년간 근무하더라도 법적으로는 '**매년 신규 채용**'이라는 허울을 벗지 못하게 되는 구조이다.

둘째, **정서노동과 관계중심 업무의 비가시성**이다. 사회복지직은 돌봄, 상담, 사례관리, 생활지도 등 대인관계 기반의 고강도 업무가 많지만, 비정규직이라는 이유로 직무의 성과나 전문성이 정당하게 평가되지 않는 경우가 많다. 감정노동이 누적되고 이직률이 높아지더라도, 고용구조 자체가 이를 개선할 수 있는 기전을 제공하지 않는다.

셋째, **사용자 책임의 불명확성**이다. 위수탁 구조에서, 형식상 수탁기관이 고용주가 되지만, 실질적인 업무지시는 발주기관(지자체 등)에서 나오는 경우가 많다. 이때 실질 사용자에 대한 법적 책임 귀속이 불명확해지고, 비정규직 근로자는 어디에 책임을 물어야 할지 모르는 상태에 놓이게 된다. 이러한 구조는 권리구제를 어렵게 만들고, 책임 회피 구조를 고착화한다.

이처럼 비정규직 고용은 개별 근로자의 처우 문제에 그치지 않고, 사회복지 조직 전체의 인사관리 체계, 서비스 품질, 기관의 지속가능성과 깊은 관련을 맺고 있다. 때문에 단지 '**형식상의 계약 문제**'로 접근할 것이 아니라, **고용의 구조적 문제로 바라보아야** 한다.

2. 비정규직의 유형과 법적 정의

기간제근로자, 단시간 근로자, 파견근로자의 개념

비정규직이라는 말은 통상 정규직이 아닌 고용형태 전반을 포괄하는 용어이지만, 법적으로는 보다 구체적인 세 가지 유형이 존재한다. 바로 기간제근로자, 단시간 근로자, 파견근로자이다. 이 세 유형은 각각 관련 법률에서 정의되어 있고, 적용되는 보호 내용과 제한 요건이 다르기 때문에 실무에서는 구분이 매우 중요하다.

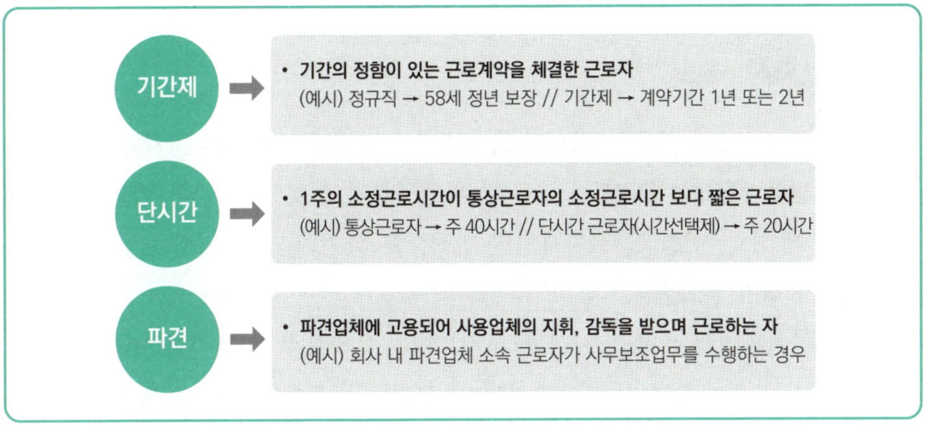

1) 기간제근로자

기간제근로자란 근로계약의 기간을 정하여 근무하는 근로자를 말한다. 기간제 및 단시간 근로자 보호 등에 관한 법률(이하 '기간제법') 제2조 제1호는 이를 **"기간의 정함이 있는 근로계약을 체결한 자"**로 정의하고 있다.

사회복지기관에서는 예산 단위 사업이 많고, 이 예산이 주로 회계연도 단위로 교부되기 때문에 1년 단위의 기간제계약이 일반적으로 활용된다. 해당 계약은 예산 종료와 함께 종료된다는 점에서 제도상 일정한 타당성이 있으나, 일상적으로 반복 활용될 경우 실질적인 상시고용 구조를 형성하게 되므로 이후 법적 문제가 될 수 있다.

2) 단시간 근로자

단시간 근로자란, 같은 사업장에서 같은 종류의 업무를 수행하는 **통상근로자보다 근로시간이 짧은 자**를 말한다(기간제법 제2조 제2호). 사회복지기관에서는 시간제 상담사, 프로그램 강사, 행정보조 인력 등으로 주로 나타나며, 주 15시간 미만 또는 하루 4시간 근무하는 형태가 대표적이다.

단시간이라는 이유만으로 근로자성이 부정되거나 근로조건이 제한되는 것은 아니다. 주휴수당, 연차유급휴가, 휴게시간 등 근로기준법상 기본 권리는 근무일수와 시간에 비례하여 동일하게 적용되며, 근로계약서에는 임금 산정 기준, 수당 포함 여부 등을 명확히 기재해야 한다.

3) 파견근로자

파견근로자는 고용계약은 **파견업체와 체결**되어 있지만, **실제 업무는 사용사업주의 지휘·명령을 받아 수행하는 근로자**를 말한다. 파견근로자 보호 등에 관한 법률(이하 '파견법') 제2조 제1호는 이를 "근로자파견의 형식으로 타인의 지휘·명령을 받아 근로를 제공하는 자"라고 정의한다.

사회복지기관에서는 청소, 시설관리, 정보기기 유지보수 등 부수업무에 파견이 활용되며, 통상 도급계약 형식으로 운영된다. 그러나 실무에서 도급과 파견의 경계가 불분명한 경우가 많아, 파견이 허용되지 않는 업무에 실질적 파견을 실시하거나, 도급 명목으로 위장한 경우 법적 문제가 발생한다.

도급과 파견을 구별하기 위해서는 ▲ 업무지시권 주체 ▲ 근무일정 및 장소의 결정권 ▲ 업무평가 및 인사권의 귀속 여부 ▲ 업무 대상자의 고용관계 등 여러 요소를

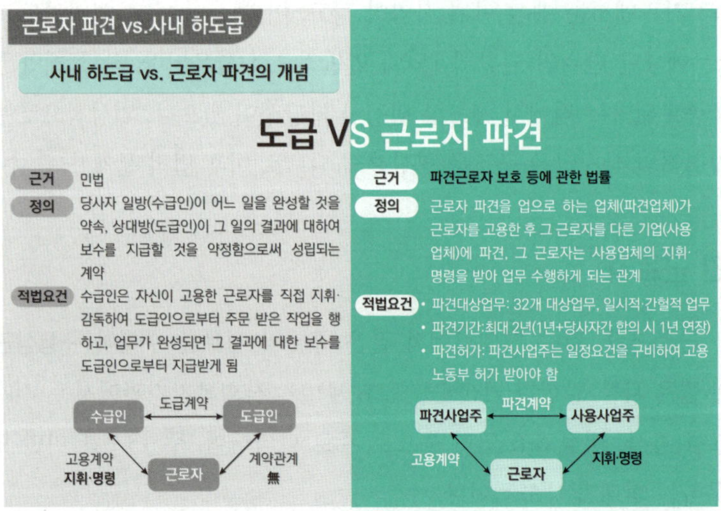

종합적으로 판단해야 한다. 사용사업주가 실질적인 지휘·감독을 하고 있다면, 명칭과 관계없이 불법파견으로 판단될 수 있다.

유사 고용형태(용역, 수탁, 특수고용 등)와의 구별

사회복지기관에서는 기간제·단시간·파견 외에도 다양한 **간접고용 또는 위수탁 형태**가 활용되고 있다. 이들 고용형태는 계약서상으로는 '근로계약'이 아닌 '도급계약', '위수탁계약', '프리랜서 계약'으로 표기되어 있지만, 실제 운영방식에 따라 근로자성 판단이 달라질 수 있다.

1) 용역 및 수탁계약

기관이 외부 업체나 단체와 계약을 맺고, 해당 조직 소속 인력이 기관 내에서 업무를 수행하는 구조이다. 예를 들어 재활센터, 외부 민간복지법인 등과 상담·교육·사례관리 업무를 수탁계약으로 운영하는 경우가 여기에 해당한다.

문제는 외형상 수탁이지만, 실제로는 사용기관이 ▲ **근로자의 업무를 직접 지시**하고 ▲ 출퇴근·일정·성과를 관리하고 있으며 ▲ 정규직 직원과 동일한 공간에서 동일한 업무를 수행하는 경우이다. 이 경우 형식이 수탁이더라도 실질은 파견 또는 사용자에 의한 직접고용으로 해석될 수 있다.

2) 특수형태근로종사자(특고)의 특성

'특고'는 자영업자나 위탁계약을 맺은 사업자처럼 보이지만, **종속적인 형태로 업무를 수행**하는 경우가 많다. 사회복지현장에서는 방문상담사, 프로그램 진행자, 활동지원사 등이 해당될 수 있으며, 기관의 사업계획서, 지침, 교육내용 등에 종속되어 일하는 경우에는 근로자로 인정될 여지가 있다.

근로자성 판단은 **계약 명칭이 아닌 실질을 기준**으로 하며, 사용자의 구체적인 지휘·명령, 업무상 독립성, 보수 산정 방식, 조직 내 위치 등 다양한 요소가 고려된다. 이는 이후 노동위원회나 법원의 판단에서도 중요한 쟁점이 될 수 있다.

3. 기간제근로자의 보호

기간제근로자는 특정한 계약기간을 정하여 근로계약을 체결한 근로자를 말한다. 사회복지기관에서는 예산의 연단위 운영, 인건비 기준, 평가체계 등 제도적 여건에 따라 기간제근로자의 활용이 매우 일반화되어 있다. 그러나 기간제근로자는 고용의 불안정성과 반복계약에서 오는 불이익에 노출되기 쉬우므로, 기간제법은 일정한 보호장치를 마련하고 있다.

실무에서는 이 법에서 정한 계약기간 제한, 사용사유 제한의 유무, 무기계약 전환 제도를 정확히 이해하고 운용할 필요가 있다. 다음은 기간제근로자 보호에 관한 핵심 제도들이다.

계약기간 제한(2년)과 예외

1) 2년 사용기간 제한의 원칙과 의미

기간제 및 단시간 근로자 보호 등에 관한 법률 제4조(기간제근로자의 사용)

① 사용자는 2년을 초과하지 아니하는 범위 안에서(기간제 근로계약의 반복갱신 등의 경우에는 그 계속근로한 총기간이 2년을 초과하지 아니하는 범위 안에서) 기간제근로자를 사용할 수 있다. 다만, 다음 각 호의 어느 하나에 해당하는 경우에는 2년을 초과하여 기간제근로자로 사용할 수 있다.

1. 사업의 완료 또는 특정한 업무의 완성에 필요한 기간을 정한 경우
2. 휴직·파견 등으로 결원이 발생하여 해당 근로자가 복귀할 때까지 그 업무를 대신할 필요가 있는 경우
3. 근로자가 학업, 직업훈련 등을 이수함에 따라 그 이수에 필요한 기간을 정한 경우
4. 「고령자고용촉진법」 제2조 제1호의 고령자와 근로계약을 체결하는 경우
5. 전문적 지식·기술의 활용이 필요한 경우와 정부의 복지정책·실업대책 등에 따라 일자리를 제공하는 경우로서 대통령령으로 정하는 경우
6. 그 밖에 제1호부터 제5호까지에 준하는 합리적인 사유가 있는 경우로서 대통령령으로 정하는 경우

② 사용자가 제1항 단서의 사유가 없거나 소멸되었음에도 불구하고 2년을 초과하여 기간제근로자로 사용하는 경우에는 그 기간제근로자는 기간의 정함이 없는 근로계약을 체결한 근로자로 본다.

기간제법 제4조 제1항 본문은 사용자가 기간제근로자를 **최대 2년까지만 사용할 수 있도록** 규정하고 있으며, 이를 초과하여 계속 사용할 경우 제4조 제2항에 따라 무기계약직으로 간주된다. 간주해 버린다는 의미는 다른 법적 조치나 계약 관계의 변동 없이 곧바로 무기계약직 근로자가 되어버린다는 것이다. 이 간주 규정은 별도의 절차 없이 **법률상 당연히 무기계약직으로 전환**되는 강행규정이라는 점에서 실무상 매우 중요하다.

예컨대, 복지관에서 사례관리직으로 1년 단위 계약을 반복해 총 3년간 근무한 경우, 2년을 초과한 시점에서 무기계약직 전환 대상이 된다. 단, **근로자가 스스로 계약 갱신을 거절한 경우** 등 예외사유가 존재할 경우에는 무기계약 전환의무가 발생하지 않는다.

2) 예외 사유

다만 아래와 같은 사유에 해당하는 경우에는 2년을 초과하여 기간제근로자를 사용하는 것이 허용된다.

기간제 및 단시간근로자 보호 등에 관한법률

2년 이상 근무시 무기계약 전환대상에서 제외되는 근로자(제4조 제1항)

- 사업의 완료 또는 특정한 업무의 완성에 필요한 기간을 정한 경우
- 휴직·파견 등으로 결원이 발생하여 당해 근로자가 복귀할 때까지 그 업무를 대신할 필요가 있는 경우
- 근로자가 학업, 직업훈련 등을 이수함에 따라 그 이수에 필요한 기간을 정한 경우
- 고령자고용촉진법 제2조 제1호의 고령자(55세 이상)와 근로계약을 체결하는 경우
- 전문적 지식·기술의 활용이 필요한 경우와 정부의 복지정책·실업대책 등에 따라 일자리를 제공하는 경우로서 대통령령이 정하는 경우

① 사업의 완료 또는 특정한 업무의 완성에 필요한 기간을 정한 경우

예를 들어, 리모델링 공사 기간 중 한시적으로 행정지원을 위한 인력이 필요한 경우나, 일정 기간에 한해 진행되는 지역주민 대상 캠페인 또는 행사기획 업무 등은 예외 사유로 인정될 수 있다. 이러한 업무는 그 성질상 시작과 끝이 명확히 정해져 있기

때문이다.

② 다른 근로자의 휴직 또는 병가로 인한 대체인력이 필요한 경우

대표적으로, 육아휴직 중인 직원의 업무를 일정 기간 동안 대신 수행하도록 채용한 경우가 해당한다. 이 경우 대체사유가 명확하며, 대체대상 근로자가 복직함에 따라 종료되는 구조라면, 2년 초과 사용에도 불구하고 무기계약 전환의무는 없다.

③ 고령자(만 55세 이상)를 고용한 경우

정년퇴직 이후 재고용하는 형태나, 고령 근로자를 별도의 사회공헌 일자리 등으로 채용한 경우에는 2년 초과 사용이 가능하다. 이는 고령자의 재취업 기회를 확대하기 위한 정책적 예외로서, 사회복지시설에서 운영하는 시니어 프로그램 등과 관련이 깊다.

④ 그 밖에 대통령령으로 정하는 사유 또는 정부 인가 사항

이외에도 관련 법령에 따라 예외로 인정되는 경우가 있으며, 특별히 **정부로부터 해당 사업의 성격상 예외 인정을 받은 경우**에도 적용될 수 있다. 다만 이 경우에는 인가 요건과 범위가 명확히 문서로 정리되어 있어야 한다.

이러한 **예외사유는 협소하게 해석**되며, 실무자는 **'단순히 매년 계약한다'는 이유만으로 이를 정당화할 수 없다**는 점을 유의해야 한다.

사용사유 제한 여부

기간제법은 원칙적으로 **사용사유에 제한을 두고 있지 않다**. 이는 사용자가 자율적으로 인력계획을 수립하고 채용할 수 있도록 하는 취지다. 그러나 고용의 남용 가능성을 줄이기 위해, '2년 제한 규정'과 '차별시정 규정'을 통해 우회적으로 사용사유의 정당성을 점검하고 있다.

사회복지기관의 경우, 예산 편성 구조나 중앙정부의 사업 공모 절차를 근거로 '부득이한 기간제 운영'을 주장하는 경우가 많다. 하지만 이런 사정이 있더라도, 근로자가 실질적으로 상시·지속업무를 수행하고 있다면, 법적으로는 무기계약 전환의 필요

성이 인정될 수 있다.

또한 사용사유는 단순히 문서상 기재만으로 정당화되지 않으며, 실제 근무형태와 업무 내용, 조직 내 역할 등을 종합적으로 판단하게 된다.

무기계약 전환 제도

1) 제도 개요

무기계약 전환 제도란, 일정 요건을 충족한 기간제근로자가 계약기간의 정함이 없는 근로자로 전환되는 제도이다. 기간제법 제4조 제2항은 같은 사용자와 2년을 초과하여 근무한 경우, '기간의 정함이 없는 근로계약을 체결한 것으로 본다'라고 규정하고 있다.

이는 법률에 의해 **당연히, 그리고 자동으로 전환되는 강력한 법적 효과**로서, 사용자나 근로자의 별도 의사표시나 합의 없이도 법령상 당연히 효력이 발생한다. 즉, **사용자에게 전환 여부에 대한 선택권이 없는 강행규정**이다.

2) 실무 유의사항

① 근로계약서 작성

무기계약 전환이 되면, **계약기간이 없는 계약서**로 갱신해야 한다. 단순히 "계속 계약"이라고 기재하는 방식은 불완전할 수 있으므로, '근로계약 기간: 정함 없음'으로 명시해야 한다.

② 전환 회피 시 유의

계약만료 직전에 계약을 해지하거나, 잠시 근무를 중단한 후 다시 신규계약을 체결하는 방식은 무기계약 전환을 회피하기 위한 '**형식적 수단**'으로 평가되어 법적 문제가 발생할 수 있다. 사용자가 반복 계약 또는 인위적 단절로 전환의무를 회피한 경우, **해고로 판단되어 부당해고 구제 대상**이 될 수 있다.

3) 인건비 및 조직운영과의 관계

무기계약 전환은 인건비 구조, 조직 정원, 평가체계 등과도 밀접히 연관된다. 따라서 기관에서는 전환제도 자체를 회피하기보다는, 무기계약 전환 후의 인력관리 방안을 사전에 마련하고, **전환자에 대한 별도 운영기준을 마련**해두는 것이 바람직하다.

4. 단시간 근로자의 보호

단시간 근로자는 일반적으로 주 15시간 미만 또는 통상근로자보다 짧은 시간 동안 근무하는 형태를 말하며, 사회복지기관에서는 예산 범위, 보조금 규정, 업무 수요의 유연성 등을 이유로 이들의 고용이 빈번하다. 그러나 근무시간이 짧다는 이유만으로 기본적인 근로조건이 배제되거나 축소되는 일이 흔하다.

단시간이라는 외형이 '비정규'나 '보조적 인력'으로 오인되면, 사용자는 의도치 않게 법 위반 상태에 이를 수 있다. 특히 근로기준법과 기간제법은 단시간 근로자에게도 서면 계약, 임금 산정, 수당 부여, 복리후생 제공 등 모든 기본권이 동일하게 적용됨을 명확히 하고 있다. 따라서 단시간 근로자를 사용하는 기관은 정규직과는 다른 방식으로 운영하면서도, 법적 보호수준에서는 차이가 없도록 주의 깊게 관리해야 한다.

근로조건 서면 명시

단시간 근로자 표준근로계약서

________(이하 "사업주"라 함)과(와) ________(이하 "근로자"라 함)은 다음과 같이 근로계약을 체결한다.

1. 근로개시일: 년 월 일부터

※ 근로계약기간을 정하는 경우에는 " 년 월 일부터 년 월 일까지" 등으로 기재

2. 근 무 장 소:

3. 업무의 내용:

4. 근로일 및 근로일별 근로시간

	(　)요일	(　)요일	(　)요일	(　)요일	(　)요일	(　)요일
근로시간	시간	시간	시간	시간	시간	시간
시업	시 분	시 분	시 분	시 분	시 분	시 분
종업	시 분	시 분	시 분	시 분	시 분	시 분
휴게 시간	시 분 ~ 시 분	시 분 ~ 시 분	시 분 ~ 시 분	시 분 ~ 시 분	시 분 ~ 시 분	시 분 ~ 시 분

ㅇ 주휴일: 매주 _요일

5. 임 금

- 시간(일, 월)급: __________원(해당사항에 ○표)
- 상여금: 있음 (　) __________원, 없음 (　)
- 기타급여(제수당 등): 있음: _______원(내역별 기재), 없음 (　),
- 초과근로에 대한 가산임금률: ____%
  ※ 단시간 근로자와 사용자 사이에 근로하기로 정한 시간을 초과하여 근로하면 법정 근로시간 내라도 통상임금의 100분의 50% 이상의 가산임금 지급('14.9.19. 시행)
- 임금 지급일: 매월(매주 또는 매일) _____일(휴일의 경우는 전일 지급)
- 지급방법: 근로자에게 직접지급(　), 근로자 명의 예금통장에 입금(　)

6. 연차유급휴가: 통상근로자의 근로시간에 비례하여 연차유급휴가 부여

7. 사회보험 적용여부(해당란에 체크)

☐ 고용보험　　☐ 산재보험　　☐ 국민연금　　☐ 건강보험

8. 근로계약서 교부

- "사업주"는 근로계약을 체결함과 동시에 본 계약서를 사본하여 "근로자"의 교부요구와 관계없이 "근로자"에게 교부함(근로기준법 제17조 이행)

9. 근로계약, 취업규칙 등의 성실한 이행의무

- 사업주와 근로자는 각자가 근로계약, 취업규칙, 단체협약을 지키고 성실하게 이행하여야 함

10. 기 타

- 이 계약에 정함이 없는 사항은 근로기준법령에 의함

년　월　일

(사업주) 사업체명:　　　　(전화:　　　　)
주　소:
대 표 자:　　　　(서명)

(근로자) 주　소:
연 락 처:
성　명:　　　　(서명)

1) 서면 명시의 법적 의무

근로기준법 제17조와 기간제법 제17조는 사용자가 근로자와 계약을 체결할 때 반드시 근로조건을 서면으로 명시하도록 하고 있다. **단시간 근로자 역시 예외가 아니다**. 특히 주휴수당 발생 기준이 되는 소정근로시간이나, 휴게시간 부여 기준이 되는 4시간 이상 연속 근로여부는 사전에 문서로 명확히 정리되어야 분쟁을 예방할 수 있다.

기간제 및 단시간 근로자 보호 등에 관한 법률 제17조(근로조건의 서면명시)
사용자는 기간제근로자 또는 단시간 근로자와 근로계약을 체결하는 때에는 다음 각 호의 모든 사항을 서면으로 명시하여야 한다. 다만, 제6호는 단시간 근로자에 한정한다.

1. 근로계약기간에 관한 사항
2. 근로시간·휴게에 관한 사항
3. 임금의 구성항목·계산방법 및 지불방법에 관한 사항
4. 휴일·휴가에 관한 사항
5. 취업의 장소와 종사하여야 할 업무에 관한 사항
6. 근로일 및 근로일별 근로시간

2) 사회복지기관에서 자주 발생하는 문제

실무에서는 "주 3일 근무, 1일 4시간, 시급 11,000원" 정도만 구두로 안내하고, 근무요일이나 주휴일, 휴게시간 등의 항목은 명시하지 않은 채 업무를 시작하게 하는 경우가 있다. 특히 대체인력이나 단기보조 인력의 경우, '임시직'이라는 인식 때문에 **계약서 작성이 누락**되기 쉽다. 그러나 이후 근로자가 휴게시간 부여를 요구하거나, 주휴수당 미지급을 문제삼을 경우, **서면 명시 의무 위반**은 **과태료 부과 사유**가 되고, 임금 청구권 입증에서도 사용자에게 불리하게 작용한다.

3) 실무상 유의사항

근로조건을 서면으로 명시할 때에는 단순히 '근무일정표에 따름'이라는 형식적인 기재만으로는 부족하며, 반드시 계약서 본문에 구체적으로 명시하는 것이 좋다. 예를 들어, "매주 월·수·금 오전 9시~13시, 중간 휴게시간 15분 제공"과 같이 상세히 기

재하고, 업무 지시나 변경이 자주 이루어지는 직종이라면 변경이 있을 때마다 '**계약 변경 동의서**'나 '**근무 변경 확인서**'를 별도 보관하는 방식이 권장된다.

차별적 처우 금지

1) 법적 기준과 차별 판단

기간제법 제8조는 단시간 근로자에게 '**합리적인 이유 없는 차별적 처우**'를 금지한다. 여기서 말하는 처우는 임금뿐 아니라 복리후생, 교육훈련, 평가, 인사관리 등 사용자가 제공하는 일체의 조건을 포함한다. 차별인지 여부는 같은 기관의 통상근로자와의 비교를 통해 판단되며, 단순한 차이 여부가 아니라, **차이에 합리적인 이유가 있는지**가 핵심이다.

기간제 및 단시간 근로자 보호 등에 관한 법률 제8조(차별적 처우의 금지)
① 사용자는 기간제근로자임을 이유로 해당 사업 또는 사업장에서 동종 또는 유사한 업무에 종사하는 기간의 정함이 없는 근로계약을 체결한 근로자에 비하여 차별적 처우를 하여서는 아니 된다.
② 사용자는 단시간 근로자임을 이유로 해당 사업 또는 사업장의 동종 또는 유사한 업무에 종사하는 통상근로자에 비하여 차별적 처우를 하여서는 아니 된다.

2) 정당한 차등과 위법한 차별의 경계

사회복지기관에서는 정규직에게는 식대를 제공하고 단시간 근로자에게는 지급하지 않는 경우, 명절선물·건강검진·복지포인트 등을 정규직에게만 지급하는 경우가 흔하다. 이러한 처우의 차이는 근로시간의 차이에 비례하거나, 직무의 질적 차이에 근거한 것이 아니라면 차별로 인정될 수 있다.

반면, 하루 4시간 근무하는 단시간 근로자에게는 식대를 50%, 복지포인트를 근무시간 비율에 따라 나눠서 제공하는 방식은 차등의 근거가 합리적이라는 평가를 받는다. 결국 중요한 것은 '지급하지 않는 것' 자체가 아니라, "왜, 어떤 기준으로 차등을 두었는가"에 대한 설명 가능성이다.

차별적 처우의 판단

차별처우 판단절차

01 비교대상근로자 존재 여부

02 비교대상근로자와 차이 존재 여부

03 차이에 합리적 이유 존재 여부 단계로 판단

차별적 처우의 판단

1요건 비정규직 근로자의 지위

- 차별적 처우를 받은 시점에 비정규직 근로자로서의 지위에 있어야 함

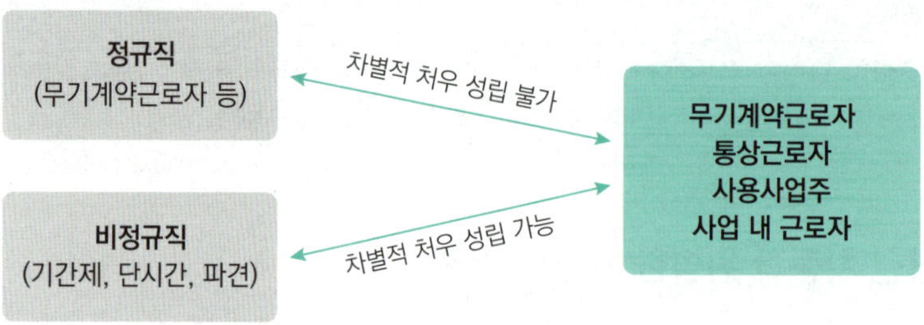

차별적 처우의 판단

2 요건 비교대상 근로자의 존재

- 당해 사업(장) 내에 동종 또는 유사한 업무에 종사하는 근로자가 존재해야 함

비교주체	↔	비교대상
기간제 근로자		무기계약 근로자
단시간 근로자		통상 근로자
파견 근로자		사업내 근로자

비교대상 근로자는	① 불리한 처우의 존부를 판단하는 비교기준이자 시정명령 내용을 결정하는 근거 및 기준 ② 타 사업(장)으로 확대하여 찾을 수 없음

차별적 처우의 판단

3 요건 차별금지의 영역

- 차별적 처우가 존재할 수 있는 영역은 '임금 그 밖의 근로조건 등'으로 이에 해당하여야 함

'임금 그 밖의 근로조건 등'의 범위는

① 근로기준법이 규율하는 근로조건과
② 단체협약, 취업규칙 또는 근로계약 등에 의한 근로조건으로서 근로관계에서 발생하는 임금을 비롯하여 근로시간, 휴일, 휴가, 안전, 보건 및 재해보상 등이 포함될 것임

근로기준법 및 사회보험 관련법 등에서 사용자에게 이행의무를 부과한 영역은 '임금 그 밖의 근로조건 등'에 포함되지 않음

사회보험(국민연금, 건강보험, 고용보험, 산재보험)에의 가입, 연장·야간·휴일근로에 대한 법정가산수당의 지급, 법정연차휴가 부여 등의 의무를 이행하지 않은 것은 차별문제 이전에 해당 법률 위반으로 처리될 사안

차별적 처우의 판단

4요건 합리적 이유 없음

● 비교대상 근로자에 비하여 차별적 처우가 되기 위해서는 '합리적 이유가 없는 불리한 처우'이어야 함

합리적 이유로 인정되는 경우

01 기간제근로자에 대해 취업기간에 따라 임금 그 밖의 근로조건을 비례적으로 적용하는 경우 (취업기간 비례 분할가능하고, 합리적인 경우)

02 단시간 근로자에 대해 임금 및 분할가능한 근로조건을 시간비례에 따라 적용하는 경우 (단시간 근로자 시간비례 보호원칙)

03 채용 조건 · 기준(경력 및 자격증 등 요건)이 다르고, 이러한 사항이 임금결정요소인 경우

04 임금 및 근로조건의 결정요소(직무, 능력, 기능, 기술, 자격, 경력, 학력, 근속연수, 책임, 업적, 실적 등)의 차이에 따라 임금 및 근로조건에 차이를 두는 경우

3) 실무 대응 방향

기관은 단시간 근로자에 대한 처우 기준을 사전에 명문화하고, 인사규정, 복무지침, 내부 공지 등을 통해 해당 기준을 공유해두는 것이 좋다. 또한 명절선물, 회식비, 문화활동비 등과 같이 법정 외 항목의 경우, '정규직 전용'으로 설계된 것처럼 운용하지 말고, 시간 비례, 참여 가능성, 담당 업무의 성격 등을 기준으로 세부 지급기준을 설정해야 법적 책임을 줄일 수 있다.

소정근로시간 설정과 임금 산정

1) 소정근로시간의 명확한 설정

단시간 근로자의 소정근로시간은 **'정해진 시간'**이므로, 주 단위 또는 월 단위로 고정된 시간(예: 주 15시간, 월 60시간)을 사전에 합의해야 한다. 이때 근무시간이 주마다 변동하는 가변형 근무라면, **'기준 근로시간 + 변동 가능성'**까지 계약서에 반영해야 한

다. 예를 들어 "주 12시간 이상, 최대 20시간 범위 내에서 근무표에 따라 조정"이라는 식의 표현이 필요하다.

2) 임금 산정과 수당 적용

단시간 근로자에게도 근로기준법상 모든 수당은 동일하게 적용된다. 즉, **주 15시간 이상 근로자의 경우 주휴수당이 발생**하며, 1일 8시간 또는 주 40시간을 초과하는 근무가 있다면 연장근로수당 지급의무도 발생한다. 공휴일에 근무할 경우 휴일근로수당도 동일하게 적용된다.

사회복지현장에서는 단시간 근로자의 연장근로나 공휴일 근무를 '자발적 근무' 또는 '대체인력'으로 간주하고 수당을 지급하지 않는 경우가 있으나, 이는 명백한 법 위반이다. **자발성이 있다고 하더라도**, 근로제공이 있었고 사용자의 승인 또는 묵인이 있었다면 수당 발생의무는 면제되지 않는다.

3) 실무적 관리 방안

단시간 근로자의 근무시간과 실제 근로내용을 객관적으로 기록할 수 있는 체계를 갖추는 것이 중요하다. 출퇴근 기록, 주간근무표, 부서장의 지시 내역 등을 통해 근무 내역을 입증할 수 있어야 하며, 시급 계약이라 하더라도 수당 산정 기준과 방식은 계약서 또는 급여내역서에 구체적으로 표시해야 분쟁을 예방할 수 있다.

5. 파견근로자의 보호

사회복지기관이나 공공재단 등에서 외부 인력을 활용할 때, '파견근로'를 직접적으로 사용하는 경우는 흔하지 않다. 그보다는 용역, 위탁, 수탁 등의 명칭으로 계약을 체결하고, 실질적으로는 해당 기관의 지휘·감독을 받으며 일하게 되는 사례가 많다. 하지만 법적으로는 이러한 외형이 중요한 것이 아니라, 실제 사용자가 누구인가, 지휘·명령이 누구에 의해 이루어졌는가가 더 핵심적인 기준이 된다.

파견근로에 관한 기본 규율은 파견법에 의해 정해져 있으며, 일반 사업장과 마찬

가지로 사회복지 현장에서도 예외 없이 적용된다. 실무자가 이 제도를 정확히 이해하지 못할 경우, 기관이 직접 고용한 것이 아님에도 불구하고 고용상 책임을 지는 상황이 발생할 수 있으므로, 파견근로 제도와 불법파견의 기준, 그리고 사용자 책임의 범위를 명확히 알아두는 것이 필요하다.

파견허용업무 및 사용기간 제한

1) 허용되는 업무 범위

파견근로는 원칙적으로 상시적 업무에는 허용되지 않으며, **법령에서 허용한 32개 업무 범위 내에서만 가능**하다. 이에는 컴퓨터 프로그래밍, 비서업무, 통역, 택배, 조리원 보조업무 등 일정한 보조적·한시적 업무들이 포함된다. 반면, 사회복지기관의 고유 업무인 상담, 사례관리, 프로그램 운영, 행정지원 등은 **대부분 파견 허용 대상에 해당하지 않는다**.

그러나 실무에서는 "청소·시설관리 인력을 외부 업체에 맡긴다"거나, "간헐적으로 인력을 파견받아 사업을 운영한다"는 등의 형태로 파견근로와 유사한 구조가 나타난다. 이 경우에도 '해당 인력이 어디 소속이며, 누구로부터 지시를 받았는가'가 판단 기준이 되므로, **단순히 계약서상 명칭이나 외형만으로 판단해서는 안 된다**.

2) 사용기간 제한

설령 파견 허용 업무에 해당하더라도, **동일한 근로자를 동일한 장소·업무에 대해 최장 2년까지만** 파견받을 수 있다. 이를 초과하여 계속 근무하도록 하면, 해당 사용사업주는 **직접고용의무를 부담**하게 된다.

특히 "수탁계약을 반복 갱신하며 동일한 인력을 계속 활용"하거나, "사업명은 다르지만 실제 업무는 유사한 형태로 반복"되는 경우, 파견기간 제한을 회피하기 위한 **형식적 계약 변경으로 간주**될 수 있다.

사용자 책임(원칙적 사용사업주)

1) 사용사업주의 개념

파견근로자는 '파견사업주'(인력회사)에 고용되어 있지만, 실제 근무지에서는 '사용사업주'(인력을 파견받은 기관)의 지휘·명령을 받으며 근무한다. 법에서는 이 **사용사업주에게도 일정한 책임**을 부여하고 있으며, 특히 근로자의 **안전·보건, 차별금지, 동일한 작업환경 보장** 등에 있어 사용자와 동일한 책임을 진다.

2) 실무상 책임 분담

사회복지기관에서 파견 또는 유사형태로 근무하는 인력이 기관의 지시에 따라 출퇴근하고, 내부 교육을 받고, 평가 대상이 되며, 심지어 정규직과 동일한 부서에 배치되어 근무한다면, 그에 대한 책임은 사실상 사용사업주인 기관에게 귀속된다.

예컨대 파견근로자가 기관 내에서 산업재해를 당했을 때, 파견사업주만이 아니라 사용사업주인 기관도 **산재 예방 조치를 취하지 않은 책임**을 물을 수 있다. 또한 파견근로자가 내부 직원과 동일한 업무를 수행하면서 임금·복리후생에서 차별을 받을 경우, 이 역시 시정명령의 대상이 된다.

3) 사용사업주의 협조의무

파견사업주는 임금 지급, 4대 보험, 근로계약 관리 등 기본 고용관계를 담당하지만, 작업지시, 인사관리, 휴게시간 부여 등 실질적 운영을 담당하는 기관은 **사용사업주로서 협조의무**를 진다.

즉, 직접 고용한 인력은 아니더라도, 기관 내부에 상주하며 기관의 지시에 따라 일하는 이상, 그 근로자의 근로환경과 처우에 대해 일정한 책임을 져야 하는 구조인 것이다.

불법파견 시 법적 효과

1) 불법파견의 판단 기준

파견법상 허용되지 않는 업무에 대해 파견근로자를 사용하는 경우, 또는 허용된 업무라 하더라도 사용기간을 초과하여 계속 사용하는 경우에는 **'불법파견'으로 간주**된다. 특히 수탁·용역 계약을 체결해놓고, 실질적으로는 기관이 해당 근로자에게 **업무 지시, 평가, 근태관리, 장비 제공** 등을 하고 있다면, 계약 명칭이 무엇이든 간에 파견으로 간주될 수 있다.

• 적정 하도급 판단기준: 대법원이 불법파견 판단 시 제시하는 주요 판단 지표
대법원 2015.2.26. 선고 2010다106436 판결

순번	구체적 내용	근로자파견 판단방법
1	**상당한 지휘·명령 여부**(직·간접적으로 그 업무수행 자체에 관한 구속력 있는 지시 등)	필수적인 요소
2	**도급사업주의 사업에 실질적으로 편입되었는지 여부**(하나의 작업집단으로 구성돼 직접 공동 작업을 하는 등)	핵심적인 요소
3	수급사업주가 작업에 투입될 근로자의 선발이나 근로자의 수, 교육 및 훈 련, 작업·휴게시간, 휴가, 근무태도 점검 등에 관한 **결정 권한을 독자적으로 행사하는지 여부**	부차적·보완적 요소
4	① 계약의 목적이 **구체적으로 범위가 한정된 업무의 이행으로 확정되었는지** ② 수급사업주 소속 직원 **업무가 도급사업주 소속 근로자의 업무와 구별**되는지 ③ 그 업무에 **전문성·기술성이 있는지**	부차적·보완적 요소
5	수급사업주가 계약의 목적을 달성하기 위해 필요한 **독립적 기업조직이나 설비를 갖추고 있는지**	부차적·보완적 요소

2) 불법파견 시 고용간주

불법파견이 인정되면, 사용사업주는 **해당 근로자를 직접 고용해야 할 의무를 부담**하게 된다. 만약 사용사업주가 이 의무를 이행하지 않으면, 파견근로자는 법원에 고용의 의사표시를 청구할 수 있으며, 승소 판결이 확정되면 직접고용관계가 성립하게 된다.

이러한 직접고용의무는 파견대상업무 위반, 무허가 파견, 2년 초과 사용 등의 경

우에 발생하며, 사업주는 그동안의 임금, 복리후생, 연차휴가 등에서도 **정규직과 동일한 수준의 처우**을 해야 하는 상황이 벌어질 수 있다.

이러한 분쟁은 파견근로자 본인의 신청뿐 아니라, 노동부의 근로감독, 타 근로자의 제보, 노동위원회 구제신청 등을 통해 발생할 수 있으며, 기관 입장에서는 예산과 무관하게 직접고용의 책임을 부담하게 되는 경우가 적지 않다.

주요 판결

P사 사내하청 불법파견 인정 주요 내용

법원의 판단

- 주요 제조업체에서 활용되는 **MES(통합생산관리시스템)**를 **업무상 지휘/감독 수단**으로 인정
- 컨베이어벨트 형태로 연결돼 있지 않더라도 공정 전반에 영향을 미치고 유기적으로 상호작용한다면 제선, 제강, 압연공정을 갖춘 **일관제철소**를 **연속공정으로 인정**

P사 사내하청 사건

사건경위

- P사 사내협력업체 소속으로 크레인, 지게차를 이용하여 코일/롤 등을 운반하는 업무 수행
- P사의 업무상 지휘, 명령을 받아 일한 만큼 사실상 근로자 파견 형태였다고 주장
- 파견법에 따르면 2년 넘게 사용한 경우 직접 고용 필요

》

광주지법

- 광주지법 순천지원은 P사가 MES를 통해 협력업체 소속 근로자에게 작업지시를 했으나 이는 업무 특성 때문일 뿐 지휘, 감독권 행사는 아니라고 판단

》

광주고법

- MES를 통해 전달받은 바에 따라 작업을 수행하였고 작업정보는 사실상 구속력있는 업무상 지시에 해당
- 자동차제조공정처럼 컨베이어벨트 형태로 연결되어 있지 않더라도 공정전반에 영향을 미치고 유기적으로 상호작용한다면 하나의 연속된 공정으로 볼 수 있음

3) 실무상 유의사항

사회복지기관이 수탁 또는 외주계약을 체결할 때, 단순히 외부 인력에 대한 명칭을 **'용역직', '위탁인력', '협력업체 소속'으로 표기한다고 해서 법적 책임을 면할 수는 없다**.

"지휘·감독의 실질", "근로환경 제공 여부", "업무 수행 주체" 등이 파견 여부 판단의 핵심이므로, 업무 위탁 과정에서도 인력의 실질 관리 주체가 기관 내부로 넘어오지 않도록 세심하게 조율해야 한다. 가급적이면 외부 인력은 기관 내 상주가 아닌 외부 수행 방식으로 운영하고, 지시·평가는 수탁업체 소속 관리자를 통해 이루어지도록 운영하는 것이 바람직하다.

6. 차별 시정제도와 실무 유의사항

비정규직 근로자의 보호와 관련해 가장 실질적인 구제수단은 바로 '**차별시정제도**'다. 단시간 근로자나 기간제근로자, 파견근로자 등 비정규직 근로자가 정규직 근로자와 비교하여 합리적인 이유 없이 불리한 처우를 받았다고 판단되면, 노동위원회에 시정 신청을 통해 구제를 받을 수 있는 절차가 마련되어 있다.

그러나 이 제도는 형식적으로만 존재하는 것이 아니라, 실제 현장에서 사용자의 제도 설계와 인사운영 방식에 상당한 영향을 미친다. 특히 사회복지기관처럼 다수의 유사직무를 비정규직으로 운영하는 조직일수록, 차별의 판단 기준이 보다 정교하게 요구된다. 따라서 제도 운용의 요건과 절차, 그리고 실무상 유의할 점들을 미리 이해하고 준비해두는 것이 중요하다.

비교대상 설정과 입증 책임

1) 비교대상의 설정

차별시정절차에서 가장 중요한 전제는 누구와 비교했느냐이다. 기간제법 제8조 제1항은 "사용자는 기간제근로자임을 이유로 해당 사업 또는 사업장에서 동종 또는 유사한 업무에 종사하는 기간의 정함이 없는 근로계약을 체결한 근로자에 비하여 차별적 처우를 하여서는 아니 된다."라고 규정하고 있다. 파견법에서도 유사한 규정을 두고 있고, 각각 '**같은 사업 또는 사업장에 사용되는 통상근로자**'와의 비교를 전제로 한다.

이 통상근로자란 단순히 정규직이라는 이유만으로 설정되는 것이 아니라, 직무 내용, 책임 수준, 근속기간, 업무환경 등에서 실질적으로 유사한 조건을 갖춘 근로자여야 한다. 대법원은 비교대상 근로자 설정에 있어 "직무 내용의 동종·유사성, 작업 조건, 이에 따른 직업적 위험성, 자격 요건, 근속기간, 업무의 난이도, 권한과 책임, 기술 수준, 업무량, 업무의 질적 차이 등을 종합적으로 고려"한다는 기준을 제시하고 있다.

예를 들어, 동일 부서에서 비슷한 업무를 수행하는 정규직 사회복지사와 시간제 사회복지사가 있다면, 이들은 비교대상으로 설정될 수 있다. 반면, 행정사무를 담당하는 정규직과 현장 활동을 하는 시간제 보조원은 단순히 고용형태가 다르다는 이유만으로 곧바로 비교대상이 되지는 않는다. **직무의 유사성과 기여도**, 조직 내 위치 등을 종합적으로 고려해야 한다.

2) 입증책임의 구조

근로자가 차별시정신청을 제기하면, 일정 부분에 대해서는 사용자가 차등처우의 **'합리적 이유'를 입증할 책임**을 지게 된다. 즉, 차등이 존재하는 사실 자체는 근로자가 소명해야 하지만, 그것이 정당한 인사운영의 결과인지는 **사용자가 설명해야 하는 구조**다.

특히 복리후생, 교육훈련, 포상·징계 등과 같은 영역에서는 정량적 자료보다 정성적 판단이 개입되는 경우가 많기 때문에, 제도를 설계하는 초기 단계부터 차등의 기준과 적용 방식을 명확히 문서화해두는 것이 중요하다. 사용자 측이 "예산상 어려움"이나 "근속기간이 짧아서" 등의 사유만을 제시하는 경우, 충분한 입증으로 인정되지 않을 가능성도 있다.

노동위원회 시정 절차

1) 절차 개요

기간제법 제9조 제1항에 따라 근로자는 사용자의 차별적 처우에 대해 **노동위원회에 시정신청**을 제기할 수 있으며, 이는 지방노동위원회 → 중앙노동위원회 → 행정소송의 구조로 이어진다. 신청 기한은 해당 차별처우가 있던 날(계속되는 차별적 처우는 그 종료일)로부터 6개월 이내로 제한되며, 신청이 접수되면 노동위원회는 사실조사와 심문회의를 거쳐 사용자에게 **시정명령 또는 기각결정**을 내리게 된다.

기간제 및 단시간 근로자 보호 등에 관한 법률 제9조(차별적 처우의 시정신청)

① 기간제근로자 또는 단시간 근로자는 차별적 처우를 받은 경우 「노동위원회법」 제1조의 규정에 따른 노동위원회(이하 "노동위원회"라 한다)에 그 시정을 신청할 수 있다. 다만, 차별적 처우가 있은 날(계속되는 차별적 처우는 그 종료일)부터 6개월이 지난 때에는 그러하지 아니하다.

② 기간제근로자 또는 단시간 근로자가 제1항의 규정에 따른 시정신청을 하는 때에는 차별적 처우의 내용을 구체적으로 명시하여야 한다.

③ 제1항 및 제2항의 규정에 따른 시정신청의 절차·방법 등에 관하여 필요한 사항은 「노동위원회법」 제2조 제1항의 규정에 따른 중앙노동위원회(이하 "중앙노동위원회"라 한다)가 따로 정한다.

④ 제8조 및 제1항부터 제3항까지의 규정과 관련한 분쟁에서 입증책임은 사용자가 부담한다.

2) 주요 판단 요소

노동위원회는 다음과 같은 요소를 중심으로 차별 여부를 판단한다.

- 비교대상 근로자와의 직무 유사성 및 업무 내용
- 처우의 구체적 내용과 차등의 범위
- **차등의 목적과 수단이 정당하고 합리적인지 여부**
- 조직 전체 인사 운영방식과 일관성

결정은 단순히 차등이 존재한다는 이유만으로 내려지지 않고, 그 차등이 어떤 목적을 위해 어떤 방식으로 운용되고 있었는지에 대한 정황과 논리의 타당성을 기준으로 평가된다.

3) 실무상 유의사항

노동위원회는 사용자에게 해당 차등처우를 시정할 것을 명령할 수 있으며, 이에는 임금 차액 지급, 복리후생 항목의 확대 적용, 교육기회 부여 등이 포함될 수 있다. 기간제법 제24조 제1항은 확정된 시정명령을 정당한 이유 없이 이행하지 아니한 자에게 1억 원 이하의 과태료를 부과하도록 규정하고 있다.

기간제 및 단시간 근로자 보호 등에 관한 법률 제24조(과태료)

① 제14조(제15조의2제4항 및 제15조의3제2항에 따라 준용되는 경우를 포함한다)에 따라 확정된 시정명령을 정당한 이유 없이 이행하지 아니한 자에게는 1억원 이하의 과태료를 부과한다.

③ 제1항 및 제2항의 규정에 따른 과태료는 대통령령으로 정하는 바에 따라 고용노동부장관이 부과·징수한다.

사회복지기관 적용 시 유의사항

1) 다수의 유사직무 구조

사회복지기관은 통상 동일 사업장 안에서 정규직, 기간제, 시간제, 수탁 인력 등이 유사한 업무를 수행하는 구조를 가지고 있다. 예를 들어, 정규직 사회복지사와 시간제 사례관리사, 외부위탁 상담사 등이 모두 아동 보호 사업에 참여할 수 있다. 이때 제도상 구분은 존재하지만, 실제 수행하는 업무가 유사하다면 차별시정의 대상이 될 수 있다.

기관이 의도적으로 고용형태에 따라 직무를 구분했다 하더라도, 현장에서 혼재되어 운영된다면 사용자 책임이 발생할 수 있다.

2) 복리후생 차등의 설계

사회복지기관은 대부분 공공재원에 따라 복리후생제도를 설계하고 있으나, 정규직에만 체력단련비, 복지포인트, 명절선물, 휴게실 이용 등을 제공하는 사례가 많다. 이러한 항목은 법정수당이 아니므로 자율성이 있는 영역이지만, 근무시간, 참여도, 업무책임 등과 무관하게 일괄 배제하는 경우엔 차별로 인정될 가능성이 높다.

실무에서는 각 항목에 대해 적용 기준과 범위를 문서화하고, 가능하다면 근로시간 또는 참여율 기준에 따라 비례 지급하거나, 선택형 복지로 운영하는 방식이 안전하다.

3) 소규모 기관의 대응 방식

소규모 사회복지기관에서는 인사관리 여력이 부족하여 문서화, 기준 마련, 데이터 정리가 미흡한 경우가 많다. 그러나 차별시정신청이 제기되었을 때, **사용자의 정당한 차등 사유를 입증**하지 못하면 곧바로 위법 판단이 내려질 수 있으므로, 최소한의 비교기준과 운용 근거는 내부 회의록, 운영지침, 지급명세서 형태로라도 남겨둘 필요가 있다.

복리후생 항목별로 지급 대상, 지급 기준, 제외 사유 등을 명시한 내부 지침서를 작성하고, 이사회 의결을 거쳐 공식화하는 것이 바람직하다. 또한 인사평가나 업무분장 문서에서도 직무 차이와 책임 수준을 명확히 구분하여 기록해두면, 추후 분쟁 발생 시 합리적 차등의 근거로 활용할 수 있다.

[부록] 서식 등

[서식 1호] 표준근로계약서(작성예시)
[서식 2호] 개인정보 수집 및 이용동의서
[서식 3호] 근로자명부
[서식 4호] 연장·야간·휴일근로 동의서
[서식 5호] 휴직원/복직원
[서식 6호] 경고장
[서식 7호] 경고 등 처분 대장
[서식 8호] 사직서
[서식 9호] 해고 통지서
[서식 10호] 휴가 신청서
[서식 11호] 연차유급휴가 관리대장
[서식 12호] 교육일지
[서식 13호] 교육참석자 명부
[서식 14호] 취업규칙(작성예시)
[서식 15호] 취업규칙 신고서류
[부칙 1] 노동관계법 처벌과 과태료
[부칙 2] 사회복지 분야 챙겨야 할 법정교육

[서식 1호] 근로계약서

표준근로계약서(작성예시)

○○○○○(이하 "사용자")은(는) 근로자 ________ (이하 "근로자")와(과) 다음과 같이 근로계약을 체결하고 이를 성실히 이행할 것을 약정한다.

제1조(근로계약기간): 2025년 월 일부터 2025년 12월 31일까지

제2조(근무장소) 아이돌봄서비스 이용 가정(기관연계서비스의 경우 기관). 다만, 근로자와 이용가정이 합의하고 사용자에게 고지한 경우 근로자 가정으로 할 수 있다.

제3조(업무내용) 아이돌봄지원법 제5조(아이돌보미의 직무) 및 여성가족부장관이 정하는 기준(지침)의 업무로 한다.
① 아동의 안전한 보호 및 돌봄 업무
② 아동의 건강관리 및 응급조치 등

제4조(근로시간 및 휴게시간)
① 근로자의 소정근로시간은 1주 40시간 범위 내에서 상호 협의한 서비스 제공시간으로 한다. ※ 사업장 밖 업무 특성상 근기법 제58조(근로시간계산 특례) 규정에 따른 소정근로시간 적용
② 사용자는 업무의 성질에 비추어 부득이하게 발생하는 연장·야간·휴일근로를 구두합의 등을 통해 시행하게 할 수 있다. ________ (근로자 서명 또는 날인)
③ 근로자가 연장·야간·휴일 근로를 시행한 경우, 사용자는 통상임금의 100분의 50을 가산하여 지급한다. 다만, 야간근로시 법정근로 1일 8시간 초과한 부분이 야간근로와 중복한 부분 및 휴일근로시 8시간을 초과한 부분에 대해서는 통상임금의 100분의 100을 가산하여 지급한다.
④ 서비스이용자와 사용자는 법상 휴게시간을 근로시간이 4시간인 경우 30분, 8시간인 경우 1시간을 근로시간 도중에 부여한다.
※ 아이돌보미 2명 이상 파견 등에 의한 휴게시간 부여가 어려울 경우, 이용자와 아이돌보미 간 이용계약 체결 시 합의하여 휴게시간 부여 노력 안내(ex. 가정 내 휴게공간 제공, 서비스 이용자 가족대체 지원 등)

제5조(근무일 및 휴일)

① 근로자의 근로일은 1주 중 유급휴일을 제외한 사전협의한 서비스제공일로 하되, 제4조 제1항의 범위 내에서 이용자가 신청한 서비스 일정표에 따른다.

② 근로자의 유급휴일은 주휴일(　요일)과 근로자의 날 및 일요일을 제외한 관공서 공휴일 및 대체공휴일로 한다. 다만, 주휴유급수당의 경우 근로자가 이용자에게 서비스 제공을 거부하여 사실상 결근한 경우에는 주휴수당을 지급하지 아니한다.

③ 사용자는 이용자에 대한 서비스 제공 등 필요한 경우에는 근로자와 협의하여 근로일과 휴일(단, 근로자의 날은 제외)을 변경할 수 있다.

제6조(연차유급휴가) 사용자는 근로자에게 근로기준법에 따라 연차유급휴가를 통상근로자의 근로시간에 비례하여 부여한다.

제7조(임금)

가. ① 근로자의 임금은 시간급제로 하며, 임금의 구성항목 및 시간당 임금액은 아래와 같다.

나. - 기본시급: 10,110원

다. - 주휴수당: 이전 4주간 소정근로시간 ÷ 이전 4주간 통상근로자의 소정근로일수 × 기본시급

라. * 근로기간이 4주 미만인 경우는 그 기간

마. ② 근로자의 임금은 매월 초일부터 말일까지 기산하여 익월 __일에 근로자 명의의 은행 계좌로 입금한다.

제8조(기타) 4주 평균 1주 소정근로시간 15시간 미만 근무 시 관련 법령에 따라 주휴일, 공휴일, 연차유급휴가, 퇴직급여는 적용하지 아니한다.

년　　월　　일

사용자	대표자	(인)	사업자등록번호	
	회사명			
	소재지			
근로자	성명	(인)	생년월일	
	주소			
	휴대전화번호			

[서식 2호] 개인정보 수집 및 이용 동의서

개인정보 수집 및 이용 동의서

1. ooo (이하 '사용자')의 개인정보 수집 및 이용 동의

[수집하는 개인정보의 항목]

사용자는 아이돌보미 채용과 함께 인사노무관리를 원활하게 하기 위하여 아래와 같은 개인정보를 수집하고 있습니다.

: 성명(한글, 한자), 자택주소(현거주지), 연락처(휴대폰, 자택전화, 직장전화, 메일주소, 팩스번호), 직장명, 직장주소, 부서명, 직위, 직급, 자격증 보유현황, 학력현황, 전문분야, 세부전공분야, 경력현황 등

[개인정보 수집·이용 목적]

사용자는 다음과 사항에 대한 업무 처리를 위하여 개인정보를 수집합니다.

1. 채용결격사유의 확인
2. 인사노무관리의 원활한 처리(임금대장의 작성, 사회보험 신고, 소득신고 등)
3. 기타 사용자의 사정상 필요한 경우

[개인정보 보유 및 이용기간]

사용자는 아이돌보미와의 근로관계가 종료된 날로부터 3년이 지나는 날에 보유 개인정보를 즉시 파기합니다. 다만, 아이돌보미 경력증명서 등의 발급을 위하여 필요한 정보는 아이돌보미의 퇴직 시 요청이 있는 경우 보유기간을 3년 연장할 수 있습니다.

[개인정보 수집 동의 거부의 권리]

근로계약을 체결하고자 하는 아이돌보미는 개인정보 활용 동의를 거부할 권리가 있으나, 거부할 경우 근로계약 체결이 거부될 수 있습니다.

개인정보의 수집 및 이용목적에 동의하십니까?(해당란에 √표시)

☐ 동의함 ☐ 동의하지 않음

2. 사용자의 고유식별번호(주민등록번호) 수집 및 이용 동의

근로계약이 체결되어 근로를 제공하게 되는 경우 임금 지급 및 인사노무 관리를 수행하기 위하여 고유식별정보(주민등록번호)를 수집하고 있습니다.

- 고유식별정보의 수집·이용 목적: 채용결격사유의 확인, 임금 지급 등 인사노무관리업무

- 수집하려는 고유식별정보의 항목: 주민등록번호
- 고유식별정보의 보유 및 이용 기간: 근로관계 종료일로부터 3년이 지나는 날까지 보유하며, 근로자가 별도로 요구하지 아니하는 경우에는 즉시 파기합니다.
- 고유식별정보 수집에 동의하지 않을 권리가 있으며, 동의하지 않을 경우 근로계약 체결이 거부 될 수 있습니다.

개인정보의 수집 및 이용목적에 동의하십니까?(해당란에 √표시)

□ 동의함 □ 동의하지 않음

3. 사용자의 개인정보 제3자 제공 동의

아이돌보미로 채용하기 위해선 아이돌봄지원법 제6조에 따라 채용결격사유를 확인하여야 하며, 인사노무관리 등을 위해 제3자(관할 구청장, 관할 경찰서장 등)에게 개인정보를 제공할 수 있습니다.

- 개인정보를 제공받는 자: 관할 구청장, 관할 경찰서장, 세무법인, 단체보험 보험사
- 개인정보를 제공받는 자의 개인정보 이용 목적: 채용결격사유, 단체보험 가입, 인사노무관리
- 제공하는 개인정보의 항목: 성명, 주민등록번호, 주소지,
- 개인정보를 제공받는 자의 개인정보 보유 및 이용기간: 근로계약이 종료되는 날까지
- 개인정보의 제3자 제공에 동의하지 않을 권리가 있으며, 동의하지 않을 경우 근로계약 체결이 거부될 수 있습니다.

개인정보의 수집 및 이용목적에 동의하십니까?(해당란에 √표시)

□ 동의함 □ 동의하지 않음

[서식 3호] 근로자명부

<table>
<tr><th colspan="6">근로자명부</th></tr>
<tr><td colspan="2">① 성명</td><td></td><td colspan="2">② 생년월일</td><td></td></tr>
<tr><td colspan="2">③ 주소</td><td colspan="4">(전화:)</td></tr>
<tr><td colspan="2">④ 부양가족</td><td>명</td><td colspan="2">⑤ 종사업무</td><td></td></tr>
<tr><td rowspan="4">이력</td><td>⑥ 기능 및 자격</td><td></td><td rowspan="4">퇴직</td><td>⑩ 해고일</td><td>년 월 일</td></tr>
<tr><td>⑦ 최종 학력</td><td></td><td>⑪ 퇴직일</td><td>년 월 일</td></tr>
<tr><td>⑧ 경력</td><td></td><td>⑫ 사 유</td><td></td></tr>
<tr><td>⑨ 병역</td><td></td><td>⑬ 금품청산 등</td><td></td></tr>
<tr><td colspan="2">⑭ 고용일(계약기간)</td><td>년 월 일
( )</td><td colspan="2">⑮ 근로계약갱신일</td><td>년 월 일</td></tr>
<tr><td>• 근로 계약 조건</td><td colspan="5"></td></tr>
<tr><td colspan="6">• 특기사항(교육, 건강, 휴직 등)</td></tr>
</table>

[서식 4호] 연장·야간·휴일근로 동의서

연장 · 야간 · 휴일근로 동의서

소 속	
직 책	
성 명	(연락처:)

동 의 내 용

상기 본인은 년 월 일자로 입사하여 귀 사업장에 근무하는 직원으로 근로기준법 제53조 및 제70조에 의거하여 다음과 같은 근무조건에 자발적 의사로 근무하고 있는 바, 본 동의서를 제출합니다.

재직 중 귀 사업장에서 필요 시 실시하는,
(1) 주 40시간을 초과하는 연장근로 동의
(2) 휴일근로 동의
(3) 야간근로 동의

이 동의는 사전·포괄적 동의이며, 특별한 사정이 있는 경우에는 사용자의 승인을 얻어 시간외근로를 거부할 수 있음을 확인합니다.

동의자: 근로자 (인)

○○○○**센터장 귀하**

[서식 5호] 휴직원/복직원

휴직원/복직원

<table>
<tr><td colspan="3" rowspan="2"></td><td rowspan="2">관리부서</td><td>담당</td><td>관리자</td><td>센터장</td></tr>
<tr><td></td><td></td><td></td></tr>
<tr><td>성명</td><td></td><td>사번</td><td></td><td>직위</td><td colspan="2"></td></tr>
<tr><td>부서</td><td></td><td>입사일자</td><td></td><td>담당업무</td><td colspan="2"></td></tr>
<tr><td>희망일자</td><td></td><td>주민번호</td><td colspan="4"></td></tr>
<tr><td>연락주소</td><td colspan="3"></td><td>전화번호</td><td colspan="2"></td></tr>
<tr><td colspan="7">사유 세부 내용

상기와 같은 이유로 (　　　)원을 제출합니다.

작성일자　　　년　월　일
신 청 자　　　(서명 또는 인)</td></tr>
<tr><td colspan="7">소속부서장 면담의견</td></tr>
<tr><td>면담일자</td><td colspan="2">20　년　월　일</td><td>부서장 서명</td><td colspan="3"></td></tr>
</table>

[서식 6호] 경고장

제 호

경고장

소 속:

직 급:

성 명:

위반 및 처분내용:

20 년 월 일

처분권자 직위 직인

[서식 7호] 경고 등 처분 대장

경고 등 처분 대장

연번	처분 일자	처분대상자			처분사유	처분 내용	비고 (처분번호)
		소속	직급	성명			
						경고	경고장 제□□호

[서식 8호] 사직서

사직서

성명		생년월일	
부서명		퇴사요청일	년　　월　　일
근속기간	년　　월　　일 ~ 년　　월　　일		
퇴직일자	년　　월　　일 (최종 재직일의 다음 날로 기재)		
퇴직사유			

본인은 위와 같은 사유로 사직하고자 이 사직서를 제출합니다.
이 사직서는 본인의 자유의사에 따른 것이므로 철회하지 않을 것임을 서약합니다.

년　　　월　　　일

성명:　　　(서명 또는 인)

○○○○센터장 귀하

확인	담 당	관리자	기관장

[서식 9호] 해고 통지서

해고 통지서

부서명		직급	
성명		생년월일	

1. 해고일자: 년 월 일부 (최종 재직일의 다음 날로 기재)
2. 해고의 사유는 다음 사유와 같으며 본 해고 통지 수령과 동시에 회사의 지급품 반납 및 업무인수인계에 착수할 것을 명함

해고사유	

20 년 월 일

처분권자 직위 직인

[서식 10호] 휴가 신청서

휴가 신청서

<table>
<tr><td rowspan="2" colspan="2"></td><td>결재</td><td>담당</td><td>관리자</td><td>센터장</td></tr>
<tr><td colspan="2"></td><td></td><td></td></tr>
<tr><td>소속</td><td colspan="5">(회사명 및 부서 기입)</td></tr>
<tr><td>직위</td><td colspan="2"></td><td>성명</td><td colspan="2"></td></tr>
<tr><td>휴가종류</td><td colspan="5">□ 연차 □ 경조 □ 특별 □ 기타 ( )</td></tr>
<tr><td>기간</td><td colspan="3">년 월 일 ~
년 월 일</td><td colspan="2">총 일</td></tr>
<tr><td>사유</td><td colspan="5"></td></tr>
</table>

위와 같이 휴가를 신청하오니 허락하여 주시기 바랍니다.

작성일자 년 월 일

신 청 자 (서명 또는 인)

[서식 11호] 연차유급휴가 관리대장

연차유급휴가 관리대장

연번	성명	입사일	기본연차	가산휴가	월별 연차휴가 사용내역												잔여연차
					1월	2월	3월	4월	5월	6월	7월	8월	9월	10월	11월	12월	
1																	
2																	
3																	
4																	
5																	
6																	
7																	
8																	
9																	
10																	
11																	
12																	
13																	
14																	
15																	
16																	
17																	
18																	
19																	
20																	
21																	
22																	
23																	
24																	
25																	

[서식12호] 교육일지

<table>
<tr><th colspan="6">교육일지</th></tr>
<tr><td colspan="3" rowspan="2">교육일지</td><td rowspan="2">결 재</td><td>담당</td><td>관리자</td><td>센터장</td></tr>
<tr><td></td><td></td><td></td></tr>
<tr><td>교육구분</td><td colspan="6">성희롱 예방 교육</td></tr>
<tr><td rowspan="4">참석인원</td><td colspan="2">구분</td><td colspan="4">비고(미실시 사유)</td></tr>
<tr><td>대상인원</td><td></td><td colspan="4" rowspan="3">특휴: 연가:
교육: 출장:</td></tr>
<tr><td>실시인원</td><td></td></tr>
<tr><td>미실시인원</td><td></td></tr>
<tr><td>교육일시</td><td colspan="6">20 년 월 일(요일) : ~ :</td></tr>
<tr><td>교육장소</td><td colspan="6"></td></tr>
<tr><td>강사</td><td colspan="6"></td></tr>
<tr><td rowspan="2">교육내용</td><td>교육방법</td><td colspan="2"></td><td>교재</td><td>별첨</td><td></td></tr>
<tr><td colspan="6">(예시)
1. 성희롱 관련 법령의 이해
2. 성희롱 예방을 위한 센터의 방침
3. 성희롱 피해자의 권리구제 방법과 가해자의 조치
4. 질의응답
붙임 1. 참석자 명단
2. 사진자료 첨부(권장사항)</td></tr>
</table>

[서식13호] 교육참석자 명부

교육참석자 명부

연번	부 서 명	성 명	입사일	교육 참석일자	서 명 날 인

[서식14호] 취업규칙(작성예시)

취 업 규 칙

20 년 월

OOO 센터

목 차

제1장 총 칙

제1조(목적)

이 규칙은 ○○○서비스제공기관(이하 "센터") 아이돌보미의 채용·복무 및 근로조건 등에 관한 사항을 정함을 목적으로 한다.

제2조(적용범위)

① 아이돌보미의 취업에 관하여 법령이나 별도 센터 규정으로 정함이 있는 경우를 제외하고는 본 규칙이 정한 바에 의한다.
② 근로조건에 관하여 근로계약 등에서 별도로 정함이 있는 경우 그에 따른다.

제3조(아이돌보미의 정의)

본 규칙에서 아이돌보미라 함은 아이돌봄 지원사업을 위해 아이돌봄 서비스를 제공하는 자로 센터에 채용된 자를 말한다.

제2장 인 사

제1절 채용 및 근로계약

제4조(인사권자)

아이돌보미에 대한 인사는 센터의 대표자가 행함을 원칙으로 한다. 다만, 업무의 성질상 위임이 필요한 경우 그 권한을 적임자에게 위임할 수 있다.

제5조(채용기회)

센터는 아이돌보미의 모집 및 채용에 있어서 합리적인 이유 없이 성별, 연령, 신앙, 사회적신분, 출신지역, 출신학교, 혼인·임신·출산 또는 병력(病歷) 등에 의한 차등을 두지 않는다.

제6조(전형 및 채용서류)

① 센터는 소정의 전형 또는 면접시험에 합격한 자를 아이돌보미로 채용하며, 공개채용을 원칙으로 한다.

② 채용시기, 채용기준, 채용방법은 필요에 따라 별도로 정한다.

③ 센터에 입사를 지원하는 자는 다음 각 호의 서류를 제출하여야 한다.

1. 아이돌보미 신청서
2. 주민등록등본 1부
3. 아이돌보미 양성교육 수료증 사본(재활동 또는 미활동 돌보미) 1부
4. 아이돌보미 양성교육 감면대상 확인서류(해당자에 한함) 1부
5. 관련 자격증 사본(해당자에 한함) 각 1부
6. 경력증명서 (해당자에 한함) 각 1부

④ 면접심사를 통과한 자는 센터가 지정하는 날까지 다음 각 호의 서류를 제출하여야 한다. 정당한 이유 없이 지정일까지 서류를 제출하지 않는 경우에는 입사의 의사가 없는 것으로 보아 채용을 취소한다.

1. 아이돌보미 결격 확인서류 1부
2. 채용신체검사서(결핵 등의 전염성 질병, 정신질환, 마약·대마 또는 향정신성 의약품 중독검사<정신질환자나 마약·대마 또는 향정신성 의약품 중독자가 아님을 확인하는 문구 기재>를 포함하는 경우에는 명칭에 관계없이 일반건강검진서 등도 채용신체검사서로 인정 가능) 1부. (갱신계약 시에는 일반 건강검진서 제출 가능)
3. 급여 통장 사본 1부
4. 3개월 내 찍은 반명함판 사진 2장
5. 기타 센터가 필요로 하는 서류

제7조(아이돌보미의 자격)

① 아이돌보미는 「아이돌봄 지원법」 제9조에 따른 교육기관에서 교육과정을 수료하거나 동법 시행령 제2조에 따른 다음 각 호 어느 하나에 해당하는 자격을 갖추어야 한다.

1. 「영유아보육법」 제21조 제2항에 따른 보육교사의 자격
2. 「유아교육법」 제22조 제2항에 따른 교사의 자격

3. 「초·중등교육법」 제21조 제2항에 따른 교사의 자격

4. 「의료법」 제2조 제1항에 따른 의료인의 자격

② 아이돌보미는 여성가족부장관이 실시하는 인·적성 검사를 받아야 한다.

③ 소정의 양성교육과정 및 현장실습을 수료한 자 중에 센터에서 선발한 자에 한해 아이돌보미 등록 및 근로계약서 작성 후 활동을 개시할 수 있다.

④ 제3항에도 불구하고, 보육교사 등의 자격증 소지자는 보수교육 및 현장실습 이수 후 활동을 개시할 수 있다.

⑤ 아이돌보미는 매년 정해진 보수교육을 이수해야만 활동자격을 유지할 수 있다.

제8조(채용결격 사유)

다음 각 호 어느 하나에 해당하는 자는 아이돌보미로 채용될 수 없으며, 채용 후라도 즉시 근로계약을 해지할 수 있다.

1. 센터가 실시하는 신체검사 및 인적성검사에 불합격 판정을 받은 자
2. 피성년후견인 또는 피한정후견인
3. 정신질환자
4. 마약·대마 또는 향정신성 의약품 중독자
5. 파산선고를 받고 복권되지 아니한 사람
6. 금고 이상의 실형을 선고받고 그 집행이 종료(집행이 종료된 것으로 보는 경우를 포함한다)되거나 집행이 면제된 날부터 3년이 경과되지 아니한 사람
7. 금고 이상의 형의 집행유예를 선고받고 그 유예기간 중에 있는 사람
8. 「아동복지법」 제17조 위반에 따른 같은 법 제71조 제1항의 죄, 「성폭력범죄의 처벌 등에 관한 특례법」 제2조에 따른 성폭력범죄 또는 「아동·청소년의 성보호에 관한 법률」 제2조 제2호에 따른 아동·청소년대상 성범죄를 범하여 형 또는 치료감호를 선고받고 그 형 또는 치료감호의 전부 또는 일부의 집행이 종료되거나 집행이 유예·면제된 날부터 10년이 지나지 아니한 사람
9. 아이돌봄 지원법 제32조에 따라 자격정지 중인 사람
10. 아이돌봄 지원법 제33조에 따라 자격이 취소된 후 2년이 경과되지 아니한 사람
11. 학력, 경력 등을 허위로 작성하여 채용된 자
12. 기타 사회통념상 채용이나 근로관계유지가 곤란하다고 인정되는 자

제9조(근로계약)

① 센터는 채용이 확정된 자와 서면으로 근로계약을 체결하고, 해당자에게 근로계약서 사본 1부를 내어 준다.

② 센터는 근로계약 체결 시 아이돌보미에게 임금, 소정근로시간, 휴일, 연차유급휴가, 취업의 장소와 종사하여야 할 업무에 관한 사항, 근로기준법 제93조 제1호부터 제12호까지의 규정(취업규칙의 작성·신고사항)에서 정한 사항 등을 명확히 제시한다.

③ 센터는 제2항의 내용 중 임금의 구성항목·계산방법·지급방법, 소정근로시간, 휴일, 연차유급휴가에 관한 사항, 취업의 장소와 종사하여야 할 업무에 관한 사항 및 근로계약기간을 서면으로 명확히 제시하여 교부한다.

제2절 표창 및 징계

제10조(표창)

① 센터는 아이돌보미가 다음 각 호에 해당하는 경우 표창할 수 있다.

1. 센터의 업무능률향상에 현저한 공로가 인정된 자
2. 근면·성실히 활동한 자
3. 기타 표창의 필요가 인정되는 자

② 표창 대상자 및 표창의 방법은 인사위원회를 거쳐 결정한다.

제11조(징계의 종류)

징계의 종류는 다음과 같다.

1. 경고: 취업규칙에 위반된 행위를 하였을 때 그 정도가 경미하다고 인정되는 자에게 서면상으로 경고를 촉구하는 것을 말한다.
2. 견책: 취업규칙에 위반된 행위를 하였을 때 그 정도가 중대하다고 인정되는 자에게 경위서를 받고 서면 훈계하는 것을 말한다.
3. 정직(활동정지): 6개월 이내의 기간을 정해 출근(돌봄활동)을 정지시키는 것을 말한다. 정직기간동안 근로제공(돌봄활동)을 할 수 없으며, 임금이 지급되지 않는다.
4. 징계해고: 근로관계를 소멸시키는 것으로, 예고기간을 두는 경우와 즉시 해고

하는 경우가 있다.

제12조(징계해고)

다음 각 호의 어느 하나에 해당하는 아이돌보미는 해고할 수 있다.

1. 거짓이나 그 밖의 부정한 방법으로 자격을 취득한 경우
2. 아이돌보미가 업무 수행 중 고의나 중대한 과실로 아이 또는 보호자에게 신체상 또는 재산상 손해를 입혀 금고 이상의 형을 선고받은 경우
3. 「아동복지법」 제17조의 금지행위를 하여 같은 법 제71조 제1항에 따른 처벌을 받은 경우
4. 「아동복지법」 제3조 제7호의2에 따른 아동학대관련범죄로 처벌을 받은 경우
5. 비위행위 등으로 업무에 중대한 지장을 초래하거나 서비스 제공기관의 명예·신용을 훼손한 자
6. 범법행위로 인한 형사소추를 받아 유죄판결을 받은 자
7. 정직처분과 자격정지처분 합하여 3회 이상 받은 경우
8. 업무상 비밀을 누설하여 회사에 손해를 끼친 자
9. 상사의 정당한 업무지시에 정당한 사유 없이 불복하여 직장의 규율을 문란케 한 자
10. 폭행, 협박, 문서위조 및 변조 등의 행위로써 직장규율을 문란케 한 자
11. 고의, 과실로 회사의 시설물, 기구 또는 자재 등을 파괴, 분실하여 센터에 재산상의 손실을 초래한 자
12. 정당한 사유없이 계속해서 3회 이상 연계를 거부하거나, 소급 1년간 5회 이상 한 자
13. 무단결근을 계속해서 3일 이상 하거나, 소급 1년간 5일 이상 한 자
14. 고의, 과실로 중대한 사고를 발생시킨 자
15. 센터의 공금을 유용 또는 횡령한 자
16. 업무와 관련하여 수뢰, 배임 등의 행위로 부정한 금품을 수수한 자
17. 센터의 재산을 절취 또는 사전 허가 없이 사외로 반출한 자
18. 근무태도나 근무성적이 극히 불량하고 개선의 여지가 없다고 판단되는 자
19. 도박, 음주 등 직장규율을 어지럽혀 다른 아이돌보미에게 악영향을 미친 자

20. 재직(휴직기간 포함) 중 센터의 승인 없이 타 직장에 취업한 자
21. 센터의 허가 없이 센터 명의를 도용하여 사적인 이익을 도모한 자
22. 사회통념상 고용관계를 지속시킬 수 없다고 인정되는 자
23. 아이돌봄 지원법 제33조에 따라 자격이 취소된 자

제13조(정직)

다음 각 호의 어느 하나에 해당하는 자는 6개월 이내 범위(단, 제10호에 따른 정직은 건강진단서를 제출할 때까지)에서 정직할 수 있다.

1. 아이의 신체에 폭행을 가하거나 상해를 입히는 행위
2. 아이를 유기하거나 의식주를 포함한 기본적 보호를 소홀히 하는 행위
3. 아이의 주거지에서 행한 절도 등 불법행위
4. 아이돌보미가 업무 수행 중 고의나 중대한 과실로 아이 또는 보호자에게 신체상 또는 재산상 손해를 입힌 경우
5. 보수교육을 연속하여 3회 이상 받지 아니한 경우
6. 영리를 목적으로 보호자에게 불필요한 서비스를 알선·유인하거나 이를 조장한 경우
7. 본 규칙에 위반된 행위를 하였을 때 그 정도가 중대 또는 심각하다고 인정되는 자
8. 견책처분을 3회 이상 받은 경우
9. 아이돌봄지원법 제32조에 따라 자격정지 처분을 받은 자
10. 아이돌봄지원법 제10조의2에 따른 건강검진을 받지 않은 자
11. 아동학대로 의심되는 경우 등 법에서 규정하고 있지 않은 아동에 대한 적절하지 않은 행위를 한 경우
12. 아이돌봄지원법 제5조에 따른 아이돌보미 직무 및 책무, 아이돌봄지원사업 안내 [서식 5호]의 서비스 이용 계약서상의 준수사항을 위반한 경우
13. 이용가정에 대한 부당한 요구 또는 복수의 이용가정으로부터 동일 민원이 반복(각 3회 이상)되는 경우
14. 친인척(4촌 이내) 연계 또는 웃돈 요구, 이용자와 부정수급(환수대상)을 공모한 경우
15. 돌봄 아동을 보호자의 동의 없이 타 돌봄 장소로 이동시키는 경우

제14조(견책)

다음 각 호의 어느 하나에 해당하는 자는 견책 처분할 수 있다.

1. 본 규칙에 위반된 행위를 하였을 때 그 정도가 중대하다고 인정되는 자
2. 동일한 사유로 경고처분 2회 및 그 밖에 경고처분 3회 이상 받은 경우

제15조(경고)

다음 각 호의 어느 하나에 해당하는 자는 주의를 촉구하고 서면으로 경고 처분할 수 있다.

1. 본 규칙에 위반된 행위를 하였을 때 그 정도가 경미하다고 인정되는 자

제16조(징계절차)

아이돌보미에 대하여 견책 이상의 징계를 할 때에는 징계위원회(이하 "위원회"라 한다)의 의결로 하며 다음의 절차를 거쳐야 한다. 이 조항의 절차를 준수하여 개최된 합의제 의결기구(아이돌봄 지원사업 안내에 따른 조정위원회 포함)는 이 조항이 정한 위원회로 본다.

1. 위원회 위원은 지자체 공무원, 돌봄 전문가(교육기관 유관 간부급 직원, 서비스제공기관장 등), 현장활동가(관내 보육·아동학과 교수, 연구사 등), 아이돌보미 및 이용자 측 대변인(필요시) 등 3~7명으로 구성하고, 위원장은 센터장 또는 센터장이 위임한 자로 한다.
2. 위원회는 필요시 간사 1명을 둘 수 있다.
3. 위원회는 재적위원 과반수의 출석과 출석위원 과반수의 찬성으로 의결하며, 가부동수일 경우에는 위원장이 결정한다.
4. 위원회 개최 7일 전까지 회의일시, 장소 및 징계사유를 명시하여 징계 대상자 및 위원에게 서면으로 통보하고 소명의 기회를 부여한다.
5. 위원회는 징계사유를 조사한 서류와 입증자료 및 징계 대상자의 진술 등 충분한 증거를 확보하여 공정하게 심의하고, 비위행위의 성격 및 내용, 고의 또는 과실의 유무 및 그 정도, 평소의 품행, 근무 성적, 과거의 공적 및 징계 기록, 기타 정상 등을 참작하여 의결하여야 한다.
6. 징계의결 내용은 징계 대상자에게 서면으로 통보한다.

7. 징계 대상자가 징계 결정에 불복하는 때에는 징계통보서를 받은 날로부터 7일 이내에 그 이유를 적은 서면으로 재심신청을 할 수 있다. 재심신청은 원처분의 효력에 영향을 미치지 아니한다.
8. 재심 징계위원회는 재심신청서를 접수한 날로부터 14일 이내(부득이한 사유가 있는 경우에는 7일 이내로 그 기간을 연장할 수 있다.) 재심의하여 그 결과를 통보하여야 하며, 그 절차는 제1호 내지 제6호에 따르되 제4호는 적용하지 아니한다.
9. 위원회는 재심청구가 이유 없다고 인정한 때에는 기각하고, 이유 있다고 인정한 때에는 변경처분을 한다. 변경처분은 원처분보다 무거운 처분을 할 수 없다.

제17조(손해배상 및 부당이득의 청구)

① 징계사유에 해당하는 행위로 인하여 아이돌보미가 센터에 손해를 끼친 경우나 부당한 이득을 취한 경우 센터는 징계와 별도로 해당 아이돌보미에게 손해배상을 청구하거나 부당이득의 반환을 청구할 수 있다.

② 아이돌보미 개인의 고의 또는 과실로 인하여 센터에 손해가 발생한 경우 센터는 동 손해에 대한 손해배상을 해당 아이돌보미에게 청구할 수 있다.

제3절 퇴직·해고 등

제18조(당연퇴직)

아이돌보미가 다음 각 호의 어느 하나에 해당하는 경우에는 당연 퇴직된다.

1. 사망한 경우
2. 근로계약 기간이 만료된 경우
3. 휴직기간이 만료된 후 복직청구 기간 내 복직원을 제출하지 않을 때
4. 피성년후견인 또는 피한정후견인이 된 때

제19조(통상해고)

아이돌보미가 다음 각 호의 어느 하나에 해당할 경우에는 해고할 수 있다.

1. 신체 또는 정신상 장애로 직무를 감당할 수 없다고 인정되는 자
2. 휴직기간이 만료되었음에도 불구하고 휴직사유가 소멸하지 않아 정상적인 업

무 수행을 할 수 없다고 판단되는 자

3. 직무수행상 반드시 요구되는 자격의 상실 등으로 정상적인 업무수행을 할 수 없는 자 * 아이돌봄지원법 제6조 결격사유에 해당
4. 형사소추로 구속수감되어 계속근로가 불가능한 자
5. 기타 아이돌보미의 일신상의 사유로 인하여 사회통념상 근로를 계속할 수 없다고 판단되는 자

제20조(해고의 제한)

① 아이돌보미가 업무상 부상 또는 질병의 요양을 위하여 휴업한 기간과 그 후 30일 동안은 해고하지 아니한다. 다만, 근로기준법 제84조에 따라 일시보상을 하였을 경우에는 해고할 수 있다.

② 산전(産前)·산후(産後)의 여성 아이돌보미가 근로기준법에 따라 휴업한 기간과 그 후 30일 동안은 해고하지 아니한다.

③ 아이돌보미가 「남녀고용평등과 일·가정 양립 지원에 관한 법률」에 따라 육아휴직을 한 기간에는 해고하지 아니한다.

④ 제1항 본문 및 제2항에도 불구하고 사업을 계속할 수 없게 된 경우에는 해당 아이돌보미를 해고할 수 있다.

제21조(해고의 통지)

① 센터는 아이돌보미를 해고하는 경우에는 서면으로 그 사유 및 날짜를 기재하여 통지한다.

② 센터는 제1항에 따라 해고를 통지하는 경우 해고일로부터 적어도 30일 전에 해고예고를 하거나, 30일 전에 해고예고를 하지 아니하였을 때에는 30일분의 통상임금을 지급한다.

③ 계속 근로한 기간이 3개월 미만인 경우와 천재·사변, 그 밖의 부득이한 사유로 사업을 계속하는 것이 불가능한 경우 또는 고의로 사업에 막대한 지장을 초래하거나 재산상 손해를 끼친 경우로서 「근로기준법 시행규칙」으로 정하는 사유에 해당하는 경우에는 제2항을 적용하지 아니한다.

제22조(퇴직일)

아이돌보미가 퇴직한 경우 퇴직일은 다음 각 호와 같다.

1. 아이돌보미가 퇴직의 의사표시(사표제출)를 행한 경우 센터가 이를 수리한 날
2. 아이돌보미가 퇴직의 의사표시(사표제출)를 했음에도 불구하고 센터가 이를 수리하지 아니한 경우 센터가 아이돌보미의 퇴직의사를 통고 받은 당기후의 1기를 경과한 날
3. 사망한 날
4. 해고가 결정·통보된 경우 해고일
5. 계약기간 만료일의 다음 날
6. 복직청구 기간에 청구하지 않은 경우 휴직기간 만료일의 다음 날 또는 휴직사유 소멸일
7. 피성년후견인 또는 피한정후견인, 파산 선고일

제3장 복 무

제1절 통 칙

제23조(복무규율)

아이돌보미는 신의성실의 원칙에 입각하여 다음 각 호의 사항을 엄수하여야 한다.

1. 아이돌보미는 직무를 수행함에 있어 관계법령, 여성가족부 사업지침, 정관 기타 제 규정과 직무상 지시를 준수하여 양심적이고 성실하게 직무를 완수하여야 한다.
2. 아이돌보미는 휴일이 아닌 날에 센터의 서비스 연계를 거부할 수 없고, 센터가 서비스 이용자의 신청일에 따라 작성·배정한 근무일정표에 따라 근로를 제공할 의무가 있으며, 질병, 상해, 기타 근로를 제공할 수 없는 정당한 사유없이 이를 거부해서는 아니 된다. 아이돌보미는 정당한 사유의 입증자료를 제출하여 센터장의 승인을 받아야 한다.
3. 아이돌보미는 근무 시작시간과 종료시간을 준수하고 센터의 허가 없이 근무시

간을 변경해서는 아니 되며, 센터가 실시하는 출퇴근 및 복무상태 확인에 응하여야 한다.

4. 아이돌보미는 서비스 수행 중 아이에게 긴급한 사정이 생긴 경우에는 즉시 서비스 이용 신청자와 센터에 통지하고, 필요한 조치를 취하여야 한다.
5. 아이돌보미는 직무와 관련하여 직접, 간접으로 사례와 증여 또는 향응을 받아서는 아니 된다.
6. 아이돌보미는 센터의 서비스연계 변경 계획에 따라야 한다.

※ 센터는 특정 아이돌보미에게만 원거리, 야간시간대, 특정유형 가정 등에 서비스가 배정되어 부담이 편중되지 않도록 서비스연계 변경 계획을 수립·시행할 수 있음

7. 아이돌보미는 불가피한 상황으로 활동을 중지할 경우, 이용자 가정에 양육공백이 발생하지 않도록 센터에 30일 전에 고지하여야 한다.
8. 아이돌보미는 근로 시 신분증을 소지하고, 이용자 가정의 양육방식을 최대한 존중한다.
9. 아이를 안전하게 보호자에게 인계한 후 근로를 종료하여야 한다.
10. 아이돌보미는 서비스 이용자의 사전 승인 없이는 타인을 돌봄 장소로 불러들이거나, 돌봄 장소를 바꿀 수 없으며, 아이를 지정된 돌봄 장소로부터 이격시켜서는 아니 된다.
11. 아이돌보미는 활동 모니터링을 받을 의무가 있으며 모니터링에 성실하고 적극적으로 협조하여야 한다.
12. 아이돌보미는 직무 이외의 영리를 목적으로 하는 다른 업무에 종사할 수 없다. 단, 기관장의 사전 승인을 받고 예외적으로 겸업할 수 있다.
13. 아이돌보미는 재직 중은 물론 퇴직 후라도 직무상 취득한 기밀사항 및 이용가정의 개인정보를 누설하여서는 아니 된다.
14. 아이돌보미는 허위보고 등으로 기관 및 동료 간 불신을 조장하거나 유언비어를 유포하여 센터에 손해를 초래해서는 아니 된다.
15. 아이돌보미는 매년 자격유지 및 직무관련 지식·기술 함양을 위한 보수교육을 이수해야 한다.
16. 아이돌보미는 기관 및 동료의 명예를 훼손하고 신용을 손상시키는 행위를 해서는 아니 된다.

17. 아이돌보미는 연 1회 정기건강검진을 하여야 하며 자신의 건강관리에 만전을 기하여 전염병에 걸리지 않도록 하고, 전염병 발생 시에는 이용자 및 센터에 알린 후 활동을 중지하여야 한다.

제24조(출근, 퇴근, 결근)

① 아이돌보미는 근무시간 시작 전까지 출근하여 정상적인 업무수행에 차질이 없도록 하여야 한다.

② 아이돌보미는 근무시간이 종료되어야 퇴근할 수 있으며 아이를 안전하게 보호자에게 인계한 후 퇴근할 수 있다.

③ 질병이나 그 밖의 부득이한 사유로 결근하고자 하는 경우에는 사전에 소속부서의 장의 승인을 받아야 하며, 또한 서비스 배정 완료 후 개인사유로 서비스 제공이 어려운 경우 사실상 결근한 것으로 본다.

제25조(공민권행사 및 공의 직무 수행)

아이돌보미가 근무시간 중에 공민권을 행사하거나 공적인 직무를 집행할 시간을 필요로 할 때는 사전에 센터에 알려야 하며, 서비스 연계 시간 외에 행사하는 것을 원칙으로 하고 부득이한 경우, 센터는 다른 아이돌보미와 교대하도록 하여 그 시간을 조정할 수 있다.

제26조(서비스 제공 중 통지의무)

① 아이돌보미가 질병 및 기타 부득이한 사유로 서비스 수행 중 근로를 제공할 수 없을 때에는 즉시 센터에 알리고 조치를 기다려야 하며, 임의로 활동을 중지하여선 아니 된다.

② 아이돌보미가 서비스 수행 중 아이에게 긴급한 사정이 생긴 경우에는 즉시 서비스 이용신청자와 센터에 통지하고, 필요한 조치를 취하여야 한다.

제2절 근로시간

제27조(근무형태)

근무형태는 주간근무를 원칙으로 한다.

제28조(근로시간)

① 1주간의 소정근무일은 1주일 중 주휴일을 제외하고 센터와 아이돌보미 간 사전 협의한 서비스연계일로 한다.

② 1주간의 소정근로시간은 40시간 범위 내에서 센터와 아이돌보미 간 사전에 서비스를 제공하기로 한 시간으로 간주하며, 근로기준법 제58조(근로시간 계산의 특례) 규정에 따라 소정근로시간을 근로한 것으로 본다.

③ 1일의 소정근로시간은 센터와 아이돌보미 간 사전에 서비스를 제공하기로 한 시간으로 간주하여 8시간 이내로 한다.

④ 근로시간을 산정함에 있어 작업을 위하여 아이돌보미가 사용자의 지휘·감독 아래에 있는 대기시간 등은 근로시간으로 본다.

제29조(휴게시간)

① 휴게시간은 4시간 이상 근무 시 30분, 8시간 이상 근무 시 1시간을 근무시간 도중에 부여한다.

② 서비스 제공기관과 서비스 이용자는 대체돌보미 배치, 가족대체 지원 등의 조치를 통해 아이돌보미가 휴게시간을 갖도록 방안을 강구하고 반영 노력한다.

③ 이용자 가정 내 휴게공간 제공 및 서비스 이용자 가족 대체 지원이 불가능한 경우에는 센터에서 2명 이상 아이돌보미를 파견하여 교대 근무하도록 할 수 있다.

제30조(연장 · 야간 및 휴일근로)

① 연장·야간 및 휴일근로근로는 1주간 12시간을 한도로 아이돌보미의 동의하에 실시할 수 있다.

② 연장 및 야간근로에 대하여는 근로기준법이 정하는 바에 따라 통상임금의 50%를 가산하여 지급한다.

③ 휴일근로에 대해서는 8시간까지는 통상임금의 50%를, 8시간을 초과한 시간에 대해서는 통상임금의 100%를 가산하여 지급한다.

④ 센터는 아이돌보미의 대표와 서면 합의하여 연장·야간 및 휴일근로에 대하여 임금을 지급하는 것을 대신하여 휴가를 줄 수 있다.

⑤ 산후 1년이 지나지 아니한 여성 아이돌보미에 대하여는 단체협약이 있는 경우

라도 1일 2시간, 1주 6시간, 1년 150시간을 한도로 아이돌보미의 동의하에 연장근로를 실시할 수 있으며, 임신 중인 여성사원은 연장근로를 실시할 수 없다.

⑥ 18세 이상의 여성 아이돌보미를 오후 10시부터 오전 6시까지 근로하게 하거나 휴일에 근로를 시킬 경우 당해 아이돌보미의 동의를 얻어야 한다.

⑦ 임산부인 아이돌보미에 대하여는 오후 10시부터 오전 6시까지의 시간 및 휴일에 근로를 시키지 않는 것을 원칙으로 한다. 다만, 다음 각 호의 어느 하나에 해당 하는 경우에는 그 시행 여부와 방법 등에 관하여 아이돌보미의 대표와 성실히 협의한 후 고용노동부장관의 인가를 받아 야간 및 휴일근로를 실시할 수 있다.

1. 산후 1년이 지나지 아니한 여성 아이돌보미의 동의가 있는 경우
2. 임신 중의 여성 아이돌보미가 명시적으로 청구하는 경우

제3절 임 금

제31조(임금의 구성항목)

임금은 기본활동수당, 법정수당 등을 산정하여 지급하되, 구체적인 내역은 근로계약서에 정한 바에 따른다.

제32조(임금의 계산방법 및 지급방법)

① 임금 산정기간과 지급일은 다음과 같다.

1. 임금 산정기간: 당월 1일부터 당월 말일까지
2. 임금 지급일: 임금산정기간의 익월 15일로 하되, 임금 지급일이 토요일, 일요일 또는 공휴일일 경우에는 그 전일에 지급한다.

② 아이돌보미는 1개월 단위로 활동일지를 작성하여 센터에 제출하여야 하며, 센터는 활동일지를 검토하여 임금 지급액을 확정한다.

③ 임금은 전액을 매월 임금 지급일에 아이돌보미가 지정한 계좌에 입금하는 것을 원칙으로 한다.

④ 전항의 규정에 불구하고 다음 각 호에 해당하는 것은 임금 지급 시 공제한다.

1. 국가 또는 지방자치단체가 징수하는 세금
2. 국민건강보험료

3. 국민연금보험료

4. 고용보험료

5. 감급의 제재에 해당하는 금액

6. 기타 법령에 의거 공제되는 금액

⑤ 부득이한 경우 제1항 제2호의 임금 지급일은 변경될 수 있으며, 이 경우 당사자 간 합의에 의한다.

⑥ 임금의 구체적인 계산방법은 개별 근로계약으로 정하는 바에 따른다.

⑦ 센터는 임금 지급일에 임금의 구성항목·계산방법, 공제내역 등 법령이 정하는 사항을 적은 임금명세서를 서면(「전자문서 및 전자거래 기본법」 제2조 제1호에 따른 전자문서를 포함한다)으로 교부하여야 한다.

제33조 (시급적용)

아이돌보미의 임금은 근로계약서에서 정한 시급제로 한다.

제34조(취소수수료)

이용자의 귀책사유로 서비스 취소된 경우에는 아이돌봄지원사업 지침 등에서 정한 취소수수료를 지급한다.

제35조(퇴직급여제도의 설정 등)

아이돌보미의 퇴직급여제도는 퇴직급여보장법에 따른 퇴직연금제도(DC형)로 한다. 단, 계속근로기간이 1년 미만인 아이돌보미와 4주 동안을 평균하여 1주 동안의 소정근로시간이 15시간 미만인 아이돌보미에게는 적용하지 아니한다.

제4절 휴일·휴가

제36조(휴일)

① 다음 각 호의 날은 유급휴일로 한다. 다만, 1주 동안의 소정근로일을 개근하지 아니한 자에 대해서는 주휴일을 무급으로 한다.

1. 주휴일(　요일)

2. 근로자의 날
3. 일요일을 제외한 「관공서 공휴일에 관한 규정」에서 정한 공휴일 및 대체공휴일

② 제1항 제1호 및 제3호의 휴일은 4주간을 평균하여 1주 소정근로시간이 15시간 이상인 경우에 한하여 발생한다.

③ 휴일이 중복될 경우에는 하나의 휴일로 취급한다.

제37조(휴일대체)

① 센터는 업무의 형편에 따라 제36조 제1항 제1호 및 제3호의 휴일을 다른 근로일과 대체할 수 있다.

② 제36조 제1항 제1호의 휴일 대체는 최소 24시간 전에 대체할 근로일을 특정하여 고지하여야 한다.

③ 제36조 제1항 제3호의 휴일 대체는 직원 대표와 서면합의에 따른다.

④ 휴일 대체를 한 경우 기존의 휴일에 근로를 제공한 직원에 대하여는 가산임금을 지급하지 아니한다.

제38조(연차유급휴가)

① 1년간 소정근로일의 80퍼센트 이상 출근한 아이돌보미에게는 15일의 유급휴가를 준다. 다만, 1년간 80퍼센트 미만 출근한 아이돌보미에게도 개근한 1월에 대하여 1일의 유급휴가를 준다.

② 계속하여 근로한 기간이 1년 미만인 아이돌보미에게는 1개월 개근 시 1일의 유급휴가를 준다.

③ 3년 이상 근속한 아이돌보미에 대하여는 제1항 규정에 의한 휴가에 최초 1년을 초과하는 계속 근로연수 매 2년에 대하여 1일을 가산한 유급휴가를 주며, 가산휴가를 포함한 총 휴가일수는 25일을 한도로 한다.

④ 제1항 및 제2항의 규정을 적용할 때 다음 각 호의 어느 하나에 해당하는 기간은 출근한 것으로 본다.

1. 근로자가 업무상의 부상 또는 질병으로 휴업한 기간
2. 임신 중의 여성이 근로기준법의 규정에 따른 출산전후휴가, 유·사산휴가로 휴업한 기간

3. 「남녀고용평등과 일·가정 양립 지원에 관한 법률」에 따른 육아휴직으로 휴업한 기간
4. 연차유급휴가, 생리휴가를 사용한 기간
5. 「남녀고용평등과 일·가정 양립 지원에 관한 법률」에 따른 육아기 근로시간 단축을 사용하여 단축된 근로시간
6. 「근로기준법」에 따른 임신기 근로시간 단축을 사용하여 단축된 근로시간

⑤ 연차유급휴가의 산정 기준일은 입사일을 원칙으로 하되, 관리의 편의를 위하여 회계연도(1.1.~12.31.)를 기준으로 일률적으로 산정하여 부여할 수 있다.

⑥ 회계연도를 기준으로 연차유급휴가를 부여할 경우, 연도 중에 입사하여 1년이 되지 못한 아이돌보미에게도 다음연도 1월 1일에 15일에 입사연도의 총일수(365일 또는 366일)에 대한 재직일수의 비율을 곱한 일수로 부여하고(제2항의 월단위 휴가는 별도로 부여한다), 이후 연도부터는 회계연도를 기준으로 부여하며, 퇴직 시에는 총 휴가일수가 입사일을 기준으로 산정한 휴가일수와 비교하여 부족할 경우에는 부족한 휴가일수를 추가로 부여한다.

제39조(연차휴가의 사용)

① 연차유급휴가는 아이돌보미의 자유의사에 따라 적치하여 사용하거나 시간 단위로 분할하여 사용할 수 있다. 다만 서비스 연계일에 사용할 경우 그 연계 시간에 대하여 사용하고 일부에 대하여 분리하여 사용할 수 없다.

② 연차유급휴가를 사용하고자 할 때에는 적어도 3일 전까지 센터에 신청하여 승인을 얻어야 한다.

③ 연차유급휴가는 아이돌보미가 청구한 시기에 주되, 업무에 막대한 지장이 있는 경우에는 그 시기를 변경할 수 있다.

④ 아이돌보미의 연차유급휴가는 1년간(계속하여 근로한 기간이 1년 미만인 아이돌보미의 제37조 제2항에 따른 유급휴가는 최초 1년의 근로가 끝날 때까지의 기간을 말한다) 행사하지 아니하면 소멸된다. 다만, 사용자의 귀책사유로 사용하지 못한 경우에는 그러하지 아니하다.

제40조(연차유급휴가의 대체)

센터는 아이돌보미 대표와 합의에 의하여 연차유급휴가일에 대신하여 특정한 근로일에 휴무시킬 수 있다.

제5절 휴직 및 복직

제41조(휴직 사유 및 기간)

① 아이돌보미가 다음 각 호의 어느 하나에 해당할 경우에는 휴직을 명할 수 있으며 휴직기간 중 임금은 지급하지 않음을 원칙으로 한다. 단, 계속근로한 기간이 3개월 미만인 경우에는 허용하지 않을 수 있다.

1. 신체상 또는 정신상의 이상으로 7일 이상의 요양을 요할 경우
2. 기타 특별한 사정으로 휴직이 필요하다고 인정되는 경우

② 제1항 각 호의 휴직기간은 1개월 이내로 한다. 단, 센터의 승인이 있는 경우에 한해 1개월 이내에서 연장할 수 있다.

③ 아이돌보미의 개인사유로 인한 휴직기간은 근속연수에 산입하지 아니하며, 퇴직급여를 적립하지 아니한다.

제42조(육아휴직)

① 센터는 임신 중인 여성 아이돌보미가 모성을 보호하거나, 만 8세 이하 또는 초등학교 2학년 이하의 자녀(입양한 자녀를 포함한다.)를 가진 남녀 아이돌보미가 그 영유아의 양육을 위하여 육아휴직을 청구하는 경우에는 이를 허용한다. 단, 계속 근로한 기간이 6개월 미만인 경우에는 허용하지 않을 수 있다.

② 육아휴직 기간은 1년 이내로 한다. 다만, 다음 각 호의 어느 하나에 해당하는 경우 6개월 이내에서 추가로 육아휴직을 사용할 수 있다.

1. 같은 자녀를 대상으로 부모가 모두 육아휴직을 각각 3개월 이상 사용한 경우의 부 또는 모
2. 「한부모가족지원법」 제4조에 제1호의 부 또는 모
3. 고용노동부령으로 정하는 장애아동의 부 또는 모

③ 육아휴직은 3회에 한하여 나누어 사용할 수 있다. 이 경우 임신중인 여성 아이

돌보미가 모성보호를 위하여 육아휴직을 나누어 사용한 횟수는 이에 포함하지 아니한다.

④ 센터는 아이돌보미가 육아휴직을 사용할 경우 고용보험법령이 정하는 육아휴직급여를 받을 수 있도록 증빙서류를 제공하는 등 적극 협조한다.

⑤ 육아 휴직기간은 무급으로 하며, 그 기간은 근속연수에 포함한다.

⑥ 센터는 아이돌보미가 육아휴직을 마친 후에는 휴직 전과 같은 업무 또는 같은 수준의 임금을 지급하는 직무에 복귀시켜야 한다.

⑦ 기간제아이돌보미 또는 파견아이돌보미의 육아휴직 기간은 「기간제 및 단시간근로자 보호 등에 관한 법률」에 따른 사용기간 또는 「파견근로자 보호 등에 관한 법률」에 따른 근로자파견기간에 산입하지 아니한다.

제43조(가족돌봄휴직 및 휴가)

① 센터는 아이돌보미가 조부모, 부모, 배우자, 배우자의 부모, 자녀, 손자녀(이하 "가족"이라 한다)의 질병, 사고, 노령으로 인하여 그 가족을 돌보기 위한 휴직(이하 "가족돌봄휴직"이라 한다)을 신청하는 경우 이를 허용하여야 한다. 다만, 대체인력 채용이 불가능한 경우, 정상적인 사업 운영에 중대한 지장을 초래하는 경우 등 남녀고용평등법 시행령으로 정하는 경우에는 그러하지 아니하다.

② 센터는 아이돌보미가 가족(조부모 또는 손자녀의 경우 본인 외에도 직계비속 또는 직계존속이 있는 등 대통령령으로 정하는 경우는 제외한다)의 질병, 사고, 노령 또는 자녀의 양육으로 긴급하게 그 가족을 돌보기 위한 휴가(이하 "가족돌봄휴가"라 한다)를 신청하는 경우 이를 허용하여야 한다. 다만, 아이돌보미가 청구한 시기에 휴가를 주는 것이 정상적인 사업 운영에 중대한 지장을 초래하는 경우에는 아이돌보미와 협의하여 그 시기를 변경할 수 있다.

③ 제1항 단서에 따라 가족돌봄휴직을 허용하지 아니하는 경우에는 해당 아이돌보미에게 그 사유를 서면으로 통보하고, 다음 각 호의 어느 하나에 해당하는 조치를 하도록 노력하여야 한다.

1. 업무를 시작하고 마치는 시간 조정
2. 연장근로의 제한
3. 근로시간의 단축, 탄력적 운영 등 근로시간의 조정

4. 그 밖에 사업장 사정에 맞는 지원조치

④ 가족돌봄휴직 및 가족돌봄휴가의 사용기간과 분할 횟수는 다음 각 호에 따른다.

1. 가족돌봄휴직 기간은 연간 최장 90일로 하며, 이를 나누어 사용할 수 있다. 이 경우 나누어 사용하는 1회의 기간은 30일 이상이 되어야 한다.
2. 가족돌봄휴가 기간은 가족돌봄휴직 기간의 범위 내에서 연간 최장 10일로 하며 일단위로 사용할 수 있다. 단만, 감염병의 확산 등을 원인으로 「재난 및 안전관리 기본법」 제38조에 따른 심각단계의 위기경보가 발령되거나, 이에 준하는 대규모 재난이 발생한 경우로서 근로자에게 가족을 돌보기 위한 특별한 조치가 필요하다고 인정되어 고용노동부장관이 고시하는 경우 연간 10일(한부모가족지원법 제4조 제1호 따른 한부모의 경우 15일)의 범위에서 연장할 수 있다.

⑤ 센터는 가족돌봄휴직 또는 가족돌봄휴가를 이유로 해당 아이돌보미를 해고하거나 근로조건을 악화시키는 등 불리한 처우를 하여서는 아니 된다.

⑥ 가족돌봄휴직 또는 가족돌봄휴가 기간은 무급으로 하며, 그 기간은 근속기간에 포함하되, 근로기준법 제2조 제1항 제6호에 따른 평균임금 산정기간에서는 제외한다.

제44조 (가족돌봄 등을 위한 근로시간 단축)

① 센터는 아이돌보미가 다음 각 호의 어느 하나에 해당하는 사유로 근로시간의 단축을 신청하는 경우에 이를 허용하여야 한다. 다만, 대체인력 채용이 불가능한 경우, 정상적인 사업 운영에 중대한 지장을 초래하는 경우 등 「남녀고용평등과 일·가정 양립 지원에 관한 법률 시행령」으로 정하는 경우에는 그러하지 아니하다.

1. 가족의 질병, 사고, 노령으로 인하여 그 가족을 돌보기 위한 경우
2. 자신의 질병이나 사고로 인한 부상 등의 사유로 자신의 건강을 돌보기 위한 경우
3. 만 55세 이상의 아이돌보미가 은퇴를 준비하기 위한 경우
4. 아이돌보미의 학업을 위한 경우

② 제1항 단서에 따라 센터가 근로시간 단축을 허용하지 아니하는 경우에는 해당

아이돌보미에게 그 사유를 서면으로 통보하고 휴직을 사용하게 하거나 그 밖의 조치를 통하여 지원할 수 있는지를 해당 아이돌보미와 협의하여야 한다.

③ 센터가 제1항에 따라 해당 아이돌보미에게 근로시간 단축을 허용하는 경우 단축 후 근로시간은 주당 15시간 이상이어야 하고 30시간을 넘어서는 아니 된다.

④ 근로시간 단축의 기간은 1년 이내로 한다. 다만, 제1항 제1호부터 제3호까지에 해당하는 아이돌보미는 합리적 이유가 있는 경우에 추가로 2년의 범위 안에서 근로시간 단축의 기간을 연장할 수 있다.

⑤ 센터는 근로시간에 비례하여 적용하는 경우 외에는 가족돌봄 등을 위한 근로시간 단축을 이유로 그 근로조건을 불리하게 하여서는 아니 되며, 그 근로조건(근로시간 단축 후 근로시간을 포함한다)을 센터와 아이돌보미 간에 서면으로 정한다.

⑥ 센터는 근로시간 단축을 하고 있는 아이돌보미에게 단축된 근로시간 외에 연장근로를 요구할 수 없다. 다만, 그 아이돌보미가 명시적으로 청구하는 경우에는 센터는 주 12시간 이내에서 연장근로를 시킬 수 있다.

⑦ 근로시간 단축 기간은 근속기간에 포함하되 평균임금 산정기간에서는 제외한다.

⑧ 센터는 근로시간 단축을 이유로 해당 아이돌보미에게 해고나 그 밖의 불리한 처우를 하여서는 아니 된다.

⑨ 센터는 근로시간 단축기간이 끝난 후에 그 아이돌보미를 즉시 직무에 복귀시켜야 한다.

제45조(복직)

① 아이돌보미는 휴직사유가 소멸되었을 때에는 지체없이 복직원을 제출해야 하며, 휴직기간이 만료된 때에는 그 만료일 7일 전까지 복직원을 제출하여야 한다.

② 정당한 사유 없이 복직원을 제출하지 아니할 때에는 계속 근로의 의사가 없는 것으로 간주하고 당연퇴직 처리한다.

③ 센터는 휴직 중인 아이돌보미로부터 복직원을 제출 받은 경우에는 최대한 빠른 시일 내에 휴직 전의 직무에 복직시키도록 노력하되, 부득이한 경우에는 그와 유사한 업무나 동등한 수준의 급여가 지급되는 직무로 복귀시키도록 노력한다.

제6절 모성보호

제46조(임산부의 보호)

① 임신 중의 여성 아이돌보미에게 출산 전과 출산 후를 통하여 90일(미숙아를 출산한 경우에는 100일, 한 번에 둘 이상 자녀를 임신한 경우에는 120일)의 보호휴가를 준다. 이 경우 반드시 출산 후에 45일(한 번에 둘 이상 자녀를 임신한 경우에는 60일) 이상 부여한다.

② 임신 중인 여성 아이돌보미가 유산의 경험 등 근로기준법 시행령이 정하는 사유로 제1항의 휴가를 청구하는 경우 출산 전 어느 때라도 휴가를 나누어 사용할 수 있도록 한다. 이 경우 출산 후의 휴가 기간은 연속하여 45일(한 번에 둘 이상 자녀를 임신한 경우에는 60일) 이상이 되어야 한다.

③ 임신 중인 여성 아이돌보미가 유산 또는 사산한 경우로서 해당 아이돌보미가 청구하는 경우에는 다음 각 호에 따른 휴가를 부여한다. 다만, 모자보건법에서 허용되지 않는 인공중절 수술은 제외한다.

1. 유산 또는 사산한 여성 아이돌보미의 임신기간이 11주 이내인 경우: 유산 또는 사산한 날로부터 5일까지
2. 유산 또는 사산한 여성 아이돌보미의 임신기간이 12주 이상 15주 이내인 경우: 유산 또는 사산한 날로부터 10일까지
3. 유산 또는 사산한 여성 아이돌보미의 임신기간이 16주 이상 21주 이내인 경우: 유산 또는 사산한 날로부터 30일까지
4. 유산 또는 사산한 여성 아이돌보미의 임신기간이 22주 이상 27주 이내인 경우: 유산 또는 사산한 날로부터 60일까지
5. 임신기간이 28주 이상인 경우: 유산 또는 사산한 날로부터 90일까지

④ 센터는 아이돌보미가 출산전후휴가 급여 등을 신청할 경우 고용보험법에 따라 출산전후휴가 급여 등을 받을 수 있도록 증빙서류를 제공하는 등 적극 협조한다.

⑤ 제1항부터 제3항에 따른 휴가 중 최초 60일(한 번에 둘 이상 자녀를 임신한 경우에는 75일)은 유급으로 한다. 다만, 「남녀고용평등과 일·가정 양립 지원에 관한 법률」 제18조에 따라 출산전후휴가급여 등이 지급된 경우에는 그 금액의 한도에서 지급의 책임을 면한다.

⑥ 임신 중의 여성 아이돌보미에게 연장근로를 시키지 아니하며, 요구가 있는 경

우 쉬운 종류의 근로로 전환시킨다.

제47조(임신기 근로시간 단축)

센터는 임신 후 12주 이내 또는 36주 이후에 있는 여성 아이돌보미(고용노동부령으로 정하는 유산, 조산 등 위험이 있는 아이돌보미의 경우 임신 전 기간)가 1일 2시간의 근로시간 단축을 신청하는 경우 이를 허용하여야 한다.

제48조(육아기 근로시간 단축)

① 센터는 아이돌보미가 만 12세 이하 또는 초등학교 6학년 이하의 자녀(입양한 자녀를 포함한다)를 양육하기 위하여 근로시간의 단축(이하 "육아기 근로시간 단축"이라 한다)을 신청하는 경우에는 이를 허용하여야 한다. 다만, 대체인력 채용이 불가능한 경우, 정상적인 사업 운영에 중대한 지장을 초래하는 경우 등 「남녀고용평등과 일·가정 양립 지원에 관한 법률 시행령」이 정하는 경우에는 그러하지 아니하다.

② 센터가 육아기 근로시간 단축을 허용하지 아니하는 경우에는 해당 아이돌보미에게 그 사유를 서면으로 통보하고 출근 및 퇴근시간 조정 등 다른 조치를 통하여 지원할 수 있는지를 해당 아이돌보미와 협의하여야 한다.

③ 센터가 해당 아이돌보미에게 육아기 근로시간 단축을 허용하는 경우 단축 후 근로시간은 주당 15시간 이상이어야 하고 35시간을 넘어서는 아니 된다.

④ 육아기 근로시간 단축의 기간은 1년 이내로 한다. 다만, 제42조 제1항에 따른 육아휴직을 신청할 수 있는 아이돌보미가 제42조 제2항에 따른 육아휴직 기간 중 사용하지 아니한 기간이 있으면 그 기간의 두 배를 가산한 기간 이내로 한다.

⑤ 센터는 아이돌보미가 육아기 근로시간 단축을 사용할 경우 고용보험법령이 정하는 육아기 근로시간 단축 급여를 받을 수 있도록 증빙서류를 제공하는 등 적극 협조한다.

⑥ 센터는 육아기 근로시간 단축을 하고 있는 아이돌보미에 대하여 근로시간에 비례하여 적용하는 경우 외에는 육아기 근로시간 단축을 이유로 그 근로조건을 불리하게 하여서는 아니 된다.

⑦ 육아기 근로시간 단축을 한 아이돌보미의 근로조건(육아기근로시간 단축 후 근로시

간을 포함한다)은 센터와 그 아이돌보미 간에 서면으로 정한다.

⑧ 센터는 육아기 근로시간 단축을 하고 있는 아이돌보미에게 단축된 근로시간 외에 연장근로를 요구할 수 없다. 다만, 그 아이돌보미가 명시적으로 청구하는 경우에는 센터는 주 12시간 이내에서 연장근로를 시킬 수 있다.

⑨ 육아기 근로시간 단축을 한 아이돌보미에 대하여 「근로기준법」 제2조 제6호에 따른 평균임금을 산정하는 경우에는 그 아이돌보미의 육아기 근로시간 단축 기간을 평균임금 산정기간에서 제외한다.

⑩ 육아기 근로시간 단축은 나누어 사용할 수 있다. 이 경우 나누어 사용한 1회의 기간은 개월(근로계약기간의 만료로 1개월 이상 근로시간 단축을 사용할 수 없는 기간제 근로자에 대해서는 남은 근로계약기간을 말한다) 이상이 되어야 한다.

제49조(육아시간)

생후 1년 미만의 유아가 있는 여성 아이돌보미의 청구가 있는 경우 휴게시간 외에 1일 2회 각 30분씩 유급 수유시간을 준다.

제50조(생리휴가)

센터는 여성 아이돌보미가 청구하는 경우 월 1일의 무급생리휴가를 부여한다.

제51조(배우자 출산휴가)

① 센터는 아이돌보미가 배우자의 출산을 이유로 휴가를 청구하는 경우 20일의 휴가를 주어야 한다. 휴가기간은 유급으로 한다.

② 제1항의 배우자 출산휴가는 배우자가 출산한 날부터 120일이 지나면 청구할 수 없다.

③ 배우자 출산휴가는 3회에 한하여 나누어 사용할 수 있다.

④ 센터는 배우자 출산휴가를 이유로 아이돌보미를 해고하거나 그 밖의 불리한 처우를 하여서는 아니 된다.

제52조(난임치료 휴가)

① 센터는 아이돌보미가 인공수정 또는 체외수정 등 난임치료를 받기 위하여 휴

가(이하 "난임치료휴가"라 한다)를 청구하는 경우에 연간 6일 이내의 휴가를 주어야 하며, 이 경우 최초 2일은 유급으로 한다. 다만, 아이돌보미가 청구한 시기에 휴가를 주는 것이 정상적인 사업 운영에 중대한 지장을 초래하는 경우에는 아이돌보미와 협의하여 그 시기를 변경할 수 있다.

② 센터는 난임치료휴가를 이유로 해고, 징계 등 불리한 처우를 하여서는 아니 된다.

③ 난임치료휴가를 청구하려는 아이돌보미는 휴가시작일 1주일 전까지 신청서에 증명서류를 첨부하여 신청하여야 한다.

④ 센터는 제1항에 따라 난임치료휴가의 청구 업무를 처리하는 과정에서 알게 된 사실을 난임치료휴가를 신청한 아이돌보미의 의사에 반하여 다른 사람에게 누설하여서는 아니 된다.

제53조(태아검진 시간의 허용 등)

① 센터는 임신한 여성 아이돌보미가 모자보건법 제10조에 따른 임산부 정기건강진단을 받는데 필요한 시간을 청구하는 경우 이를 허용한다.

〈 임산부 정기 건강진단 실시 기준 〉

구분	건강진단 실시 주기
임신 28주까지	4주마다 1회
임신 29주~36주까지	2주마다 1회
임신 37주 이후	1주마다 1회

② 센터는 제1항에 따른 건강진단 시간을 이유로 아이돌보미의 임금을 삭감하지 않는다.

제4장 교육

제54조(직무교육)

① 센터는 아이돌보미의 직무능력향상을 위하여 필요한 경우 직무교육을 시킬 수 있으며 아이돌보미는 교육과정에 성실히 임하여야 한다.

② 아이돌보미와 합의로 근무시간 외에 직무교육을 받도록 할 수 있으며 이 경우의 처우에 관하여는 교육의 장소·일정 등을 고려하여 따로 정한다.

제55조 (장애인 인식개선 교육)

센터는 장애인에 대한 직장 내 편견을 제거함으로써 장애인 아이돌보미의 안정적인 근무여건을 조성하고 장애인 아이돌보미 채용이 확대될 수 있도록 연 1회 1시간 이상 장애인 인식개선 교육을 실시하여야 하고, 아이돌보미는 센터가 실시하는 교육을 성실히 받아야 한다.

제5장 안전보건

제56조(건강진단)

① 센터는 아이돌보미의 건강보호·유지를 위하여 산업안전보건법이 정하는 바에 따라 1년에 1회 이상 일반건강진단을 실시하여야 한다.

② 센터는 산업안전보건법령이 정하는 바에 따라 필요한 경우 특수·배치 전·수시·임시건강진단 등을 실시한다.

③ 아이돌보미는 센터가 실시하는 건강진단을 성실히 받아야 한다.

제57조 (고객의 폭언등으로 인한 건강장해 예방조치)

센터는 직접 고객을 대면하거 「정보통신망 이용촉진 및 정보보호 등에 관한 법률」에 따른 정보통신망을 통해 상품을 판매하거나 서비스 제공 업무에 종사하는 사원(이하 "고객응대사원"이라 한다.)에 대해서는 고객의 폭언, 폭행, 그 밖에 적정 범위를 벗어나 신체적·정신적 고통을 유발하는 행위로 인한 건강장해를 예방하기 위하여 다음 각 호와 같은 조치를 실시한다.

1. 고객이 폭언등을 하지 아니하도록 요청하는 문구 게시 또는 음성 안내
2. 고객과의 문제 상황 발생 시 대처방법 등을 포함하는 고객응대업무 매뉴얼 마련
3. 고객응대업무 매뉴얼의 내용 및 건강장해 예방 관련 교육
4. 고객응대사원의 건강장해 예방을 위하여 필요한 조치

<신설 2020. 7. 1.>

제58조(산업안전보건법 준수)

① 센터는 이 규칙에서 정하지 아니한 사항에 대하여는 산업안전보건법에 따라 산업재해 예방을 위한 기준을 지켜 아이돌보미의 신체적 피로와 정신적 스트레스 등에 의한 건강장해를 예방하고 안전 및 보건을 유지·증진시킨다.

② 아이돌보미는 산업안전보건법에서 정하는 사항과 그 외에 업무에 관련되는 안전보건에 관하여 상사로부터 지시받은 사항을 정확하게 이행하여야 한다.

제59조(직장 내 성희롱의 금지 및 예방)

① 센터의 모든 임원 및 아이돌보미는 남녀고용평등법에서 금지한 직장 내 성희롱에 해당하는 행위를 하여서는 안 된다.

② 센터는 직장내 성희롱을 예방하고 아이돌보미가 안전한 근로환경에서 일할 수 있는 여건 조성을 위해 1년에 1회 이상 성희롱 관련 법령의 요지, 성희롱 예방을 위한 센터의 방침, 성희롱 피해자의 권리구제 방법과 가해자의 조치 등을 내용으로 성희롱 예방교육을 하고, 그 내용을 게시한다.

③ 직장 내 성희롱을 하여 물의를 일으킨 자에 대하여는 해고 등의 징계 조치를 취하여야 한다.

④ 센터는 직장 내 성희롱 피해자의 고충을 해결을 위하여 별도의 고충처리위원회를 둘 수 있으며, 이 경우 고충처리위원은 남녀 동수로 구성하고 피해자의 요청이 있는 경우를 제외하고는 직장 내 성희롱에 대해서는 비공개를 원칙으로 한다.

제6장 직장 내 괴롭힘 예방 및 금지

제60조(직장 내 괴롭힘 행위의 금지)

① 센터장을 포함한 센터의 모든 아이돌보미는 직장에서의 지위 또는 관계 등의 우위를 이용하여 업무상 적정범위를 넘어 다른 직원(이 규칙의 적용을 받지 아니하는 내부종사자, 단시간 직원, 일용직, 자원봉사자, 강사, 방문지도사 등을 포함한다)에게 신체적·정신적 고통을 주거나 근무환경을 악화시키는 행위(이하 "직장 내 괴롭힘"이라 한다)를 하여서는 아니 된다.

제61조(금지되는 직장 내 괴롭힘 행위)

센터에서 금지되는 구체적인 직장 내 괴롭힘 행위는 다음 각 호와 같다.

1. 신체에 대하여 폭행하거나 협박하는 행위
2. 지속 반복적인 욕설이나 폭언
3. 다른 직원들 앞에서 또는 온라인상에서 모욕감을 주거나 개인사에 대한 소문을 퍼뜨리는 등 명예를 훼손하는 행위
4. 합리적 이유 없이 반복적으로 개인 심부름 등 사적인 용무를 지시하는 행위
5. 합리적 이유 없이 업무능력이나 성과를 인정하지 않거나 조롱하는 행위
6. 집단적으로 따돌리거나, 정당한 이유 없이 업무와 관련된 중요한 정보 또는 의사결정 과정에서 배제하거나 무시하는 행위
7. 정당한 이유 없이 상당기간 동안 근로계약서 등에 명시되어 있는 업무와 무관한 일을 지시하거나 근로계약서 등에 명시되어 있는 업무와 무관한 허드렛일만 시키는 행위
8. 정당한 이유 없이 상당기간 동안 일을 거의 주지 않는 행위
9. 그 밖에 업무의 적정범위를 넘어 직원에게 신체적·정신적 고통을 주거나 근무환경을 악화시키는 행위

제62조(직장 내 괴롭힘 예방교육)

① 센터는 직장 내 괴롭힘 예방을 위한 교육(이하 "직장 내 괴롭힘 예방교육"이라 한다)을 1년에 1회 이상 실시한다.

② 직장 내 괴롭힘 예방교육은 1시간으로 한다.

③ 직장 내 괴롭힘 예방교육의 내용은 다음 각 호와 같다.

1. 직장 내 괴롭힘 행위의 정의
2. 금지되는 직장 내 괴롭힘 행위
3. 직장 내 괴롭힘 상담절차
4. 직장 내 괴롭힘 사건처리절차
5. 직장 내 괴롭힘 피해자 보호를 위한 조치
6. 직장 내 괴롭힘 행위자에 대한 조치
7. 그 밖에 직장 내 괴롭힘 예방을 위한 내용

④ 센터는 직장 내 괴롭힘 예방교육의 주요 내용을 직원들이 쉽게 확인할 수 있도록 조치한다.

제63조(직장 내 괴롭힘 예방·대응 조직)

센터 내 인사부서에 직장 내 괴롭힘의 예방·대응 업무를 총괄하여 담당하는 직원(이하 "예방·대응 담당자"라 한다)을 1명 이상 둔다.

제64조(사건의 접수)

① 누구든지 직장 내 괴롭힘 발생 사실을 알게 된 경우 그 사실을 예방·대응 담당자에게 신고할 수 있다.

② 예방·대응 담당자는 제1항에 따른 신고가 있는 경우 또는 그 밖의 방법으로 직장 내 괴롭힘 발생 사실을 인지한 경우 사건을 접수한다.

제65조(조사)

① 센터는 직장 내 괴롭힘에 관한 신고를 접수하거나 직장 내 괴롭힘 발생 사실을 인지한 경우에는 지체 없이 당사자 등을 대상으로 그 사실 확인을 위하여 객관적으로 조사를 실시한다.

② 조사는 예방·대응 담당자가 담당한다.

③ 조사가 종료되면 센터장에게 보고한다.

④ 조사를 하는 경우 행위자에 대한 조치와 관련한 피해자의 의견을 들어야 한다.

⑤ 조사자 등 조사 과정에 참여한 사람은 조사 과정에서 알게 된 비밀을 피해자 의사에 반하여 다른 사람에게 누설하여서는 아니 된다. 다만, 조사와 관련된 내용을 센터장에게 보고하거나 관계 기관의 요청에 따라 필요한 정보를 제공하는 경우는 제외한다.

제66조(조사기간 중 피해자 보호)

센터는 정식 조사기간 동안 직장 내 괴롭힘과 관련하여 피해를 입은 직원 또는 피해를 입었다고 주장하는 직원(이하 "피해 직원 등"이라 한다)를 보호하기 위하여 필요한 경우 해당 피해 직원 등에 대하여 근무 장소의 변경, 유급휴가 명령 등 적절한 조치를 하여야 한다. 이 경우 센터는 피해 직원 등의 의사에 반하는 조치를 하여서는 아니 된다.

제67조(당사자 간 해결)

① 조사 결과 직장 내 괴롭힘이 확인되고, 피해자가 그 행위의 중단을 위하여 행위자와 분리되기만을 요구하는 경우, 센터장에게 보고하여 상응하는 조치가 취해질 수 있도록 한다.

② 조사 결과 직장 내 괴롭힘이 확인되고, 피해자가 행위자의 괴롭힘 행위 중단 및 사과 등 직접적인 합의를 원하는 경우에는 피해자의 요구안을 정리하여 행위자에게 전달하여 합의를 진행한다.

제68조(직장 내 괴롭힘 행위자 조치 및 피해자의 보호)

① 센터는 조사 결과 직장 내 괴롭힘 발생 사실이 확인된 때에는 지체 없이 행위자에 대하여 징계, 근무 장소의 변경 등 필요한 조치를 하여야 한다. 이 경우 징계 등의 조치를 하기 전에 그 조치에 대하여 피해 직원의 의견을 들어야 한다.

② 센터는 조사 결과 직장 내 괴롭힘 발생 사실이 확인된 때에는 피해 직원이 요청하면 유급휴가 명령 등 적절한 조치를 하여야 한다.

③ 센터는 신고인 및 피해자에게 해고나 그 밖의 불리한 처우를 하여서는 아니 된다.

제68조의2(비밀 누설 금지) 직장 내 괴롭힘 발생 사실을 조사한 사람, 조사 내용을 보고받은 사람 및 그 밖에 조사 과정에 참여한 사람은 해당 조사 과정에서 알게 된 비밀을 피해근로자등의 의사에 반하여 다른 사람에게 누설하여서는 아니 된다. 다만, 조사와 관련된 내용을 사용자에게 보고하거나 관계 기관의 요청에 따라 필요한 정보를 제공하는 경우는 제외한다.

제7장 재해보상

제69조(재해보상)

① 아이돌보미가 업무상 부상 또는 질병에 걸린 경우와 사망하였을 때의 보상은 산업재해보상보험법에 의한다.

② 산업재해보상보험법의 적용을 받지 않는 업무상 부상 또는 질병에 대하여는 근로기준법이 정하는 바에 따라 센터가 보상한다.

부칙

제1조(시행일) 본 규칙은 20 년 월 일부터 시행한다.

[서식15호] 취업규칙 신고서류

취업규칙 제정(변경) 동의서

20 년 월 일자로 제시한 취업규칙(20 년 월 일 적용예정)에 대하여 이의가 없음을 확인합니다.

순번	직책	성명	서명 또는 날인	비고

부칙1 노동관계법 처벌과 과태료

<table>
<tr><th rowspan="2">법령</th><th colspan="2">처벌 내용</th><th rowspan="2">항목</th></tr>
<tr><th>조문</th><th>조문 내용</th></tr>
<tr><td rowspan="7">근로
기준법</td><td>107조
(벌칙)</td><td>5년 이하의 징역 또는 5천만 원 이하의 벌금</td><td>강제근로금지(제7조), 폭행금지(제8조), 해고금지(제23조 제2항), 취업방해 금지(제40조) 등</td></tr>
<tr><td>109조
(벌칙)</td><td>3년 이하의 징역 또는 3천만 원 이하의 벌금</td><td>금품청산(제36조), 임금 지급(제43조). 휴업수당(제46조), 가산수당(제56조), 유해·위험사업 사용금지(18세 이상 여성, 제65조), 괴롭힘 발생 시 조치(제76조의3 제6항) 등</td></tr>
<tr><td>110조
(벌칙)</td><td>2년 이하의 징역 또는 2천만 원 이하의 벌금</td><td>공민권 행사의 보장(제10조), 해고예고(제26조), 근로시간(제50조), 연장근로 제한(제53조), 휴게(제54조), 휴일(제55조), 연차유급휴가(제60조), 야간·휴일근로의 제한(18세 이상의 여성, 제70조) 등</td></tr>
<tr><td>111조
(벌칙)</td><td>1년 이하의 징역 또는 1천만 원 이하의 벌금</td><td>구제명령 등의 확정(제31조) 미이행 시</td></tr>
<tr><td>113조
(벌칙)</td><td>1천만 원 이하의 벌금</td><td>비상시 지급(제45조)</td></tr>
<tr><td>114조
(벌칙)</td><td>500만 원 이하의 벌금</td><td>균등처우(제6조), 근로조건명시(제17조), 생리휴가(제73조), 임산부의 보호 (제74조 제6항) 등</td></tr>
<tr><td>116조
(과태료)</td><td>500만 원 이하의 과태료</td><td>근로자 명부(제41조), 계약 서류의 보존(제42조), 취업규칙 작성 및 신고의무(제93조) 등</td></tr>
<tr><td rowspan="4">남녀고용
평등과
일·가정
양립
지원에
관한 법률</td><td rowspan="4">제37조
(벌칙)</td><td>제1항 5년 이하 징역 또는 3천만 원 이하 벌금</td><td>정년·퇴직 및 해고(제11조)</td></tr>
<tr><td>제2항 3년 이하 징역 또는 3천만 원 이하 벌금</td><td>임금(제8조 제1항), 성희롱 발생 시 조치(제14조 제6항), 육아휴직(제19조 제3항), 가족돌봄휴직(제22조의2제4항) 등</td></tr>
<tr><td>제3항 1천만 원 이하 벌금</td><td>육아기 근로시간 단축 중 근로조건(제19조의3제3항) 등</td></tr>
<tr><td>제4항 500만 원 이하 벌금</td><td>모집과 채용(제7조), 임금 외의 금품(제9조), 교육·배치 및 승진(제10조), 육아휴직(제19조 제1항, 제4항), 육아기 근로시간 단축(제19조의2) 등</td></tr>
</table>

법령	처벌 내용		항목
	조문	조문 내용	
	제39조 (과태료)	제2항 1천만 원 이하 과태료	직장 내 성희롱 금지(제12조, 사업주가 성희롱을 한 경우) 등
		제3항 500만 원 이하 과태료	직장 내 성희롱 예방교육 등(제13조), 직장 내 성희롱 발생 시 조치(제14조), 배우자 출산휴가(제18조의2), 난임치료휴가(제18조의3), 가족돌봄 휴직(제22조의2 제1항) 등
		제4항 300만 원 이하 과태료	적극적 고용개선조치 시행계획의 수립·제출 등(제17조의3), 이행실적의 평가 및 지원(제17조의4), 출산전후휴가에 대한 지원(제18조 제4항), 보고 및 검사 등(제31조 제1항) 등
기간제 및 단시간 근로자 보호 등에 관한 법률	제21조 (벌칙)	2년 이하의 징역 또는 1천만 원 이하의 벌금	불리한 처우의 금지(제16조)
	제22조 (벌칙)	1천만 원 이하의 벌금	단시간 근로자의 초과근로 제한(제6조 제1항)
	제24조 (과태료)	제1항 1억 원 이하의 과태료	정당한 이유 없는 시정명령 미이행(제14조)
		제2항 500만 원 이하의 과태료	고용노동부장관의 차별적 처우 시정요구(제15조의2), 근로조건 서면명시(제17조)
최저임금법	제28조 (벌칙)	제1항 3년 이하의 징역 또는 2천만 원 이하의 벌금	최저임금 미지급(제6조 제1항, 제2항)
		제2항 2년 이하의 징역 또는 1천만 원 이하의 벌금	도급인의 연대책임 미이행(제6조 제7항)
		제3항 500만 원 이하의 벌금	지급 주기가 1개월이 넘는 금품의 최저임금 산입 범위 포함을 위한 취업규칙 변경 시 근로자의 의견 청취 미이행 (제6조의2)
	제31조 (과태료)	100만 원 이하의 과태료	주지 의무(제11조), 보고(제25조), 근로감독관의 권한(제26조)

법령	처벌 내용		항목
	조문	조문 내용	
고용상 연령차별 금지 및 고령자 고용 촉진에 관한 법률	제23조의3 (벌칙)	제1항 2년 이하의 징역 또는 1천만 원 이하의 벌금	해고나 그 밖의 불리한 처우의 금지(제4조의9)
		제2항 500만 원 이하의 벌금	모집·채용 등에서의 연령차별 금지(제4조의4 제1항 제1호)
	제24조 (과태료)	제1항 3천만 원 이하의 과태료	시정명령(제4조의7)
		제2항 500만 원 이하의 과태료	시정명령 이행상황의 제출(제4조의8), 사업주의 고령자 고용현황의 제출 등(제13조 제1항), 정년제도 운영현황의 제출 등(제20조 제1항), 보고와 검사(제23조 제1항, 제2항)
장애인고용촉진 및 직업재활법	제84조 (벌칙)	5년 이하의 징역 또는 1천만 원 이하의 벌금	부당이득금의 징수 및 지급 제한(제31조 제1항 제1호)
	제84조의2 (벌칙)	2년 이하의 징역 또는 1천만 원 이하의 벌금	비밀누설 등의 금지(제65조의2)
	제86조 (과태료)	제1항 1천만 원 이하의 과태료	장애인 표준사업장의 인증 및 인증취소(제22조의4)
		제2항 300만 원 이하의 과태료	직장 내 장애인 인식개선 교육(제5조의2 제1항), 장애인 인식개선 교육의 위탁 등(제5조의3 제2항)
		제3항 200만 원 이하의 과태료	사업주의 부담금 납부 등(제33조 제5항), 보고와 검사(제76조 제1항)
		제4항 100만 원 이하의 과태료	비슷한 명칭의 사용금지(제66조), 장애인 직업생활 상담원 등(제75조 제2항) 등
근로자 참여 및 협력증진에 관한 법률	제30조 (벌칙)	1천만 원 이하의 벌금	노사협의회의 설치(제4조 제1항), 의결 사항의 이행(제24조), 임의 중재(제25조 제2항)
	제31조 (벌칙)	500만 원 이하의 벌금	시정명령(제11조), 보고 사항 등(제22조 제3항)
	제32조 (벌칙)	200만 원 이하의 벌금	회의(제12조 제1항), 고충처리위원(제26조)
	제33조 (과태료)	200만 원 이하의 과태료	협의회규정(제18조)

법령	처벌 내용		항목
	조문	조문 내용	
산업안전보건법	제175조 (과태료)	제5항 500만 원 이하의 과태료	안전보건관리책임자의 선임(제15조), 산업안전보건위원회 설치(제24조), 안전보건관리규정 작성과 공지(제25조) 등

부칙2 사회복지 분야 챙겨야 할 법정교육[15]

교육명	근거법률	비고
아동학대 신고 의무자 교육	아동복지법 (제26조 제3항)	• 매년 1시간 이상, 집합 교육, 시청각 교육 또는 인터넷 강의 등 • 과태료: 교육 미실시 시 300만 원 이하 과태료 부과 (아동복지법 제75조 제3항 1의2호)
직장 내 성희롱 예방교육	남녀고용 평등과 일·가정 양립 지원에 관한 법률 (제13조)	• 1인 이상 사업장 대상 • 매년 1회 이상, 직원연수·조회·회의, 사이버교육 등 • 과태료: 교육 미실시 및 교육자료 미게시 시 각 500만 원 이하 과태료 부과 (남녀고용평등법 제39조 제2항 1의2, 1의3호)
장애인 인식 개선 교육	장애인 고용촉진 및 직업재활법 (제5조의2)	• 1인 이상 사업장 대상 • 매년 1회 1시간 이상, 직원연수·조회·회의 등 집합교육, 인터넷 등 정보통신망을 이용한 원격교육, 체험교육 등 • 과태료: 교육미실시 및 관련자료 3년간 미보관 시 각 300만 원 이하 과태료 부과(장애인고용촉진법 제86조 제2항 1, 2.) • 상시근로자 50인 미만 사업체는 간이 교육자료의 배포, 게시 등의 방법을 통해 교육 인정 가능
퇴직연금교육	근로자퇴직급여보장법 (제32조)	• 매년 1회 이상, 퇴직연금 가입자 대상 • 퇴직연금사업자 또는 전문기관 위탁 가능 • 과태료: 교육 미실시 시 1천만 원 이하 과태료 부과 (근로자퇴직급여보장법 제49조 제1항 3.)
개인정보보호 교육	개인정보보호법 (제28조)	• 개인정보취급자 대상 교육 • 정기적 교육 • 교육 미실시에 대한 과태료 없음
긴급복지지원 대상자 신고의무 교육	긴급복지지원법 (제7조)	• 매년 1시간 이상, 집합 교육, 인터넷 강의 등 • 교육 미실시에 대한 과태료 없음

15 산업안전보건법 시행령 별표 1 제2목 자에서는 '사회복지 서비스업'을 교육 제외 업종으로 규정하고 있어, 산업안전보건법 제29조(근로자에 대한 안전보건교육) 및 제30조(근로자에 대한 안전보건교육의 면제 등)의 적용 대상에서 제외됨. 이 외에도 업종별로 누락없이 법정교육 이행해야 함.

교육명	근거법률	비고
장애인학대 신고의무자 교육	장애인복지법 (제59조의4)	• 매년 1시간 이상 집합교육, 인터넷 강의 등 • 교육 미실시에 따른 과태료 없음
자살예방교육	자살예방 및 생명존중 문화 조성을 위한 법률 (제17조)	• 매년 1회 이상 집합교육, 시청각교육 또는 인터넷교육 • 교육 미실시에 따른 과태료 없음

저자 소개

공인노무사 박정연

공인노무사 박정연은 중앙대학교에서 법학을 전공하고, 공인노무사로 사회에 첫발을 내디뎠다. 이후 현장의 조직 경험을 쌓기 위해 한국전력공사에 입사하여 근무하였으며, 퇴사 후 개업하여 노무사로서의 전문 활동을 이어왔다. 한편, 한양대학교 경영전문대학원에서 조직·인사 분야의 경영학을, 이화여자대학교 법학전문대학원에서 노동법을 공부하며 이론과 실무를 균형 있게 다져왔다.

현재는 한국공인노무사회 부회장으로서의 직책을 수행하고 있으며, 동시에 한국양성평등교육진흥원과 HLB이노베이션의 사외이사, 한국문화예술위원회 감사자문위원, 강원랜드 청렴시민감사관으로 활동하며 노동법 전문가로서의 사회적 기여를 이어가고 있다.

공인노무사 장연수

공인노무사 장연수는 고려대학교에서 기계공학을 전공하고 10여 년간 기업에서 연구원으로 재직하며 산업 현장의 경험을 쌓았다. 이를 토대로 노동 분야의 전문성을 확립하여 공인노무사로 활동하고 있으며, 현재는 노무법인 마로에서 공공기관과 민간기업을 대상으로 자문과 컨설팅을 수행하고 있다.

산업안전과 디지털 전환에도 관심을 두고 AI 및 빅데이터 기반 안전관리 정책 자문에 참여하고 있으며, 한국공인노무사회 제도개선위원과 새정부 노동정책 TF위원으로 활동하며 노동법과 정책의 발전에도 기여하고 있다.

현재는 청와대재단, 성평등가족부 다문화가족과, 아름다운재단, 사회복지법인 우양재단 등에 자문을 제공하고 있으며, 『노동법의 시작, 사회복지 노동법』 집필과 강의를 통해 현장에 필요한 지식과 경험을 전하고 있다.

노동법의 시작, 사회복지 노동법

초판발행 2025년 10월 30일

지은이 박정연·장연수
펴낸이 안종만·안상준

편 집 장유나
기획/마케팅 장규식
표지디자인 이영경
제 작 고철민·김원표

펴낸곳 (주) 박영사
서울특별시 금천구 가산디지털2로 53, 210호(가산동, 한라시그마밸리)
등록 1959.3.11. 제300-1959-1호(倫)
전 화 02)733-6771
f a x 02)736-4818
e-mail pys@pybook.co.kr
homepage www.peybook.co.kr
ISBN 979-11-303-9856-3 93360

정 가 22,000원